Über das Buch Lange Zeit war es selbstverständlich, daß eine Adoption das Durchschneiden aller Bindungen an die leiblichen Eltern bedeutete. Aber muß das wirklich sein? Wem hilft das?

Polly Toynbee führte viele Gespräche mit Adoptierten, die sich auf die Suche nach ihrer leiblichen Mutter gemacht hatten. In fast allen Fällen maßen die Kinder den Blutsbanden eine unvorstellbar große Bedeutung bei. Das Ergebnis ihrer Suche war oft überraschend, manchmal auch bestürzend, aber alle waren sich darin einig, daß es besser sei, die Wahrheit zu kennen, als im ungewissen über die Herkunft zu bleiben.

Die Gespräche mit den Müttern, die seinerzeit das Kind weggegeben hatten, zeigten, daß sie ständig unter dem Verlust gelitten hatten. Adoptiveltern waren leider zu keiner Auskunft bereit. Sie schienen sich in ihrer Stellung bedroht zu fühlen bei dem Gedanken, ihr adoptiertes Kind habe Kontakt zu seiner biologischen Mutter.

Vielleicht würden Kinder, die nichts von ihrer Adoption wissen, auch gar nicht diesen »Ruf des Blutes« spüren, aber die Adoptionsvermittlungsstellen verlangen aus gutem Grund, daß sie nicht im unklaren gelassen werden dürfen. Der Schock, wenn sie später zufällig von ihrer Adoption erfahren (und sie erfahren es immer irgendwie!), würde ihre auf Lügen aufgebaute Welt zum Einsturz bringen und ernsthafte psychische Schäden verursachen.

Polly Toynbee, die sich jahrelang mit dem Thema befaßt hat, schlägt in ihrem Resümee am Ende dieser Sammlung von erschütternden Berichten vor, die Verbindung zur leiblichen Mutter nach Möglichkeit nicht abreißen zu lassen, sondern einen geregelten Kontakt anzustreben, ähnlich dem Besuchsrecht nach Scheidungen. Allen Beteiligten könnten so wahrscheinlich viel Leid und viele Illusionen erspart werden.

Die Autorin Polly Toynbee schreibt eine regelmäßig erscheinende wöchentliche Kolumne im *Guardian*. Davor schrieb sie Features für den *Observer*. 1975 gewann sie den »Catherine Pakenham Memorial Prize« für Journalismus und erhielt zweimal »British Press Awards«. Sie veröffentlichte mehrere Bücher. Polly Toynbee lebt in Clapham, London.

Polly Toynbee

Adoptivkinder suchen ihre Mutter

Aus dem Englischen übersetzt
von Magdalena Menn

Fischer
Taschenbuch
Verlag

Deutsche Erstausgabe
Veröffentlicht im Fischer Taschenbuch Verlag GmbH,
Frankfurt am Main, September 1989

Titel der englischen Originalausgabe: »Lost Children.
The Story of Adopted Children Searching for their Mothers«
Erschienen bei Hutchinson & Co. (Publishers) Ltd., London

Umschlaggestaltung: Thomas & Thomas Design, Heidesheim
Gesamtherstellung: Clausen & Bosse, Leck
Printed in Germany
ISBN 3-596-23533-2

Meinen Kindern
Amy, Milly, Flora
und Nathanial gewidmet

Inhalt

Vorwort zur deutschen Ausgabe

Mancher wird sich fragen, wenn Identität nichts Biologisches, sondern etwas Seelisch-Geistiges ist, warum läßt man ein Kind dann nicht in dem Glauben, daß seine Adoptiveltern auch seine leiblichen Eltern sind? Ein Gefühl der Wurzellosigkeit und des Identitätsverlustes könnte dann gar nicht erst entstehen. Aber das wäre aus verschiedenen Gründen ganz unmöglich.

Wäre es denn wünschenswert, die Adoptiveltern-Kind-Beziehung auf dem Fundament einer solchen ›Lebenslüge‹ aufzubauen? Die Adoptiveltern müßten ja ständig auf der Hut sein, nichts Falsches (Richtiges) zu sagen. Ein solches Verhalten wäre wohl kaum geeignet, ein Vertrauensverhältnis zwischen Eltern und Kind zu schaffen.

Und es wird immer Verwandte und Freunde der Familie geben, die von der Adoption wissen. Es ist ganz unvermeidlich, daß irgendwann irgend jemand, sei es absichtlich oder aus Versehen, eine Andeutung, eine unbedachte Äußerung macht. Wenn dann das adoptierte Kind völlig unvorbereitet von seiner Herkunft erfährt, wäre das ein schrecklicher Schock und würde seine bisher festgefügte Welt zum Einsturz bringen. Es bleibt also gar nichts anderes übrig, als das Adoptivkind möglichst frühzeitig und wahrheitsgemäß über seine Herkunft aufzuklären.

Man kann sich gut vorstellen, auf welches Risiko ein Adoptierter sich einläßt, wenn er sich auf die Suche nach der unbekannten leiblichen Mutter macht. Die Informationen, über die er verfügt, sind meist spärlich, oft sogar falsch. Aber der innere Zwang, der diese Menschen zu ihrer Identitätsfindung antreibt, ist stärker als alle Schwierigkeiten, Bedenken und Warnungen. Zwar ist nicht jeder Adoptierte daran interessiert, sich auf die Suche zu machen, aber denjenigen, die diesen inneren Zwang verspüren und die das entsprechende Alter haben, muß dieses fundamentale Menschenrecht gewährt werden – so wie das in der Bundesrepublik Deutschland seit langem und in Großbritannien seit 1975 der Fall ist. Allerdings kann laut Gesetz eine persönliche Begegnung nur mit Einverständnis der leiblichen Mutter stattfinden.

Einem Außenstehenden mag das Verhalten vieler adoptierter Kinder, die bei der Suche in einen geradezu euphorischen Zustand geraten, manchmal unverständlich erscheinen. Und in der eher tragikomischen Geschichte von Tom O'Mara wird daraus eine regelrechte Obsession, die ihn auf falsche Fährten führt und vermeintlichen Vätern nachjagen läßt.

Aber diese Adoptierten sagen immer wieder: »Ihr könnt das nicht verstehen, für euch ist das alles selbstverständlich«, und Judy sagt nach der Geburt ihres ersten Kindes: »Jetzt habe ich endlich einen Menschen, der mein eigen Fleisch und Blut ist.«

Es gibt neuerdings Versuche, einen Kontakt zwischen den leiblichen Eltern / der leiblichen Mutter und den Adoptiveltern schon vor der Adoption herzustellen und möglichst auch danach aufrechtzuerhalten. Man nennt dieses Verfahren eine Offene Adoption (open adoption). Im ersten Kapitel dieses Buches ›Michael und Wayne‹ wird ein Fall geschildert, in dem diese Bedingungen zumindest teilweise erfüllt werden. Vor der Adoption findet zwischen der leiblichen Mutter und den zukünftigen Adoptiveltern eine Begegnung statt, und die Mutter des Kindes hätte sogar das Recht, dieses Ehepaar abzulehnen. Danach wird die Verbindung zu der leiblichen Mutter allerdings endgültig abgebrochen. Außerdem werden die Adoptiveltern aufgefordert, ein sogenanntes Babybuch zu führen und das Foto der leiblichen Mutter auf die erste Seite zu kleben. Dieser Aufforderung kommen sie nur höchst ungern nach.

Auch wenn kein direkter Kontakt besteht, wäre es vielleicht ratsam, die leibliche Mutter über die Vermittlungsstelle durch Fotos und regelmäßige Berichte über die Entwicklung ihres Kindes zu unterrichten. Das wäre für viele Mütter ein großer Trost. Im Falle von Judy ist ein solches Kinderfoto von der Vermittlungsstelle an die leibliche Mutter weitergeleitet worden, aber wahrscheinlich ohne Wissen der Adoptiveltern.

Bei der bis zum heutigen Tage fast ausschließlich praktizierten Inkognito-Adoption erfahren leibliche Eltern nichts über den Verbleib oder das weitere Schicksal ihres Kindes. In manchen Fällen wird ihnen empfohlen, bei der Vermittlungsstelle einen Brief für ihr Kind zu hinterlegen. Darin sollen sie versuchen ihm klarzumachen, daß sie sich nicht aus mangelnder Liebe zu diesem Schritt entschlossen haben, sondern weil sie glauben, unter den gegebenen Umständen im Interesse des Kindes zu handeln. Für das heranwachsende oder erwachsene adoptierte Kind könnte ein solcher Brief von unschätzbarem Wert sein, auch wenn es sich nie auf die Suche nach der leiblichen Mutter machen wird.

Beide Arten der Adoption haben zweifellos ihre Vor- und Nachteile, und wie immer man auch verfahren mag, ganz wird sich dieser Konflikt wohl niemals lösen lassen.

Der Verlag und die Übersetzerin danken Frau Ingrid Baer, Direktorin des Internationalen Sozialdienstes, Deutsche Zweigstelle e. V. in Frankfurt am Main, für ihre freundliche und sachkundige Unterstützung beim Zustandekommen der deutschen Ausgabe dieses Buches.

M. M.

Auszug aus einem Referat von Ingrid Baer (Internat. Sozialdienst, Frankfurt/M.), erschienen im »Nachrichtendienst des Deutschen Vereins für öffentliche und private Fürsorge (NDV)« Heft5/1988, S. 148ff.

Adoptierte suchen ihre Ursprungsfamilie

Der Mensch will Bescheid wissen über seine Wurzeln. Er möchte wissen, woher er kommt, was sich in seiner frühen Kindheit ereignete, wer seine Eltern und Geschwister sind, auch dann, wenn er diese nie bewußt kennengelernt hat, weil er außerhalb der eigenen Familie aufgewachsen ist.

Das Bedürfnis nach diesem Wissen ist etwas Selbstverständliches. Jedes Kind – insbesondere jeder heranreifende Jugendliche – stellt sich die Frage: Wer bin ich eigentlich, und woher komme ich? Dennoch handelt es sich um eine verhältnismäßig neue Entwicklung, wenn heute adoptierte Jugendliche und junge Erwachsene diese Frage offen stellen. Es begann in den USA mit der Bewegung »Back to the Roots«, daß viele Menschen, die ihre Eltern nie kennengelernt hatten, Fragen über sie stellten, wissen wollten, ob sie noch lebten, sogar Kontakte mit ihnen wünschten. Auch in der Bundesrepublik Deutschland ist dies zunehmend der Fall...

Danksagung

Ich möchte mich bei all denen bedanken, die mir soviel Zeit opferten und sachkundigen Rat gaben, um mich bei den Nachforschungen zu diesem Buch zu unterstützen. Besonders dankbar bin ich all den Menschen, die bereit waren, sich interviewen zu lassen, und die ohne Vorbehalte mit soviel Aufrichtigkeit und Vertrauen über sich und ihr Leben gesprochen haben. Ich habe ihre Namen und die Orte, in denen sie wohnen, hier geändert (mit Ausnahme von Georgina Enston), um ihre Privatsphäre zu schützen und die Anonymität zu wahren, aber auch um ihre leiblichen Mütter und Adoptiveltern zu schützen. Ich möchte ebenfalls all den vielen Menschen danken, die so bereitwillig mit mir über sich gesprochen haben, auch wenn ihre Geschichten hier nicht erschienen sind. Ohne ihre Beiträge hätte ich die Geschichten in diesem Buch nicht mit der festen Überzeugung, daß sie ziemlich typisch für Adoptierte auf der Suche nach ihrer Herkunft sind, verwenden können.

Mein besonderer Dank gilt John Stroud, Stellvertretender Direktor der Hertfordshire-Sozialdienste, verschiedenen katholischen Adoptionsvermittlungsstellen, der Abteilung Sozialdienste Norwich, Noel Timms, Soziologe an der Universität Leicester, Pamela Hopkins von NORCAP (National Organisation for the Counselling of Adoptees and their Parents), The Crusade of Rescue, den British Agencies for Adoption and Fostering und ganz besonders Diana Reich, Adoptionsexpertin und -forscherin.

Polly Toynbee

1 Michael und Wayne

Die meisten Eltern haben neun Monate Zeit, um sich auf die Ankunft ihres Kindes innerlich einzustellen und die nötigen Vorbereitungen zu treffen. Aber die Hensons hatten nur fünf Tage. Ganze fünf Tage, nachdem ihnen offiziell mitgeteilt worden war, daß sie von einer katholischen Adoptionsvermittlungsstelle als geeignete Adoptiveltern akzeptiert worden waren, konnten sie ihren kleinen Sohn in einer nagelneuen Tragetasche mit nach Hause nehmen.

Mark und Greta Henson hatten mit niemandem darüber gesprochen, weil sie nicht genau wußten, ob sie jemals auf die Warteliste gesetzt würden. Sie hatten keine Ahnung, ob sie nach Monaten, Jahren oder niemals ein Kind haben würden. Ihre Freunde und Verwandten wußten weder etwas von den fünf langen Jahren des Wartens und Hoffens auf ein eigenes Kind noch von ihrem Adoptionsantrag. Während die meisten Paare sich allmählich mit dem Gedanken der Elternschaft vertraut machen können, und zwar mit Unterstützung durch Freunde und Verwandte, wurden die Hensons ganz alleine in diese neue Situation hineinkatapultiert, und das mit erschreckender Geschwindigkeit.

Am 17. September klingelte das Telefon. Mark und Greta hatten beide auf den Anruf gewartet, und Greta nahm sofort den Hörer ab. Eine Stimme von der Adoptionsvermittlungsstelle sagte: »Ja, das Komitee hat beschlossen, Sie auf unsere offizielle Liste für ein Baby zu setzen. Und durch eine glückliche Fügung wartet zufällig gerade jetzt ein Baby auf Sie.« Eigentlich waren die Hensons auf diesen Augenblick gar nicht so recht vorbereitet. Sie hatten sich zwar immer mit diesem Thema beschäftigt, aber es war stets eine Diskussion gewesen über ein Ereignis, das in weiter Ferne lag, auf das man sich erst dann vorbereiten mußte, wenn man genau wußte, daß man auf der Liste war.

Das Baby, ein Junge mit Namen Wayne, war am 30. August 1984 zur Welt gekommen. Er war schon achtzehn Tage alt. Seine Mutter hatte ihn sechs Tage lang im Krankenhaus betreut, danach war er vorübergehend in ein Pflegeheim zu einer Frau gekommen, die oft für die Vermittlungsstelle Babys bis zur Adoption aufnahm.

Bevor sie das Kind übernehmen konnten, galt es jedoch, noch ein Hindernis zu überwinden. Die leibliche Mutter wollte sie vorher unter die Lupe nehmen. Man hatte ihr Informationen über verschiedene Ehepaare gegeben, damit sie die Auswahl für ihr Kind treffen konnte. Sie hatte sich für die Hensons entschieden, obwohl sie deren Namen und Adresse nicht erfahren durfte, nicht einmal den Teil des Landes, in dem sie lebten. Bevor sie ihren Sohn übergab, wollte sie sich mit ihnen treffen, um sicherzugehen, daß sie mit ihnen einverstanden war. Waren die Hensons gewillt, sie zu sehen und sich einer kritischen Begutachtung vor einer endgültigen Zustimmung zu unterziehen? Greta wollte das ablehnen. Sie haßte die Vorstellung, dieser Frau überhaupt zu begegnen. »Ich wollte nicht über sie nachdenken. Ich wollte mir kein Bild von ihr machen. Ich wünschte, sie würde nicht existieren.« Mark hatte eine ähnlich instinktive Abneigung, Waynes leibliche Mutter kennenzulernen – rational begründete er es damit, daß er die Befürchtung habe, falls sie ihre Gesichter sähe, könne sie sie eines Tages wiedererkennen und eine Möglichkeit finden, sie aufzuspüren und jahrelang zu verfolgen. Aber sie konnten sich nicht weigern, sie zu sehen, wenn sie ihr Kind haben wollten, denn sie hatte immer noch das Recht, sie abzulehnen, falls sie das wünschte.

Am nächsten Tag brachte die Sozialarbeiterin von der Vermittlungsstelle sie zu der Wohnung, in der die leibliche Mutter sich aufhielt – ein schäbiger Ort, an dem sie bis zur Rückkehr zu ihrer Familie nach Irland ein paar Wochen lang wohnte. Es war für alle Beteiligten ein unangenehmes Gespräch. Niemand wußte genau, was er sagen oder fragen sollte. Die Sozialarbeiterin blieb bei ihnen und hielt die Unterhaltung so gut sie konnte in Gang. Greta und Mark hatten ein junges Mädchen erwartet, vielleicht eine etwas wilde, leichtsinnige Person. Statt dessen begegnete ihnen eine traurige, anständig aussehende Frau von vierunddreißig Jahren. Sie hatte einen starken irischen Akzent und sah, nach Gretas Meinung, ganz normal aus. Greta hatte das feste Gefühl, daß die Frau nur eine Gelegenheit suchte, sie anzuschauen. Sie hatte ihnen nichts zu sagen, aber sie starrte sie lange und intensiv an. Die Sozialarbeiterin versuchte, sie zum Reden über sich und ihre Familie in Irland zu bringen, damit die Hensons ihrem Sohn darüber berichten konnten, wenn er erwachsen wurde.

Sie begann nur zögernd, aber dann erzählte sie ihnen doch etwas. Sie sagte, daß sie noch einen Sohn in Irland habe, auch unehelich, den habe ihre Familie akzeptiert, aber noch einen würde sie nicht akzeptieren. Waynes Vater hatte gesagt, er möchte sie schwanger machen, möchte, daß sie sein Kind trüge – und sie hatte eingewilligt, weil sie mit einer Heirat rechnete. Aber nachdem sie fünf Monate schwanger war, hatte er sie verlassen und war mit einer älteren Frau auf und davon. Sie war verbittert darüber, hoffte aber bis zum letzten Augenblick, daß er seine Meinung ändern und zu ihr zurückkehren würde. Er hatte sie im Krankenhaus besucht und seinen neugeborenen Sohn voller Stolz auf den Arm genommen, im Krankensaal herumgetragen und den anderen gezeigt.

Aber er war nicht zurückgekehrt. Er hatte ihr Geld versprochen für die Heimreise nach Irland, aber als sie sich nach ihrer Entlassung aus dem Krankenhaus trafen, schlug er sie und weigerte sich, das Geld herauszurücken. Sie zeigte ihnen die blauen Flecken auf dem Arm. Machte es sie traurig, ihr Kind wegzugeben? »Ich hatte nicht den Eindruck«, sagt Greta vorsichtig, »sie sagte es jedenfalls nicht.«

Mark beunruhigte es, daß ihr anderer Sohn halb schwarz war. Er sagte, er würde ihrem Sohn niemals sagen, daß er einen Halbbruder habe, weil er vielleicht gar nicht wissen möchte, daß dieser Halbbruder ein Mischling ist. Er meinte, seine Schulfreunde könnten es herausbekommen und ihn damit hänseln.

Dieses peinliche Gespräch dauerte nur zwanzig Minuten. Die Hensons wollten so schnell wie möglich weg, und Greta merkte, daß die Mutter sich auch unbehaglich fühlte. Greta sagt: »Ich will versuchen, sie von jetzt an aus meinem Gedächtnis zu streichen. Ich will nicht mehr über sie nachdenken, da er jetzt unser Sohn ist.«

Die Mutter war damit einverstanden, daß die Hensons ihr Kind zu sich nahmen. Die Sozialarbeiterin brachte sie direkt von diesem Treffen in das Pflegeheim, dort sollten sie sich das Kind anschauen. Die Ereignisse überschlugen sich jetzt fast. Sie hatten das Gefühl, ohne Zeit zum Nachdenken vorwärtsgetrieben zu werden. Das Heim der Pflegemutter fanden sie chaotisch. Sie hatte vier adoptierte Kinder, darunter Zwillinge, und ein eigenes Kind. Es gab dort noch ein achtzehn Monate altes Kind, das sie vorübergehend in Pflege hatte, und dann Wayne, der bald ihnen gehören würde. Die ganze Zeit über lief der Fernsehapparat, und der Geräuschpegel war hoch. Dann gab es da noch eine Katze und einen Hund und den Familienpriester, der zufällig gerade hereingeschaut hatte.

Trotzdem fand sich ein ruhiges Plätzchen zum Sitzen, und das Baby wurde in einem Kinderwagen ins Zimmer gerollt, die erste Gelegenheit, es zu betrachten. Sie waren nervös, denn man hatte ihnen mehrmals geraten, ihre Gefühle sorgfältig zu prüfen, wenn sie das Baby zum erstenmal sahen. Manchmal finden Menschen ein Baby nicht hübsch oder sogar abstoßend. Falls sie ähnliche Gefühle bei Wayne empfanden, sollten sie es sofort sagen. Sie würden deshalb nicht von der Liste gestrichen und bekämen eine neue Chance. Sie wurden aufgefordert, ihn auf den Arm zu nehmen, was sie sehr behutsam taten. Wie fühlte er sich an? Wie reagierten sie auf ihn? Übereinstimmend sagten sie, daß sie ihm sofort zugetan waren, und sobald sie sich daran gewöhnt hatten, ihn zu halten, begannen sie mit ihm zu spielen und zu sprechen. »Aber zuerst sind wir äußerst behutsam, vorsichtig, fast ängstlich mit ihm umgegangen«, sagt Greta.

Sie hatten jetzt noch drei Tage, um zu Hause alles vorzubereiten. Die Pflegemutter beriet sie über die nötige Ausstattung, und sie gingen sofort los und kauften Babykleidung, einen Kinderwagen und ein Bettchen im Gesamtwert von £500. »Freunde boten uns Sachen an, aber wir wollten alles für ihn ganz neu haben«, sagt Greta. Sie mußte ihre Stelle bei der Versicherung sofort kündigen, glücklicherweise zeigten ihre Arbeitgeber Verständnis. Da sie nicht die Absicht hatte, an ihren Arbeitsplatz zurückzukehren, hatte sie keinen Anspruch auf Mutterschaftsurlaub. Drei Tage lang gingen sie in das Pflegeheim und lernten, das Baby zu füttern, zu wickeln, zu baden und sonst zu versorgen. Die Pflegemutter war eine Expertin in der Unterrichtung von unerfahrenen Adoptiveltern, sie leitete sie an und gab ihnen das nötige Selbstvertrauen.

Trotz allem, der Tag, an dem sie ihn heimtrugen, war sehr aufregend. Das war am 21. September, und sie betrachteten dieses Datum eher als seinen Geburtstag als den Tag, an dem er geboren wurde. Die Sozialarbeiterin hatte ihnen gesagt, daß sie für Wayne ein Babybuch führen müßten, und zwar mit einem Foto von seiner leiblichen Mutter auf der ersten Seite. Danach sollten sie ein Foto hineinkleben, das zeigt, wie er zum erstenmal durch die Eingangstür ins Haus getragen wird, sozusagen der Augenblick seiner Adoption. Pflichtgemäß fotografierten sie sich bei seiner Ankunft. Es wurde ihnen gesagt, sie sollten die ersten Tage mit ihm alleine verbringen und ihn nicht von Fremden halten lassen. Er war bereits durch so viele Hände gegangen – seine Mutter, die Schwestern im Krankenhaus und seine Pflegeeltern. Er brauchte Zeit, um sich an sie zu gewöhnen.

Sie fühlten, daß das ein guter Rat war für die ersten Tage. Das Baby, sagt Greta, schien sie nicht zu erkennen. »Ich habe mir das nicht eingebildet, ich weiß, daß seine Augen einen Ausdruck von Panik bekamen, wenn wir ihn hochnehmen wollten. Wir waren Fremde für ihn. Die Leute sind sich nicht darüber im klaren, wieviel kleine Babys wissen, und er wußte genau, daß wir Fremde waren. Er hatte einen ängstlichen Gesichtsausdruck.« Vielleicht war das ja auch eine Reaktion auf ihre eigene Angst, denn sie gerieten oft in Panik. Sie schauten dauernd nach, ob er noch atmete, und wenn er sich übergeben mußte, rannten sie ans Telefon, um die Pflegemutter um Rat zu fragen.

An dem Tag, an dem sie ihn heimbrachten, änderten sie seinen Namen von Wayne in Michael. Sie hatten immer die Absicht gehabt, einen eigenen Sohn Michael zu nennen. Die meisten Adoptiveltern wechseln den Namen des Kindes, weil sie ihn angeblich nicht mögen, in Wirklichkeit aber, um die Erinnerung an die erste Mutter, die ihm diesen Namen gab, auszulöschen. Selbst ältere Kinder werden oft umbenannt, das ist alles ein Teil des Versuchs, die Vorgeschichte des Kindes zu verleugnen.

Schließlich hatte man die Hensons aufgefordert, dem Kind von seiner Mutter zu berichten. Es sollte großgezogen werden mit dem jederzeit griffbereiten Babybuch, mit dem Foto seiner leiblichen Mutter. Und trotzdem war ihnen gleichzeitig gesagt worden, sie müßten ihn ganz und gar als ihr eigenes Kind betrachten.

Als ich die Hensons traf, hatten sie das Baby bereits seit sechs Wochen, aber selbst damals sprang einer von ihnen alle fünf Minuten auf, um fast automatisch zu dem Kinderwagen in der Ecke des Zimmers zu gehen. Greta sagt: »Ich muß zugeben, daß ich anfangs manchmal weinte und in Panik geriet, besonders nachdem Mark wieder zur Arbeit mußte. Ich glaube, was man postnatale Depression nennt, ist Erschöpfung und Anspannung, darunter litt ich nämlich. Stellen Sie sich vor, den einen Tag sind Sie bei Ihrer Arbeit, führen Ihr gewohntes Leben, und dann fast von einem Tag zum andern sind Sie eine Ganztagsmutter.«

Als es so aussah, als würde das Komitee sie auf die Liste setzen, sagte die Sozialarbeiterin von der Vermittlungsstelle: »Betrachten Sie sich von heute an als schwanger.« Falls das Komitee wegen irgendwelcher unglücklichen Umstände absagen müßte, sollte Greta das so sehen, als habe sie eine Fehlgeburt gehabt, meinte die Sozialarbeiterin. Für den Fall – nachdem sie Wayne zu sich genommem hatten –, daß seine Mutter sich entschloß, ihn innerhalb von drei Monaten vor der endgültigen Unterzeichnung der Adoptionspapiere* zurückzufordern, solle sie das wie einen Krippentod betrachten und um das verlorene Kind wie um ein totes trauern. Mit anderen Worten, sie wurden ermutigt, daran zu glauben, daß dieses wirklich ihr eigener Sohn war, und gleichzeitig sollten sie offen und ehrlich mit ihm über seine Mutter und seine Herkunft sprechen. Wie konnte man von ihnen verlangen, diese beiden widersprüchlichen Forderungen in Einklang zu bringen?

Es begann alles vor fünf Jahren, als die Hensons heirateten und sich Kinder wünschten. Nach einiger Zeit gingen sie zu ihrem Arzt, der ihnen nach gründlicher Untersuchung mitteilte, daß sie nie eigene Kinder haben würden, und ihnen vorschlug, eine Adoption zu erwägen. Ihre erste Reaktion auf diesen Vorschlag war totale Ablehnung. Sie waren so erschrocken, ihre Unfruchtbarkeit bestätigt zu bekommen, daß sie den Gedanken, ein fremdes Kind anzunehmen, nicht ertragen konnten. Sie hatten ihr ganzes Leben mit den erhofften Kindern als Mittelpunkt geplant. Sie hatten in einem Vorort ein kleines, mit einer Hypothek belastetes Haus gekauft und planten, es mit Kindern zu füllen. Sie sind beide fromme Katholiken, Mark war durch Greta bekehrt worden, bevor sie heirateten. In ihrem kleinen Vorderzimmer hängt ein großes modernes Bild mit Christus am Kreuz. Vor der Adoption widmeten sie einen großen Teil ihrer Freizeit katholischen Organisationen.

Beide sagten, daß ein Leben ohne Kinder für sie keinen Sinn hätte. Ihre

* Auch in der Bundesrepublik gibt es vor der endgültigen Adoption diese Probezeit.

Ehe und ihre Vorstellung von der Zukunft kreisten um Kinder. Sie fragten sich, wie sie ohne sie in zehn oder zwanzig Jahren sein würden. Wofür arbeiteten sie, welche Ziele hatten sie, ohne Kinder? Leere, Sterilität umgab sie, bedrückte sie.

Schließlich akzeptierten sie ihre Unfruchtbarkeit und begannen ein Jahr später, über Adoption nachzudenken. Sie wußten, es würde schwierig sein, ein Kind zu bekommen, aber sie waren sich nicht darüber im klaren, wie viele Ehepaare sich darum bewarben und wie wenige ausgewählt wurden. Durch ihren Priester nahmen sie Verbindung mit einer örtlichen großen katholischen Vermittlungsstelle auf. Da sie katholisch waren, war ihre Chance größer als die vieler anderer. Aus offensichtlich gutkatholischen Gründen gab es mehr katholische unerwünschte Babys, die katholischen Vermittlungsstellen zur Adoption übergeben wurden. Trotz allem, schon zu Beginn warnte man sie, daß es schwierig sein würde.

Greta war zweiunddreißig und Mark neunundzwanzig, als sie den Antrag stellten. Man sagte ihnen, das Höchstalter für Adoptivmütter sei fünfunddreißig, und plötzlich schien die Zeit knapp zu werden. Die Warteliste war abgeschlossen. Die Vermittlungsstelle versuchte, die Anzahl der Personen auf der Liste etwa auf dem Stand der zu erwartenden Anzahl von Babys zu halten, um keine falschen Hoffnungen zu wecken. Daraufhin wurden ihre Namen auf eine Vormerkliste für die offizielle Warteliste gesetzt. Man sagte ihnen, es sei einfacher, ein älteres Kind zu vermitteln, doch sie bestanden auf einem kleinen Baby. Sie bekamen lange Formulare zum Ausfüllen, die deutlich machten, wie gründlich man sie überprüfen und befragen würde, bevor das Komitee sie auf die offizielle Warteliste setzte.

Vierzehn Monate später erfuhren sie, daß eine neue Warteliste begonnen worden sei, und zusammen mit anderen Ehepaaren wurden sie zu einem Gespräch geladen. Eine gründliche medizinische Untersuchung und ein polizeiliches Führungszeugnis würden erforderlich sein. Sie würden Empfehlungsschreiben von angesehenen Leuten benötigen, die sie schon lange kannten. Ihr Einkommen und ihre Lebensbedingungen würden sorgfältig überprüft werden. Sobald sie diese Phase zufriedenstellend hinter sich gebracht hätten, käme der schwierigste Teil. Eine der Sozialarbeiterinnen würde sie, einzeln und gemeinsam, in mehreren intensiven Sitzungen interviewen. Sie würden diese Befragung bohrend und schwierig finden. Man würde sie zwingen, ihre innersten Gefühle zu prüfen und alles über sich preiszugeben, was die Sozialarbeiterin für wesentlich hielt.

Diese Vorgespräche beanspruchten viel Zeit, aber es gab keine Probleme. Doch dann rief die Sozialarbeiterin an, die mit den Gesprächen beginnen wollte.

Die erste Begegnung erschien den Hensons erstaunlich vage und konzeptionslos. Sie verstanden nicht, was die Sozialarbeiterin eigentlich bezweckte, als sie sie in eine allgemeine Unterhaltung verwickelte. Zweifellos tastete sie sich vor. Viermal sah sie jeden von ihnen einzeln und dreimal beide zusammen. Sie horchte sie nicht nur aus, sondern drang auch tief in ihre Anschauungen und Motivationen ein. Sie konfrontierte sie mit allen nur denkbaren Problemen einer Adoption.

Greta sagt, sie fand diese Sitzungen schwierig. Sie wollte vollkommen offen und ehrlich sein, und obwohl sie es beide gewesen waren, wollten sie auch die ›richtigen‹ Antworten geben. Aber was waren die ›richtigen‹ Antworten? Das war nicht immer leicht zu beurteilen.

Weder Mark noch Greta hatten die geringsten Probleme, über ihre Familie und ihre Erziehung zu sprechen, auch nicht bei der Diskussion über die Art, wie sie ein Kind erziehen würden. Aber bei Greta gab es Unsicherheit. Als sie gefragt wurde, ob sie einverstanden sei, die Mutter des Kindes zu treffen, falls diese einwillige, mußte Greta ihre starken Vorbehalte eingestehen. Obwohl sie versprachen, dem Kind alles zu berichten, was die Adoption betraf, hoffte sie sehr, dieser Begegnung ausweichen zu können. Es ist ein ziemlich neuer Weg im Adoptionsverfahren, ein solches Treffen zu vereinbaren, Mark und Greta waren davon jedenfalls sehr überrascht. Sie hatten nur an das Baby gedacht, die Belohnung am Ende dieser Tortur, und nicht an seine Mutter.

Jedoch bestand die Sozialarbeiterin darauf und erklärte, warum das ratsam sei. Erstens vermittele es ihnen ein genaues Bild, das sie dem heranwachsenden Kind weitergeben konnten. Sie würden in der Lage sein, die Mutter als Realität darzustellen und zu beschreiben. Zweitens würde es der Mutter selbst helfen, mit dem Verlust ihres Kindes fertigzuwerden. Sie würde zumindest wissen, zu wem das Kind geht. Drittens und vielleicht am wichtigsten seien die Auswirkungen, die eine solche Begegnung auf die Hensons selbst haben würde. Wenn sie der Mutter einmal begegnet seien, würden sie nicht so leicht der Selbsttäuschung erliegen, daß es sich um ihr eigenes Kind handele. Sie müßten sich eingestehen, daß es seine eigenen Wurzeln hatte.

Wie so viele Adoptiveltern redeten die Hensons sich zu Beginn ein, das winzige Baby sei ihr eigenes. Erst als die Sozialarbeiterin sie dazu zwang, dachten sie an die Zukunft. Hatten sie Vorurteile? Inwieweit würde die Herkunft des Kindes sie beeinflussen? Im Laufe des Heranwachsens würden sie ihm sagen müssen, daß es adoptiert war, und ihm alles erzählen, was sie über seine leibliche Mutter und die Begleitumstände seiner Geburt wußten. Falls es während der Pubertät schwierig würde, würden sie sich dann vielleicht fragen, ob sein ›schlechtes Blut‹ zum Vorschein käme? Würden sie das Gefühl haben, daß die Sünden der Mutter das Kind ›heimsuchten‹? Würden Freunde und Verwandte auf das Kind schauen und nach Fehlern suchen, die sie auf die unbekannte Abstammung zurückführten?

»Sie fragte, wie wir es finden würden, ein Kind aus einer inzestuösen Beziehung anzunehmen. Wir waren ein wenig schockiert, aber wir sprachen darüber. Ich sagte, daß ich das dem Kind nicht sagen könne, aber Mark meinte, das müßten wir, falls es danach frage. Und wie wäre das bei einer geistig zurückgebliebenen Mutter? Würde uns das in der Beurteilung des Kindes beeinflussen? Dann sagte sie: ›Wie wäre das bei einem Kind von einer Nonne oder einem Priester?‹ Das hat mich nun total schockiert. Über so etwas hatte ich noch nie nachgedacht.«

Sie mußten über ihre eigene Erziehung sprechen, ihre Brüder und Schwestern, ihre Ehe, ihre Unfruchtbarkeit. Hatten sie sich mit ihrer Unfruchtbarkeit abgefunden? Konnten sie es wirklich vor der Welt bekennen, indem sie zugaben, daß ihr Kind adoptiert war? Falls nicht, würden sie wahrscheinlich versuchen, die Tatsache der Adoption vor anderen, vor sich selbst und vor dem Kind zu verbergen, und dieses Verdrängen könnte letzten Endes großen Schaden anrichten.

Sie wurden auch nach ihren Wertvorstellungen gefragt, allerdings nicht so, wie Greta es erwartet hatte. Da sie tief religiös und fromm war, war sie empört, als die Sozialarbeiterin andeutete, daß sie im Laufe des Großziehens des Kindes möglicherweise ihre Wertvorstellungen ändern müßten. Greta erwiderte entrüstet, daß das gute katholische Werte seien, und sie hätten nicht die Absicht, sie zu ändern. Vielleicht wollte die Sozialarbeiterin, obwohl sie von einer katholischen Institution kam, die Flexibilität ihrer Anschauungen testen, denn sie sagte: »Von nun an muß Ihr Kind das Wichtigste in der Welt für Sie sein und nicht Ihre Religion.« Aber Greta protestierte, sie könne sich keine Situation vorstellen, in der ein Konflikt zwischen ihrem Kind und ihrer Religion entstehen könne. Vermutlich war das eine akzeptable Antwort.

Die Gespräche waren merkwürdig und angespannt, trotzdem begannen sie, die Sozialarbeiterin zu mögen und ihr zu vertrauen. Aber wer konnte schon einen Fragenkatalog entwerfen und perfekte Elternschaft testen? Die Natur hat die Dinge so geordnet, daß es keinerlei Auswahlkriterien gibt, die einen Elternteil für diese Rolle qualifizieren, Geistesschwache und Genies, Schöne und Häßliche, Heilige und Sünder, sie alle dürfen Kinder in die Welt setzen. Aber nicht Adoptiveltern! Doch nach welchen Eigenschaften sollen wir suchen? Und wenn wir diese Eigenschaften herausgefunden haben, wie können wir diejenigen erkennen, die sie besitzen? Kann irgendeine Sozialarbeiterin wirklich sagen, wer einem Kind das glücklichste Zuhause geben kann? Vielleicht ist diese Methode, von extremen Fällen abgesehen, letzten Endes fast so zufällig wie die Natur, eine Angelegenheit von persönlichen Neigungen und Abneigungen einer bestimmten Sozialarbeiterin oder eines bestimmten Komitees.

Die Sitzungen endeten mit einer Art schriftlicher Prüfung. Mark und Greta mußten jeder fünf Aufsätze über sich und ihre Anschauungen schreiben, diese wurden dann dem Komitee zusammen mit einem ausführlichen Bericht der Sozialarbeiterin vorgelegt. Danach würde das Komitee, in seiner Weisheit, das Urteil über sie fällen.

Als ich sie dann aufsuchte, sechs Wochen, nachdem sie das Baby zu sich geholt hatten, sagte Greta: »Es ist genau, als wäre es unser eigenes.« Es bestand zwar immer noch die leichte Sorge, daß seine Mutter es ihnen wieder fortnehmen könnte, aber sie war nach Irland zurückgekehrt, und die Vermittlungsstelle hatte keinen Grund anzunehmen, daß sie das tun würde. Man hatte die Hensons gebeten, den neuen Namen, die er bei einer religiösen Adoptionszeremonie am Taufbecken erhielt, den ersten Namen Wayne hinzuzufügen. Es würde besser für ihn sein, diese Verbindung zu erhalten, denn seine Mutter hatte ihn bereits taufen lassen. Aber nein, sie weigerten sich, und sein erster Name wurde vollkommen ausgelöscht. Greta sagte, daß sie ihm niemals erzählen würden, wie sein Vorname früher gelautet hätte. Von nun an war er Michael und sonst niemand.

Und wie sieht die Zukunft aus? Das Gesetz besagt, daß Michael sich im Alter von achtzehn Jahren* auf die Suche nach seinen leiblichen Eltern machen kann, er hat ein Recht darauf, alles zu erfahren, was es zu erfahren gibt. Die Hensons hoffen inständig, daß er das nicht wissen möchte. Der Gedanke an seine Mutter ist in ihrem Gedächtnis schon verblaßt. Vielleicht wird sie immer wie ein ferner Schatten gegenwärtig sein, aber wahrscheinlich werden sie, wie so viele Adoptiveltern, es fertigbringen zu vergessen, daß sie jemals existierte. Aus Wayne ist ihr Michael geworden, eine neue Identität für ihr neues Kind.

Wird Michael eines dieser Adoptivkinder sein, die sich auf die Suche nach ihren verlorenen Wurzeln machen? Oder wird er sich mit dem zufriedengeben, was er hat, und niemals nach seiner leiblichen Mutter forschen? Wird dieser ungewöhnliche Anfang, unnatürlich und abrupt, ihm seltsam vorkommen, wenn er heranwächst und versteht, was in den ersten Tagen seines Lebens mit ihm passiert ist? Wird er die Mythen und Legenden, die vielen Geschichten über Adoption in der Weltliteratur, von Ödipus bis Oliver Twist, lesen und glauben, daß auch er sein Schicksal hat, seine Identität, eine natürliche Bestimmung, die ihn antreibt, seinen Ursprüngen auf die Spur zu kommen? Wird Michael sich jemals auf die Suche nach dem verlorenen Wayne begeben?

* in der Bundesrepublik im Alter von sechzehn Jahren

Im Jahre 1975 trat in Großbritannien der ›Children's Act‹ in Kraft. Zum ersten Mal bekamen Adoptierte das Recht, herauszufinden, wer sie sind.* Der juristische Knoten der Geheimhaltung, die bisher die Adoption umgab, wurde durchtrennt. Diese Veränderung hat in der Art, in der Adoption betrachtet wird, großen Aufruhr verursacht.

Es war eine Veränderung, die damals auf große Ablehnung traf, ein öffentlicher Aufschrei. Adoptiveltern protestierten, es sei ihnen gegenüber unfair. Sie hatten diese Kinder als ihre eigenen großgezogen, aber jetzt erlaubte das Gesetz den Kindern, sie zu verlassen und nach den ursprünglichen Eltern zu suchen, die sie im Stich gelassen hatten. Die gesamte Beziehung zwischen Adoptiveltern und ihren adoptierten Kindern schien bedroht. Adoptiveltern meinten, daß das Band, das sie und ihr Kind zusammenhielt, abhängig war von der vollkommenen Auslöschung der Herkunft des Kindes. Scheinbar hing es davon ab, vorzutäuschen, daß das Kind tatsächlich ihr eigenes war. Anzuerkennen, daß ein Kind andere Ursprünge besaß als die seiner Erziehung, schien ihnen ihre Rolle herabzusetzen und zu unterminieren – eine verständliche Angst. Außerdem könnten die leiblichen Eltern sowohl das Kind als auch die Familie verfolgen.

Adoptionsvermittlungsstellen argumentierten, daß diese Gesetzesänderung unfair sei gegenüber den leiblichen Müttern, die ihre Babys zur Adoption freigegeben hatten. Viele von ihnen hätten das vielleicht all die Jahre geheimgehalten und würden nun in ständiger Angst leben vor dem Klopfen an der Tür, dem Auftauchen des Kindes, das sie glaubten für immer weggegeben zu haben. Das Gesetz, so die Gegner, würde retrospektiv wirken, obwohl den Müttern, die ihre Kinder weggegeben hatten, damals garantiert worden sei, sie würden in keiner Weise mit ihrem Kind in Verbindung gebracht, ihr Kind würde niemals herausfinden, wer seine wirkliche Mutter ist. Viele von ihnen hätten geheiratet und eine eigene Familie gegründet, die über die Existenz eines früheren unbekannten Kindes entsetzt sein würde. Durch diese schockierenden Enthüllungen könnten Familien entzweit und irreparabler Schaden angerichtet werden.

Aber der Grund für die vielen Bestimmungen im ›Children's Act‹ war, den Schwerpunkt dieses und anderer Gesetze zugunsten der Rechte von Kindern zu verlagern. Kinder sollten nicht mehr bloß als der Besitz von Erwachsenen angesehen werden, sondern ihre eigenen Interessen, Rechte und Wünsche sollten berücksichtigt werden. Wie unbehaglich sich Adoptiveltern oder leibliche Mütter dabei auch fühlen mochten, die Rechte der adoptierten Kinder sollten Priorität haben. Unter anderem gab das Gesetz Kindern das Recht, in ihrem eigenen Namen vor Gericht vertreten zu werden, und es betonte, daß ihre Bedürfnisse bei Vormundschaft, in Heimen

* In der Bundesrepublik Deutschland besteht dieses Recht schon seit langem.

und Pflegestellen mehr Berücksichtigung finden sollten. Es erschwerte auch die Adoption von Kindern durch Stiefväter nach Ehescheidungen.

In den die Adoption betreffenden Bestimmungen wurde durch das neue Gesetz auch anerkannt, daß viele adoptierte Kinder mit einem verzweifelten Verlangen aufwuchsen, mehr über sich und ihre Wurzeln herauszufinden. Selbst wenn die Adoption erfolgreich und glücklich verlaufen war, fühlten sich viele unvollständig und unerfüllt ohne das geringste Wissen um ihren blutsmäßigen Ursprung. Unter der bis dahin geltenden Gesetzgebung hatten sie keinen Zugang zu ihrer Originalgeburtsurkunde, es sei denn, daß sie ihren Geburtsnamen kannten, der in einer gesonderten Kartei in Somerset House, jetzt St. Catherine's House, in London registriert war. Sie hatten keinen Zugang zu den Akten mit Informationen über ihre Adoption oder zu den Unterlagen der Vermittlungsstellen. Sobald die Adoptionspapiere unterzeichnet waren, war ein Kind für immer von seinen leiblichen Eltern und Blutsverwandten abgeschnitten. Diese Eltern verloren alle Rechte und jede Möglichkeit, ihr Kind jemals wiederzusehen. Ein Adoptionsbeschluß ist der einzige endgültige und unwiderrufliche Ausspruch, den ein Gericht machen kann.* Er trennt Mutter und Kind und garantiert, daß die Herkunft eines Kindes für immer geheim bleibt.

Diese Geheimhaltung sollte in früheren Zeiten dem Wohle des Kindes dienen. In viktorianischen Zeiten waren die Waisenhäuser voll von unehelichen Babys, deren Todesrate ein nationaler Skandal war. Von denen, die in frühester Kindheit in solchen Einrichtungen untergebracht wurden, starben mehr als überlebten. Reformer wünschten zu Recht, die Kinder aus den Waisenhäusern herauszunehmen und ihnen die Chance eines neuen Lebens in einer Familie zu geben. Aber der Makel der Unehelichkeit war so stark, daß man keine achtbaren Familien fand, die bereit waren, ein solches Kind aufzunehmen und wie ein eigenes zu behandeln.

Um ihnen im Leben eine faire Chance zu geben, mußte man diesen Kindern einen neuen Namen, eine neue Identität geben. Es mußte für jedermann ganz unmöglich sein – für die Adoptiveltern, das Kind selbst, irgendeinen Außenstehenden oder den zukünftigen Arbeitgeber –, das Geringste herauszubekommen über die Herkunft des Kindes vor der Adoption. Die Adoptionsurkunde wurde zur einzig gültigen Geburtsurkunde. Nur der ›Registrar General‹** mit seiner Sonderkartei konnte zwischen dem Namen des adoptierten Kindes und dem Namen, unter dem es zur Welt gekommen war, einen Zusammenhang herstellen.

* Bundesrepublik Deutschland: Eine Adoption kann nur in ganz eng begrenzten Ausnahmefällen wieder aufgehoben werden (Stand: Oktober 1987).

** Eine zentrale Erfassungsstelle vergleichbar mit unseren Standesämtern.

Dieses Verfahren war die einzige Hoffnung für ein Baby, das in eine Gesellschaft hineingeboren wurde, in der die Tatsache der Unehelichkeit bleibenden Schaden fürs Leben anrichten konnte. Es war ein kühner, ideenreicher Gedanke, und es hat tatsächlich viele Kinder von dem Odium der Schande befreit. Adoptierte Kinder wurden akzeptabel und im Leben akzeptiert, denn solange ihre Herkunft geheim blieb, konnten sie mit geringem gesellschaftlichen Stigma die Identität ihrer neuen Familie annehmen.

Heutzutage wird Unehelichkeit allerdings gesellschaftlich weit mehr toleriert. Das, was an Stigma bleibt, betrifft hauptsächlich die Mutter und nicht mehr das Kind. Darum kann die Geheimnistuerei über die Herkunft des adoptierten Kindes nicht mehr in erster Linie damit begründet werden, daß dies zum Wohle des Kindes geschieht. Heute wird das damit gerechtfertigt, das adoptierende Ehepaar schützen zu wollen, indem man ihm die emotionale Sicherheit gibt, daß die leibliche Mutter für immer verschwunden bleibt, sie sind dann vollkommen frei, echte Elternschaft so gut sie können zu simulieren. Ein neugeborenes Baby kommt zu ihnen, fast frei von Bindungen, ohne vorherige Identität. Diese Geheimhaltung soll die neuen Eltern und das adoptierte Kind angeblich zusammenschweißen, denn sie wissen, sind diese Adoptionspapiere einmal unterzeichnet, hat das Kind außer ihnen niemanden auf der ganzen Welt. Es gibt keinen Ort, wohin man es zurückschicken kann, sowenig wie leibliche Eltern ihr Baby zurück in den Uterus stopfen können, sollten sie seine Ankunft plötzlich bereuen.

Adoption erscheint als ideale und humane Lösung des schmerzlichen Problems ungewollter Kinder und trauriger unfruchtbarer Paare. Aber menschliche Emotionen passen selten so säuberlich in aufgeräumte Schubladen, insbesondere, wenn es sich um einige der fundamentalsten Gefühle handelt, wenn es um Identität, Vererbung und Abstammung geht. Leibliche Eltern und ihre Kinder suchen gegenseitig einen Hinweis auf ihr eigenes Sein. Es sind die stärksten Bande auf Erden, nicht leicht zu durchtrennen oder zu ersetzen durch das Unterzeichnen einer Adoptionsurkunde.

Es ist sicher nicht immer einfach, ein fremdes Kind neuen Eltern aufzupfropfen, besonders wenn es heranwächst. Erkenntnisse im Tierreich lassen vermuten, daß hier die Adoption fremden Nachwuchses mit fremden Genen praktisch unbekannt ist. Ein männlicher Gorilla, der ein neues Weibchen in seine Gruppe aufnimmt, tötet automatisch ihr Junges, das von einem anderen Männchen stammt. Ein Löwe, der eine neue Gruppe übernimmt, tötet alle Jungen des früheren Männchens. Der Instinkt will anscheinend die eigenen und nicht fremde Gene vermehren. Es gibt Fälle, in denen weibliche Tiere die Jungen eines toten Weibchens aus dem

Clan adoptieren, aber die Jungen sind immer nahe Blutsverwandte ihrer neuen Mutter. Fremder Nachwuchs aus fremden Gruppen würde höchstwahrscheinlich getötet werden. Westliche Menschen sind tatsächlich die einzigen Wesen, die Kinder von vollkommen Fremden adoptieren. Ein solcher Instinkt des Auswählens kommt in der Natur nicht vor, sagen Zoologen. Auch unter primitiven Völkern, die zwar ein Waisenkind in ihre Familiengruppe aufnehmen würden, aber keines aus einer fremden Familie, ist das weitgehend unbekannt.

Selbstverständlich müssen solche Vergleiche mit Tieren vergröbernd wirken, und es mag irrelevant sein, sich bei hochentwickelter menschlicher Erkenntnis auf ›Natur‹ und ›natürliche Instinkte‹ zu berufen. Aber ich glaube, es gibt uns eine kleine Vorstellung von den Hindernissen, die wir zu überwinden versuchen, wenn wir Babys in neue Familien verpflanzen. Ein Gefühl des fremden, andersartigen, unvertrauten, unbekannten Blutes und der Gene kann wahrscheinlich in der Beziehung zwischen den neuen Eltern und dem Kind nie ganz zum Schweigen gebracht werden. Alle Versuche, diesen fundamentalen Unterschied zu leugnen, könnten langfristig zu einer noch schwierigeren Beziehung führen. Es ist besser, auf die Geheimnistuerei zu verzichten und die wahre und komplexe Natur des Verhältnisses zwischen einem Kind und seinen Adoptiveltern offen zuzugeben.

Bei einer hohen und steigenden Scheidungsrate – eines von drei Paaren läßt sich scheiden – werden Stiefeltern zu einem wichtigen Faktor im Leben vieler Kinder. Aber wenige Forscher haben bisher behauptet, die Stiefeltern-Stiefkind-Beziehung sei zufriedenstellend. Ich habe den Verdacht, daß es kein Zufall ist, wenn Stiefväter in hohem Maße in Fälle verwickelt sind, in denen Babys mißhandelt oder ermordet wurden. Aufgrund gesellschaftlicher Notwendigkeiten und der Bequemlichkeit der Erwachsenen sind wir wahrscheinlich nur allzu bereit gewesen zu glauben, daß Kinder von Außenstehenden großgezogen werden können, als ob sie die eigenen wären. Vielleicht können die Gefühle, die von einigen adoptierten Kindern in diesem Buch über die Bedeutung der Blutsbande geäußert werden, auch ein klein wenig Licht in das Dunkel der Stiefelternschaft werfen. Da die Stiefelternschaft immer mehr zunimmt, wird sie von immer mehr Menschen für eine unkomplizierte, akzeptable und sogar ganz natürliche Beziehung gehalten. Aber die Tatsache, daß sie sehr häufig vorkommt, besagt nicht unbedingt, daß sie auch funktioniert. Die ganze Theorie, die hinter der Adoption steckt, ist ungefähr die gleiche. Es ist immer angenommen worden, daß es für das Kind kaum einen Unterschied gibt, solange die Eltern gut sind und das Kind in frühester Kindheit adoptiert wurde. Weil es für Erwachsene gesellschaftlich bequem war, das zu glauben, haben wir angenommen, daß fremde Eltern und Kinder eine Bindung eingehen, als ob sie echte Blutsverwandte wären. Bei vielen geschieht das vielleicht. Vielleicht sogar bei den meisten – doch die Erfahrungen derjenigen, die unter dem Verlust der Blutsverwandten leiden, werfen unbequeme Fragen auf.

Das britische Gesetz von 1975 berücksichtigte zum erstenmal, daß Adoption für manche Menschen nicht die einfache, klare Angelegenheit war, für die man sie ursprünglich gehalten hatte. Es beleuchtete die stärkeren, verborgeneren Emotionen, die unterhalb der Oberfläche einer scheinbar unkomplizierten Plazierung eines unerwünschten Kindes lagen. Es gab jedem adoptierten Kind, das dies wünschte, eine verlorengegangene Identität zurück. Es war eine wohldurchdachte Bestimmung, die trotz heftiger Opposition durchgesetzt wurde und so konzipiert war, daß die schlimmsten Befürchtungen wegen möglicher negativer Auswirkungen zerstreut werden konnten. Adoptierte Kinder, die älter als achtzehn Jahre waren, bekamen das uneingeschränkte Recht auf ihre Originalgeburtsurkunde. Aber bevor sie Einsicht nehmen konnten, waren sie gesetzlich verpflichtet, sich einer Beratung durch eine Sozialarbeiterin oder einen Sozialarbeiter zu unterziehen. Dies ist der einmalige Fall, daß ein Gesetz eine Zwangsberatung vorsieht, eine leicht ironische Vorstellung, aber es schien tatsächlich zu funktionieren.

Das Verfahren, das das neue Gesetz einführte, ist folgendes: Adoptierte, die achtzehn Jahre alt sind, können sich entweder an die örtlichen Sozialdienste an ihrem Wohnort bzw. dort, wo der Adoptionsbeschluß ausgesprochen wurde, wenden oder an die Adoptionsvermittlungsstelle, die die Adoption ursprünglich arrangiert hat, oder direkt an das ›General Register Office‹. Sie erhalten ein langes Formular zum Ausfüllen, danach wird eine Beratungssitzung für sie in die Wege geleitet. Sie treffen sich mit einer Sozialarbeiterin oder einem Sozialarbeiter von der Vermittlungsstelle, an die sie sich gewandt hatten.

Der Berater soll den jungen Menschen vor möglichen Gefahren, die sich ergeben könnten, warnen. Viele Adoptierte haben ihr ganzes Leben lang unrealistische und romantische Vorstellungen von ihrer Mutter genährt. Werden sie stark genug sein, der wirklichen und nicht der Wunschmutter zu begegnen? (Nur wenige Adoptierte, mit denen ich sprach, zeigten großes Interesse an ihren Vätern. Die leiblichen Mütter waren das Objekt ihrer Suche nach Identität. Die meisten schienen ihre Väter als Taugenichtse abgeschrieben zu haben, weil sie, meist zu Recht, vermuteten, daß ihre Mütter von ihnen während der Schwangerschaft oder kurz danach sitzengelassen worden seien.) In dieser ersten Phase der langen Suche nach der Mutter interessieren viele Adoptierte sich nur für die wesentliche Information in der Geburtsurkunde. Vielen scheint es zu genügen, ihren ersten Namen und den ihrer Mutter zu erfahren, sie haben nicht den Wunsch, der Sache weiter nachzugehen, oder sie haben zuviel Angst davor. Aber andere haben von Anfang an die Absicht, ihre Mutter kennenzulernen.

Die Beratung wurde in das Gesetz eingebaut, um sicherzugehen, daß das Kind auf die unter Umständen schockierenden Enthüllungen vorbereitet ist. So hatte es wenigstens Zeit, um realistisch darüber nachzudenken, auf was es sich da einläßt, wohin es führen und wie es sich auf andere auswirken könnte. Ist das adoptierte Kind bereit und in der Lage, mit einer möglichen Zurückweisung fertig zu werden? Es könnte seine Mutter finden, aber diese Mutter könnte sich weigern, es zu sehen oder mit ihm zu sprechen. Ist der Suchende auf alles vorbereitet – auch auf das Traurige und Häßliche? Ich bin Fällen begegnet, in denen der Suchende übermenschliche Kraft aufbringen mußte, um den Schock beim Auffinden der Mutter zu überwinden. Eine Adoptierte entdeckte zum Beispiel, daß ihre Mutter schwer geistig behindert war und ihr ganzes Leben in einer Heilanstalt zugebracht hatte. Dann gibt es noch die schwierigen sozialen Probleme. Wenige Adoptierte werden ihre Mutter in einem besseren sozialen Umfeld antreffen als ihr eigenes, meist bedeutend schlechter. Wie werden sie mit der sozialen Kluft fertig werden, die sich vielleicht zwischen ihnen auftut? Werden sie von Schuldgefühlen oder Scham überwältigt werden?

Die Qualität der Beratungen, die diese Adoptierten bekommen, scheint ziemlich unterschiedlich zu sein, aber im großen und ganzen gut. Einige Abteilungen der Sozialdienste scheinen diese Sitzungen als unwichtige Formalitäten abzutun. Sie bieten keine Anschlußsitzung an und geben wenig Hilfe, die über das gesetzliche Minimum hinausgeht. Andere wiederum betrachten dieses erste Interview als Beginn einer längeren Zusammenarbeit mit ihrem Klienten. Sie bieten Hilfe bei der Spurensuche an, und sobald ein Elternteil gefunden ist, schlagen sie vor, als Vermittler aufzutreten, um den Schock für die Mutter abzumildern. Einige Sozialdienstabteilungen beauftragen Spezialisten, die mit den Problemen Adoptierter vertraut sind, während andere außer einer kurzen Moralpredigt und einem flüchtigen Händeschütteln weder viel Zeit noch Geld investieren. Die meisten Adoptionsvermittlungsstellen scheinen allerdings begeistert zu sein, ihre in alle Welt verstreuten Kinder wieder willkommen zu heißen. Sie sind ganz besonders interessiert und können außerordentlich hilfreich sein. Laut Gesetz sind sie nicht verpflichtet, etwas aus ihren Akten offenzulegen, aber das Gesetz hat bei ihnen ein grundlegendes Umdenken bewirkt, und die meisten sind bereit, dem Kind alles zu erzählen, was sie wissen. Adoptierten zufolge betrachten allerdings einige wenige Vermittlungsstellen immer noch entweder die Adoptiveltern oder die leiblichen Mütter als ihre eigentlichen Klienten und sind auf der Hut, wenn Kinder kommen, um nach ihrer Herkunft zu fragen.

Was hat dieses plötzliche Umdenken ausgelöst? Das Gesetz von 1975 hat in Großbritannien verkrustete Strukturen aufgebrochen, und viele Vermittlungsstellen kämpften erbittert gegen eine Änderung des seit Generationen praktizierten Adoptionsverfahrens. Sie meinten, ihre Pflicht läge nicht nur bei den Adoptiveltern und leiblichen Müttern der Zukunft, sondern darin, diejenigen aus der Vergangenheit zu schützen, auf die das rückwirkende Gesetz eine zutiefst verunsichernde Auswirkung haben würde. Sie glaubten, ihre Pflichten gegenüber dem Kind ausreichend erfüllt zu haben, indem man es in eine gute Familie gegeben hatte, und daß es kein Anrecht, keinen Anspruch hatte, etwas zu erfahren außer der reinen Tatsache seiner Adoption.

Eines der Ereignisse, das die Ansichten über den Status adoptierter Kinder grundlegend verändert hat, war die Veröffentlichung von John Triseliotis Buch ›In Search of Origins‹. Darin plädiert er vehement für die Rechte und emotionalen Bedürfnisse Adoptierter. Er leitete eine sorgfältige Studie über adoptierte Kinder in Schottland, die sich auf die Suche nach ihren Eltern gemacht hatten. Merkwürdigerweise hatte das schottische Recht Adoptierten schon immer den Zugang zu ihrer Originalgeburtsurkunde gewährt. Man glaubt, dies habe mehr mit Erbrecht und weniger mit einer besonders aufgeklärten schottischen Einstellung zu tun.

Dr. Triselioti untersuchte mehrere schottische Fälle, in denen Kinder ihre Adoptionsunterlagen eingesehen hatten, um nach ihren Wurzeln zu forschen. Aus dieser Untersuchung schloß er, daß nur eine geringe Anzahl von Adoptierten den ersten Schritt unternahm, um etwas über sich zu erfahren. Von diesen wenigen gab es eine noch geringere Anzahl, die tatsächlich versuchte, ihre Mutter zu finden, und ein verschwindend kleiner Anteil hatte damit Erfolg. Es gibt keinen Zweifel, daß die starke Betonung der geringen Anzahl von Adoptierten, die von einer solchen Gesetzesänderung Gebrauch machen würden, dem Gesetz dazu verholfen hat, ratifiziert zu werden. Es beruhigte die Opposition ganz erheblich, anzunehmen, daß die meisten adoptierten Kinder anscheinend kein Interesse zeigten.

Seit dem Inkrafttreten des Gesetzes im Jahre 1975 gibt es keine genauen Untersuchungen darüber, wie viele Adoptierte sich tatsächlich auf die Suche nach ihrer Herkunft gemacht haben. Beim ›Registrar General‹ wird die Anzahl der Adoptierten, die wegen ihrer Originalgeburtsurkunde anfragen, registriert. Diese Zahlen deuten an, daß es weniger als zehn Prozent der Adoptierten sind.

Aufgrund der Interviews, die ich geführt habe, vermute ich jedoch, daß es weit mehr Adoptierte auf der Suche nach ihren Eltern gibt, als der ›Registrar General‹ festgestellt hat. Denn eine der Auswirkungen des Gesetzes war nicht nur eine formelle Bestimmung über den Zugang zur Geburtsurkunde. Es veränderte schlagartig die Einstellung der meisten zuständigen Vermittlungsstellen und Sozialarbeiter. Nachdem das Gesetz einmal geändert worden war, wurden viel bereitwilliger Auskünfte erteilt. Manchmal waren es die Adoptiveltern selbst, die aufgeschlossener wurden. Da sie sich darüber im klaren waren, daß ein Kind auf eigene Faust versuchen könnte, alles herauszufinden, verrieten viele Eltern, was sie wußten, auch den Originalnamen des Kindes, und entgingen so der Notwendigkeit, offiziell beim ›Registrar General‹ anzufragen. Mindestens die Hälfte der Adoptierten, mit denen ich sprach, kannten bereits ihre Geburtsurkunde oder besaßen Informationen über ihren Namen oder den ihrer Mutter, als sie noch Kinder waren. Selbst wenn die Adoptiveltern kaum über die Adoption sprachen und die Unterlagen gut versteckt hielten, schienen die adoptierten Kinder sehr geschickt darin zu sein, sie in geheimen Schubladen oder in Kartons unter dem Bett der Eltern zu finden. Tatsächlich geschah das so oft, daß man meinen könnte, bei einigen Eltern sei der unbewußte Wunsch vorhanden, dem Kind alles zu enthüllen, was es über seine Geburt wissen sollte. Vielleicht finden sie das Thema zu schmerzlich, um darüber zu reden, und erlauben dem Kind, es statt dessen selber zu ›entdecken‹.

Viele Adoptierte wissen, von welcher Vermittlungsstelle sie kamen, und gehen dorthin zurück, ausgerüstet mit der Information aus ihrer Geburtsurkunde. Viele wählen den offiziellen Weg überhaupt nicht. Aber es gibt bisher keine amtliche Statistik mit Daten aus den verschiedenen Quellen. Mir wurde offiziell immer wieder gesagt – als akzeptierte ›Wahrheit‹ von Leuten, die mit Adoption zu tun haben –: »Sehr wenige Adoptierte zeigen Interesse an ihrer Herkunft. Nur ein paar labile, gestörte haben es nötig, ihre Mutter zu suchen.« – »Weniger als zehn Prozent«, bekam ich immer wieder zu hören.

Wenn zehn Prozent die offiziell erfaßte Zahl ist, so schätze ich, daß mindestens doppelt, wenn nicht gar dreimal so viele ohne Kenntnis der Behörden nach ihren Eltern gesucht haben. Aber wenn nicht eine Untersuchungskommission sich dieses Themas annimmt, bleiben wir auf Vermutungen angewiesen.

Im übrigen, das Gesetz gibt der leiblichen Mutter nicht das Recht, sich auf die Suche nach ihrem Kind zu machen – und trotzdem bin ich auf viele Fälle gestoßen, wo sie es doch getan hat, und mit Erfolg.

In früheren Jahren gab es Fälle, bei denen in einer merkwürdigen, sorglosen Art und Weise der Mutter erlaubt wurde, den Namen der Familie, die ihr Kind aufgenommen hatte, zu erfahren. In anderen Fällen haben sich einige Vermittlungsstellen und Abteilungen der Sozialdienste die traurige Geschichte mancher Mütter und ihre große Sehnsucht nach dem verlorenen Kind mit Mitgefühl angehört und ihnen, trotz Gesetz, geholfen – obwohl die meisten sie natürlich abwiesen.

Die in diesem Buch beschriebene Methode, nach der ich versucht habe, mit Adoptierten Verbindung aufzunehmen, würde die Ergebnisse selbstverständlich zugunsten derjenigen verlagern, die den offiziellen Weg gegangen sind, und nicht zugunsten derjenigen, die sich auf eigene Faust auf die Suche gemacht haben. Abteilungen der Sozialdienste und Adoptionsvermittlungsstellen waren die Hauptkontaktstellen, um mit Leuten in Verbindung zu treten, die ihre leibliche Mutter noch suchten oder sie bereits gefunden haben. Trotz allem, ich schätze, daß höchstens die Hälfte davon in den Akten des ›Registrar General‹ als Suchende registriert sind.

Dieses Buch gibt nicht vor, eine soziologische Studie zu sein. Es ist vielmehr eine Sammlung von Geschichten über adoptierte Kinder, die ihre leiblichen Eltern gefunden haben. Was hat sie veranlaßt, nach ihrer Herkunft zu forschen? Warum genügte ihnen die Identität, die sie durch ihre Adoptiveltern bekommen hatten, nicht? Im Laufe des Entstehens dieses Buches habe ich die Geschichten von über vierzig Adoptierten, alle Erwachsene, die ihre leiblichen Eltern suchten oder noch suchen, zusammengetragen. Ich habe acht der typischsten, wenn auch unterschiedlichen Beiträge ausgewählt, um sie ungekürzt in den folgenden Kapiteln darzustellen. Wo das möglich war, habe ich auch die Geschichten der leiblichen Mütter und ihre Empfindungen bei der Wiedervereinigung mit ihren Kindern erzählt.

Die meiste Zeit verbrachte ich im Gespräch mit Adoptierten, die entweder verzweifelt nach ihrer Mutter suchten oder sie schon gefunden hatten. Danach wandte ich meine Aufmerksamkeit denen zu, die behaupteten, sie hätten überhaupt kein Interesse an einer Suche, und denen, die ihre guten Gründe hatten, sich den Wunsch, etwas herauszufinden, zu versagen. Mit anderen Worten all denen, die laut offizieller Statistik, und höchstwahrscheinlich tatsächlich, die Mehrheit sind.

Wie war das mit ihren Gefühlen? Warum dachten sie so ganz anders über ihre Adoption? Ich hörte aufmerksam zu, was sie mir zu sagen hatten. Natürlich ist es schwieriger, über Emotionen zu sprechen, die man nicht hat, als über solche, die man sehr stark empfindet. Ich stellte ihnen ziemlich massive negative Fragen: Warum ist es dir egal, wer deine natürlichen Eltern sind? Warum willst du nicht wissen, wer du wirklich bist? Warum machst du dir keine Gedanken darüber, wie du auf die Welt kamst?

Manchmal fand ich es etwas verwirrend, ihre Antworten zu entschlüsseln. Einige von ihnen zuckten nur die Schultern und sagten, daß sie das noch nie interessiert habe, daß sie kaum einen Gedanken daran verschwendet hätten. Es war nicht wichtig für sie. »Sie ist nur meine biologische Mutter«, sagte einer, und andere wiederholten das. Ich ließ ihn diese Antwort noch einmal sagen, um zu sehen, ob ihm selbst etwas Merkwürdiges daran auffällt. »Nur meine Geburt-Mutter«, sagte ein anderer genauso ungerührt – als wenn aus großer Höhe ein Hammer auf Freuds Haupt fiele. Wie konnten sie den Gedanken an Mutterschaft so leichtfertig abtun? Letzten Endes, ob gut oder schlecht, gerecht oder ungerecht, sie bildet die Basis unserer mächtigsten Mythen, Religionen, Symbole, Ikonen. Sie ist die Quelle allen Lebens, das Symbol für Leben, Natur und Identität. Und doch haben einige Adoptierte einen solchen Gedanken weit von sich gewiesen.

Vielleicht ist es anmaßend, aber nachdem ich denen zugehört hatte, die über den Verlust ihrer ersten Mutter solche Qualen ausstanden, konnte ich einfach nicht akzeptieren, daß der Gedanke an die leibliche Mutter ihnen allen anscheinend gar nichts bedeutete – eine neutrale, irrelevante Kraft in ihrem Leben. Ich sprach mit mehreren befreundeten Psychiatern und Psychologen, einschließlich Dr. Anthony Storr, dem bekannten Autor und Lehrer aus Oxford. Sie waren sich alle darin einig, daß es fast unmöglich sei, leiblichen Eltern keinerlei Bedeutung zuzumessen, oder daß der Gedanke an die leibliche Mutter vollkommen ausgelöscht werden könne.

Werfen wir einen Blick auf die Mythologie, die Literatur, wo das Geheimnis, das verlorene Kinder und verlorene Eltern umgibt, ein ewiges, mächtiges Thema ist. Fangen wir einmal bei Ödipus selbst an, als kleines Kind verstoßen und an einem Berghang ausgesetzt, um zu sterben, dann nichtsahnend von einem König adoptiert. Dieser bedauernswerte inzestuöse Vatermörder könnte seinem Schicksal entgangen sein, wenn ihm jemand gesagt hätte, daß er adoptiert war. Oder Helden und Heldinnen, deren wahre Identität erst im letzten Kapitel, im letzten Akt aufgedeckt wird, Thema unzähliger Bücher, unzähliger Theaterstücke von Shakespeare bis Dickens und noch bis zum heutigen Tag. Es ist ein Thema, das Dichter und Schriftsteller verfolgt, weil darin so viel von uns allen enthalten ist. Für die meisten von uns ist es einfach wichtig zu wissen, wer wir sind.

Ermutigt durch professionelle Bestätigung, hatte ich das Gefühl, daß ich diese direkte Verleugnung einiger Adoptierter nicht akzeptieren konnte. Allein die Heftigkeit ihres Abstreitens war Grund genug, einen aufhorchen zu lassen und sich zu fragen, was sich wirklich dahinter verbarg.

Viele andere Adoptierte, die sich nicht auf die Suche gemacht hatten, gaben für ihren scheinbaren Mangel an Neugier glaubwürdigere Gründe an. Einige hatten verständlicherweise Angst vor dem, was sie entdecken könnten, oder sie hatten etwas erfahren, was sie vom Nachforschen abhielt. Einige meinten, sie würden es nicht ertragen, ihre Mutter zu suchen und dann vielleicht nicht zu finden – das Schicksal vieler, die es versucht hatten. Wiederum andere hatten große Angst vor einer möglichen Zurückweisung. Viele sagten, sie wollten es nicht riskieren, ihre leibliche Mutter zu verletzen, die die Tatsache der Geburt vor ihrem Ehemann und späteren Kindern geheimgehalten haben könnte. Aber der häufigste Grund war der, daß sie befürchteten, ihre geliebten Adoptiveltern zu kränken. Es erschien ihnen unloyal, oder zumindest glaubten sie, daß ihre Adoptiveltern es so auffassen könnten. Aufgrund meiner Interviews mit Adoptiveltern glaube ich sogar, daß sie recht hatten. Die meisten würden es als eine Bedrohung empfinden, wenn sie erführen, daß ihre Adoptivkinder sich auf die Suche nach ihren leiblichen Eltern gemacht haben. Die Kinder wollten auf keinen Fall undankbar oder herzlos erscheinen.

Die meisten Adoptierten sagten, sie hätten während ihrer Kindheit oft an ihre leibliche Mutter gedacht, aber kaum die Möglichkeit gehabt, mit jemandem über diese Gedanken und Empfindungen zu sprechen. Ob zu Recht oder zu Unrecht, sie hatten das Gefühl, daß das Thema tabu sei. Obwohl man ihnen, als sie noch klein waren, die bloße Tatsache ihrer Adoption mitgeteilt hatte, spürten sie, daß es ein schmerzliches Thema war und daß ihre Adoptiveltern es vorzogen, nicht darüber zu sprechen, vielleicht sogar um den Eindruck zu erwecken, es sei nicht wichtig.

Ein wichtiger Punkt wurde mir von allen Vermittlungsstellen und Sozialdienstabteilungen bestätigt: Viel mehr Frauen als Männer gehen auf die Suche nach ihrer Mutter. Ich sprach auch mit verschiedenen Männern, aber die sind hier stark unterrepräsentiert. Diejenigen, die nachgeforscht haben, können ihre Gefühle zu diesem Thema oft nicht so gut ausdrükken, darum habe ich auch von ihren Geschichten nicht so viele ausgewählt. Auf jeden Fall sind die Männer dünn gesät. Der weitaus größere Teil von Adoptierten auf der Suche sind Frauen im Alter zwischen zwanzig und dreißig, die meisten etwa um die Zeit der Geburt ihres ersten Kindes. Ihre eigene Erfahrung der Mutterschaft scheint ihre Gedanken in die Richtung der leiblichen Mutter zu lenken. Während der Schwangerschaft und der Entbindung begreifen sie, was ihre Mutter durchgemacht haben muß, als sie sie trug. Es wird ihnen noch unverständlicher, daß ihre Mutter sie zur Adoption freigeben konnte, wenn sie erleben, wie eng und spontan die Beziehung zwischen der Mutter und dem Neugeborenen ist.

Oft behaupten sie, daß die Geburt ihres Kindes sie bewogen hat, ihre Mutter zu suchen, um eventuelle Erbkrankheiten oder genetische Unregelmäßigkeiten zu überprüfen. Sie stellen empört fest, wie wenig Informationen über ihre Krankengeschichte verfügbar sind. Während der Schwangerschaft werden sie von Ärzten gefragt, ob es in ihrer Familie

Herzleiden oder Epilepsie oder sonst irgendwelche Krankheiten gebe. Sie können dann nur verlegen antworten, daß sie das nicht wissen. Ich habe den Verdacht, daß dieser angeblich praktische Grund, nach ihren Müttern zu forschen, nur ein Vorwand ist für viel stärkere Beweggründe. Wenn der genetische Aspekt wirklich der wahre Grund wäre, würden sie dann nicht genauso eifrig nach ihrem Vater suchen?

Ich könnte mir vorstellen, ein anderer Grund, daß so viel mehr Frauen als Männer nach ihrer Herkunft forschen, ist die unterschiedliche Einstellung von Frauen und Männern zu ihrem Gefühlsleben. Männer sind erzogen worden, Gefühle zu leugnen, zu unterdrücken und vor der Welt zu verbergen. Es ist weibisch, nach deiner Mami zu verlangen, wenn du ein Mann bist. Es ist oft schwierig genug für einen erwachsenen Mann, genau zu wissen, wie das Verhältnis zu seiner Mutter eigentlich sein sollte, auch ohne daß er noch nach einer zweiten Mutter sucht. Aber Frauen haben ein gutes praxisnahes Vorbild für einen freundlichen und ungezwungenen Umgang mit ihrer Mutter, die da ist, um ihnen beim Aufziehen ihrer kleinen Kinder beizustehen. Für sie ist es leichter zuzugeben, welchen Mangel sie spüren. Sie können zweifellos leichter zeigen, daß sie leiden, daß sie ein Gefühl des Verlustes haben, daß sie das Bedürfnis nach einer Beziehung haben, die sie nie kannten. Von einem Mann erwartet man, daß er sich löst von den Fesseln seiner Familie, den Schürzenbändern seiner Mutter und auf eigenen Füßen steht. So verlangt es jedenfalls der Macho-Mythos, der so viele Männer zu einem stillen, zornigen Leiden zwingt und den Frauen all das nach außen in Erscheinung tretende Gefühl, das Weinen und die emotionalen Regungen im Leben zuweist.

Abgesehen von den Adoptierten, die heftig abstritten, daß die Adoption die geringste Auswirkung auf ihr Leben gehabt hätte, bekannte der Rest immerhin, daß ihr Leben anders verlaufen wäre, wenn ihre Adoptiveltern ihre wirklichen Eltern gewesen wären. Sie fühlten bis ins Mark, daß es nicht das gleiche war, obwohl sie natürlich, wie wir alle, keinerlei Vergleichsmöglichkeiten hatten. Die meisten waren neugierig auf ihre leiblichen Eltern, aber das Risiko, sie ausfindig zu machen, war zu groß. Sie wollten sich und anderen diese schmerzliche Erfahrung ersparen. Aber sie waren hin und her gerissen in dem Versuch, ihre Gefühle zu beschreiben. Sie waren ›anders‹ als ihre Adoptionsfamilie – aber sie ahnten natürlich nicht, wie viele gewöhnliche Kinder mit leiblichen Eltern sich auf genau die gleiche Art ›anders‹ fühlten. Für die Adoptierten war es einfach gewesen, alle möglichen Gefühle die Familie betreffend der Tatsache ihrer Adoption zuzuschreiben. Sie hatten auch Schwierigkeiten, sich mit anderen Kindern zu vergleichen. Wahrscheinlich sind alle Kinder von der Einmaligkeit ihrer Gefühle überzeugt.

Die andere Gruppe, mit der ich während des Schreibens dieses Buches sprach, waren die Adoptiveltern. In den Aufzeichnungen der folgenden Kapitel waren die meisten von ihnen entweder verstorben, oder sie weigerten sich, mit mir zu reden, oder ihre Kinder hatten ihnen von den Nachforschungen nichts gesagt. Ich fand es interessant, daß sie die bei weitem unzugänglichste Gruppe waren, ängstlich, angespannt, nicht gewillt, ihre Gefühle zu erforschen oder zu beschreiben. In dem Bemühen, in diesem Buch einen Ausgleich zu schaffen, sprach ich mit verschiedenen Adoptiveltern, die nicht die Eltern der von mir interviewten Adoptierten waren.

Ich muß bekennen, daß ich es nicht leicht fand, mit ihnen zu sprechen, da sie glaubten, jede tiefergehende Diskussion über Adoption könnte ihre Rolle unterminieren. Viele versuchten abzustreiten, daß zwischen der Adoption und natürlicher Elternschaft irgendein Unterschied besteht. Vielleicht müssen alle guten Adoptiveltern sich das einreden. Schon jetzt hat es wütende Reaktionen von Adoptiveltern auf dieses Buch gegeben. Ich habe von überallher Briefe von ihnen erhalten, in denen ich gefragt wurde, warum ich so destruktiv sei. Warum säte ich Mißtrauen, wo es keines gab? Was war mein Motiv bei dem Versuch, vollkommen glückliche Familien zu entzweien mit diesem Geschwätz über die Bedeutung leiblicher Eltern? Ich kann ihnen nur erwidern, daß ich nicht die geringste Absicht habe, ihnen zu schaden oder sie herabzuwürdigen. Aber man muß einfach auf die Erfahrungen der adoptierten Kinder hören, für die Blutsbande wichtig sind, selbst dann, wenn sie in glücklichen Familien aufgewachsen sind.

Viele Adoptiveltern fühlen sich bedroht und werden in Verteidigung ihrer Rolle aggressiv. Auch was die leiblichen Mütter anbetrifft, mit denen ich sprach, so habe ich keine angetroffen, die nicht unterschwellig ein Gefühl der Feindseligkeit gegen das Ehepaar hegt, das ihr das Kind fortgenommen hat. In diesen Erzählungen gibt die leibliche Mutter immer wieder schwache Lippenbekenntnisse ab, wenn sie etwas über die Adoptiveltern, die ihr Kind für sie großgezogen haben, sagt – und trotzdem, kaum verhüllt genießt sie jeden angeblichen oder erfundenen Fehler des Paares, das in der glücklichen Lage war, ihr Kind aufziehen zu dürfen.

Gesunde weiße Babys sind knapp – etwa 20000 Menschen fragen jährlich danach, und nur etwa 2000 im Alter von unter einem Jahr stehen zur Adoption zur Verfügung. Man glaubt, daß noch viel mehr Menschen adoptieren möchten, aber sie wissen, daß sie wegen ihres Alters, ehelichen Status oder eines anderen Problems nicht in Frage kommen. Viele, die adoptieren möchten, sind ganz verzweifelt auf der Jagd nach einem Kind, das zeigen in letzter Zeit die Bemühungen, Mütter zum Austragen eines Kindes zu ›mieten‹, andere versuchen, Kinder aus Drittweltländern zu kaufen. Diejenigen von uns, die in der glücklichen Lage sind, eigene

Kinder zu haben, können sich kaum vorstellen, wie bedrückend das Problem sein kann und wie verheerend Kinderlosigkeit sich auswirken kann. Selbst dann, wenn schließlich ein Kind angenommen wird, kann das nicht immer das Problem lösen. Indem sie zugeben, daß ihr Kind adoptiert ist, müssen sie vor der Welt die Schmach ihrer Unfruchtbarkeit bekennen. Es kann ihnen wie ein fundamentales und demütigendes Versagen vorkommen, und vielleicht trägt das dazu bei, daß sie so ungern über die Adoption sprechen, sei es mit ihren Kindern oder mit anderen.

Sie sollten sich aber wenigstens des Wertes ihrer Rolle bewußt sein. Denn Kinder, die heutzutage zur Adoption freigegeben werden, haben im allgemeinen kaum Aussicht auf ein anständiges Leben bei ihrer leiblichen Mutter, und sicher wäre ein Heim noch viel schlimmer. Der gesellschaftliche Druck, der Mütter früher veranlaßte, manchmal unnötigerweise ihr Kind wegzugeben, gehört mehr oder weniger der Vergangenheit an, und die sich heute noch dafür entscheiden, haben ihre guten Gründe. Aber in Anbetracht dessen, was diese adoptierten Kinder sagen, sollten wir vielleicht die heutige Adoptionspraxis überdenken. Sollte ein Adoptionsbeschluß ein Kind wirklich endgültig von seiner Mutter trennen?

Ich hoffe, vor allem unter Berücksichtigung der Untersuchungsergebnisse des ›Warnock Committee‹*, mit diesem Buch dazu beizutragen, daß Menschen sich ernsthaft die Frage stellen, sollten wir menschliche Wesen nur zum Zwecke der Adoption in die Welt setzen? Obwohl bisher ›in vitro‹ ** -Befruchtungen unfruchtbaren Paaren großes Glück gebracht haben, besteht die Gefahr, daß durch die Implantation eines Embryos in eine fremde Mutter der genetische Ursprung eines Kindes durcheinandergerät. Zweifellos gehört das Kind aus einem gespendeten Embryo vorwiegend der Mutter, die es im Mutterleib genährt und auf natürliche Art geboren hat – aber werden nicht die gleichen Zweifel über seine Identität es im späteren Leben quälen? Wird es nicht den gleichen Drang verspüren, etwas über seine genetische Herkunft zu erfahren? Vielleicht nicht ganz so stark, aber nachdem ich mit diesen Adoptierten gesprochen habe, bin ich zu der Überzeugung gelangt, daß wir auf gefährliche Art in unser Verständnis von Identität eingreifen. Es ist eine Sache, für ungewollte Kinder, die bereits geboren sind, das Beste zu tun, aber eine vollkommen andere, bewußt Kinder zu zeugen, die ihr Leben mit einer gestörten Identität beginnen müssen. Ohne Zweifel verursacht AID (Artificial Insemination by Donor) *** ein ganz ähnliches Dilemma, obgleich es seit vielen Jahren prak-

* Dame Mary Warnock wurde von der britischen Regierung mit der Bildung einer Kommission zur Aufstellung von Richtlinien für die Embryoforschung und In-vitro-Fertilisation beauftragt.

** im Reagenzglas

*** künstliche Befruchtung durch (anonymen) Spender

tiziert wird. Möglicherweise fühlen solche Kinder, die wenigstens eine ganzheitliche und genetische Mutter haben, nicht so sehr die Wurzellosigkeit adoptierter Kinder, aber in den USA gibt es jetzt eine militante Lobby von AID-Kindern, die das Recht fordern, etwas über ihre genetischen Väter zu erfahren.

Ich sprach mit einigen Adoptiveltern, die ein wenig aufgeschlossener waren, und konnte über verschiedene Probleme, mit denen sie konfrontiert wurden, mit ihnen diskutieren. »Er sah uns überhaupt nicht ähnlich. Er war riesig und hatte rote Haare, jeder machte darüber seine Bemerkungen. Aber sollte man vollkommen Fremden die Wahrheit sagen oder lieber darüber hinweggehen?« Oder eine noch typischere Beobachtung: »Er war nicht sehr gut in der Schule. Wir wollten aber keinen Druck auf ihn ausüben. Schließlich wußten wir nicht genau, was wir von ihm erwarten konnten, darum ließen wir ihn das Tempo bestimmen. Nun frage ich mich manchmal, wäre er unser eigenes Kind gewesen, hätten wir nicht von ihm verlangt, sich mehr anzustrengen?« Oder: »Sie war ein sehr wilder und schwieriger Teenager. Ich weiß, daß viele Mädchen so sind, aber wir dachten immer, daß das mit der Adoption zusammenhängen muß. Zumindest wünschten wir, wir hätten darauf bestanden, mehr über ihre Mutter und deren Milieu zu erfahren. Vielleicht machte sich das jetzt ja bei ihr bemerkbar, und es war gar nicht unsere Schuld?«

Ein eigenes Kind, wie immer es auch sein mag, es stammt von ihnen, es ist das eigene Fleisch und Blut. Man kann seine weniger liebenswerten Charaktereigenschaften auf die Familie des Ehepartners schieben oder auf seinen angeborenen Eigensinn, aber man kann nirgendwo, außer bei sich selbst, nach den Ursachen für sein schlechtes Benehmen oder seine unangenehmen Eigenschaften suchen. Aber das adoptierte Kind hat unbekanntes Blut, unbekannte Gene. Wenn es sich während der Pubertät, wie das bei Kindern vorkommen kann, vorübergehend scheinbar in ein kleines fremdes Ungeheuer verwandelt, dann können Adoptiveltern sich sagen, ihnen ist ein Kuckucksei ins Nest gelegt worden, ein Rosemary's Baby, Heathcliff*. Das Band, das sie und ihr Kind zusammenhält, ist in größerer Gefahr zu reißen.

Adoptiveltern haben in diesem Buch keine echte Chance bekommen. Sie sind in diesen Berichten ausschließlich aus der Sicht ihrer Kinder beschrieben worden – und zwar besonders von den Adoptivkindern, die sich die Mühe gemacht haben, ihre leibliche Mutter aufzuspüren. Diese Kinder haben oft das Gefühl, daß die Adoptiveltern ihnen etwas schuldig geblieben sind, aber das kann natürlich ganz ungerecht sein, sowohl in solch einem besonderen Fall als auch im allgemeinen. Es liegt sicher in

* Findelkind aus Emily Brontës »Wuthering Heights«

erster Linie an den unrealistischen Vorstellungen, die sich ein Adoptivkind von einer ›richtigen‹ Familie macht, und nicht an irgendwelchen Versäumnissen bei der Erziehung. Ich weiß nicht, inwieweit die Klagen Adoptierter über ihre Eltern mit den Klagen gewöhnlicher Kinder übereinstimmen, aber in der Weltliteratur kann man ohne Zweifel die Tendenz feststellen, daß Eltern von ihren Kindern generell eine ziemlich ›schlechte Presse‹ bekommen.

Es war meine Absicht, in diesem Buch die tiefgehenden und verworrenen Gefühle zu ergründen, die die Adoption ans Tageslicht bringt, weil ich glaube, daß gerade diese Gefühle offenbaren, wie wir alle unseren Identitätssinn entwickelt haben. Immer wieder haben Adoptierte zu mir gesagt: »Für euch ist das alles selbstverständlich. Ihr habt keine Ahnung, wie wichtig es ist, nicht einfach nur Eltern zu haben, sondern auch Verwandte, Orte, Häuser, alte Fotos, Cousins und Cousinen, Vorfahren.« Sie sahen, wie Nichtadoptierte oft ihre Familien ablehnten und vernachlässigten, sich kaum bemühten, die Verbindung aufrechtzuerhalten, sie abstreiften wie eine alte Haut. Sie sahen, wie ihre Freunde Sachen fortwarfen, die sie selbst nie besessen hatten, aber hoch bewerteten. Diese adoptierten Kinder hatten das Gefühl, von einem anderen Planeten auf die Erde gefallen, vom Storch gebracht oder in einem Korb den Fluß herabgeschwommen zu sein wie Moses. So viele von ihnen sagten, es sei egal, wie die Herkunft ist, gut oder schlecht, reich oder arm, liebenswert oder schrecklich. Was für sie zählte, war, überhaupt eine Herkunft zu haben, sich irgendwo ansiedeln zu können.

Seit ich an diesem Buch gearbeitet habe, habe ich mich selbst einmal in bezug auf meine Verwandten und Kinder geprüft, und mir ist aufgefallen, wie oft und auf wie viele Arten wir uns ständig gegenseitig der Gewißheit unseres Ursprungs versichern mit Geschichten über Verwandte, über Ähnlichkeiten und Familienlegenden. Wie oft stellen die Kinder die gleichen Fragen über Großeltern und andere Verwandte und ordnen sich damit selbst ein, zählen ihre Cousins, stellen fest, wer zu ihnen gehört und wer nicht.

Ich habe mich nie besonders für Genealogie interessiert, und ich kann wahrscheinlich nur so viele Vorfahren benennen wie die meisten von uns – ich kann fünf von meinen acht Urgroßeltern mit Namen nennen, was vielleicht sogar über dem Durchschnitt liegt. Aber es ist mir jetzt klargeworden, daß dieses Wissen, das ich bisher nicht hoch bewertet hatte, Geschichten, von Generation zu Generation weitergegeben, mir ein Gefühl der Kontinuität gibt, das ich für zu selbstverständlich gehalten hatte. Nachdem ich mir das traurige und wurzellose Verlangen derjenigen angehört habe, die diese feste Verankerung nicht besitzen, weiß ich das jetzt mehr zu schätzen.

Aber das ist nur ein Teil dessen, woran es diesen adoptierten Kindern mangelt. Das ist nur der äußerliche, leicht erkennbare fehlende Teil ihres Lebens. Auch dann, wenn sie so viel über ihr Aussehen reden: »Wem sehe ich ähnlich?« – »Von wem habe ich meine Hände und Füße, mein Asthma oder mein blondes Haar?«, wenn sie dann ihre Familie finden, bilden sich die meisten ein, Menschen gefunden zu haben, die genauso aussehen wie sie, obwohl ich oft nur eine schwache Ähnlichkeit feststellen konnte. Mir kam es so vor, als ob die Überbetonung der äußeren Erscheinung und der körperlichen Merkmale etwas ganz anderes bedeutete, es war ein verschlüsselter Ausdruck eines unsichtbaren, aber sehr wesentlichen Zusammengehörigkeitsgefühls, nach dem sie gesucht hatten. Es war ein unerreichbares Ideal, die Mutterliebe, die sie glaubten nie erfahren zu haben, der Traum von einer vollkommenen Mutter. Sie suchten die Mutter der Mythologie und des Märchens, die Mutter aller Religionen, Mutter Maria, Mutter Erde, jede unerfüllte Sehnsucht.

2 Dorothy und Caroline

Dorothy Peyton war fest davon überzeugt, daß sie nicht den geringsten Wunsch verspürte, die Tochter, die sie vor vielen Jahren zur Adoption freigegeben hatte, wiederzusehen. Sie wollte weder etwas über sie noch ihren Aufenthaltsort wissen. Sie war, so sagt sie, schon bei dem Gedanken entsetzt, ihr jemals gegenübertreten zu müssen.

Dorothy ist eine zierliche, lebhafte, grauhaarige Frau von Mitte Fünfzig. Sie ist eine kraftvolle Erzählerin, die sich und ihre Gefühle sorgfältig und ehrlich beobachtet. Beim Sprechen gestikuliert sie und raucht gleichzeitig eine Zigarette nach der anderen. Jedesmal wenn sie einen Teil ihrer Lebensgeschichte erzählt, greift sie den wesentlichsten Punkt heraus und betrachtet ihre Überlegungen aus den verschiedensten Blickwinkeln, als ob sie ein Problem zu lösen hätte, das nicht nur sie betrifft. Man kann sich sehr gut vorstellen, daß sie vor ihrer Pensionierung eine ausgezeichnete, engagierte Lehrerin gewesen ist. Sie sitzt in ihrem ordentlichen, altmodischen Wohnzimmer, umgeben von Erinnerungsstücken, die ihr Vater auf seinen Reisen nach China erworben hat, uralter Schnickschnack, zwischen den beiden Weltkriegen aus dem Fernen Osten mitgebracht – ein geschnitzter chinesischer Drache mit einer verblichenen Laterne, ein nikkender Mandarin.

Dorothy war das einzige Kind nicht mehr ganz junger Eltern, irische Katholiken, die in Liverpool wohnten. Ihre Mutter war Lehrerin, ihr Vater Obermaat bei der Handelsmarine und später technischer Zeichner in einer Maschinenfabrik. Als Dorothy 1928 zur Welt kam, war ihre Mutter Mitte Vierzig, und ihr Vater starb, als sie noch jung war.

Ihre Eltern waren hoch erfreut, als Dorothy einen Studienplatz an der Londoner Universität bekam. Nur durch ein Stipendium des Erziehungsministeriums konnte sie es sich leisten, dort zu studieren, mußte sich aber verpflichten, nach Verlassen der Universität mindestens zwei Jahre den Lehrberuf auszuüben. Sie lebte in einer festgefügten, eingegrenzten katholischen Welt, wohnte während des Studiums in einem katholischen Mädchenheim und lehrte danach an einer Klosterschule, wo sie auch untergebracht war. »Ich war dort sechs Jahre gewesen und siebenundzwanzig, als ich das Gefühl bekam, daß ich sehr wenig von der Welt kannte. Es wäre so einfach gewesen, für immer an dieser Schule zu bleiben. Aber ich zwang mich dazu, wegzugehen, und schloß einen Vertrag über ein Jahr als Lehrerin auf Malta ab.«

Auf Malta teilte sie sich eine Wohnung mit zwei Freundinnen. Sie waren sehr umworben, weil viele britische Schiffe dort anlegten und es an Bord und in den Kasernen ständig Tanz- und Dinnereinladungen gab. »Wir waren so ungefähr die einzigen englischen Mädchen dort – abgesehen von den WRENs*, auf die die Offiziere herabsahen. Wir waren für sie Freiwild. Jede Schiffsbesatzung, die dort ankam, hatte nur einen Gedanken – ein Mädchen ins Bett zu bekommen.« Ihre Freundin warnte sie vor all den Gefahren. »Aber ich sagte, ich sei schließlich achtundzwanzig, ich hätte noch mit keinem Mann geschlafen und hätte auch nicht die Absicht, es zu tun. Ich wollte nicht heiraten, und ganz bestimmt wollte ich keine Kinder haben. Ich wollte mein eigenes Leben leben.«

Das Festival von St. Paul ist auf Malta ein großer Tag mit Singen und Tanzen auf den Straßen. Sie war schon ein- oder zweimal von Martin, einem großen, jungen, schottischen Marineoffizier, ausgeführt worden. Eine ihrer Zimmergenossinnen hatte durch eine Bekannte erfahren, daß dieser Mann sich in der Offiziersmesse gebrüstet hatte, er würde mit Dorothy schlafen. Doch Dorothy lachte sie nur aus und tat diesen Gedanken mit der Bemerkung ab, das habe sie bisher nicht getan, und das werde sie auch in Zukunft nicht tun. Sie könne ganz gut auf sich aufpassen. An diesem Abend gingen sie alle zusammen zu dem fröhlichen Treiben auf die Straßen. Martin brachte es fertig, sie völlig betrunken zu machen, so betrunken, daß er und ihre Freundinnen sie nach Hause schleppen mußten. »Es war das einzige Mal in meinem Leben, daß ich betrunken war. Noch heute schäme ich mich deshalb. Anderen mag das ja häufiger passieren, aber für mich bei meiner Erziehung und meiner Auffassung von der Welt verliert man dabei all seine Menschenwürde.« Wie sie sagt, war sie vollkommen ohne Bewußtsein gewesen. Martin hatte ihren Zimmergenossinnen vorgeschlagen, sich um sie zu kümmern und aufzupassen, daß alles in Ordnung ginge, darum gingen sie zu Bett. »Meine Freundinnen machen sich bis zum heutigen Tag Vorwürfe. Sie können nicht mehr verstehen, wie sie damals so naiv sein konnten, mich zusammen mit diesem Mann bewußtlos auf dem Bett liegenzulassen.«

Als sie am nächsten Morgen aufwachte, war er noch da, neben ihr im Bett, und sie konnte sich an überhaupt nichts mehr erinnern. »›Raus!‹ schrie ich. ›Mach sofort, daß du rauskommst!‹ Und er ging. Ich war entsetzt! Ich wußte nicht, was mit mir passiert war, obwohl ich es mir natürlich denken konnte. Es gelang mir, es zu verdrängen. Da ich mich an nichts erinnern konnte und es außerdem keinerlei körperliche Auswirkungen zu haben schien, hat es mich nicht weiter bekümmert. Ich war nur ziemlich wütend, weil er gedroht hatte und damit angegeben hatte, daß er

* Women's Royal Naval Service (Marinehelferinnen)

mich bekommen würde, daß er sein Ziel tatsächlich erreicht hatte. Aber natürlich hätte ich mich niemals betrinken dürfen. Ich bin ganz sicher, er wollte mich betrunken machen, aber ich weiß nicht mehr wie. Ich ging voller Reue zur Beichte. Der Priester sprach zu mir über die Vermeidung der Gelegenheit zur Sünde, übrigens eine sehr katholische Auffassung. Ich war selbst schuld, weil ich mich in diese Situation gebracht hatte, eine Gelegenheit zur Sünde.«

Der Priester riet ihr nach der Beichte, den Zwischenfall zu vergessen. Aber einen Monat später bemerkte sie, daß sie schwanger war. Sie suchte Martin auf und sagte es ihm. »Er lachte. Ehrlich, er hat gelacht. Er meinte: ›Ach, das kannst du ganz leicht wieder in Ordnung bringen.‹ Etwa zwei Wochen später verließ er Malta, typisch Marine. Es gab kaum einen Mann in der Marine, der nicht Malta, Zypern und all die Orte als eine günstige Gelegenheit ansah, um sich auszutoben. Je gebildeter die betreffende Frau war, desto mehr Spaß hatte man an der Eroberung. Dann verschwanden sie von der Bildfläche und ließen die Katastrophe hinter sich.«

Sie litt sehr unter Erbrechen, so daß sie ihren Zustand vor ihren Freundinnen nicht verbergen konnte. »Das Problem war, es vor den Nonnen in der Schule geheimzuhalten. Ich mußte unbedingt meinen Vertrag zu Ende bringen, ohne daß sie etwas merkten. Das bedeutete, daß ich bis Juli bleiben mußte, bis zum fünften Schwangerschaftsmonat, und mir ging es so schlecht, aber sie durften nichts merken. Wenn es jemals herauskommen würde, daß ich ein uneheliches Kind hatte, würde man mir nie wieder erlauben, an einer katholischen Schule zu arbeiten, wahrscheinlich sogar an gar keiner Schule. Man vergißt leicht, wie anders die Verhältnisse damals waren. Der geringste Verdacht auf Unmoral bei einer Lehrerin, und man bekam keine Arbeit mehr. Ich mußte nicht nur für mich selbst sorgen, sondern auch für meine verwitwete Mutter in Liverpool.«

Sie erinnert sich kaum noch an Martin, außer an sein Äußeres. »Er war ein ganz und gar unauffälliger, durchschnittlicher Marineoffizier«, sagt sie mit offensichtlicher Verachtung. »Er war sehr groß, blond, mit schönem Haar, weich und lockig. Er hatte große graue Augen und ein längliches Gesicht, schöne Haut und einen starken schottischen Akzent. Das ist alles, an das ich mich erinnern kann, und um ehrlich zu sein, es interessiert mich auch nicht. Ich habe ihn nie wieder gesehen oder etwas von ihm gehört.«

Ihre beiden Freundinnen kümmerten sich um sie und halfen ihr so gut sie konnten. Sie schickten sie zu der Oberin der Krankenschwestervereinigung von Malta, eine sehr verständnisvolle Frau. »Sie hat mir ein bißchen die Leviten gelesen, aber sie war sehr freundlich. Ich wurde zum King-George-V.-Krankenhaus geschickt, wo die Schwangerschaft natürlich bestätigt wurde. Danach sagte die Oberin: ›So, nun müssen wir Ihnen erst einmal helfen, Ihren Lehrvertrag zu erfüllen.‹ Sie gab mir einen Diätplan, damit mein Gewicht niedrig und die Wölbung meines Bauches möglichst unauffällig blieb. Ich war sehr klein und zierlich, das erleichterte es, ich war nur 1,53 m groß und wog knapp 40 kg. Sie wollte, daß ich meine Eltern benachrichtige, in der Hoffnung, daß sie sich um mich kümmern würden. Aber mein Vater war tot und meine Mutter fast siebzig. Sie wäre vor Scham gestorben.«

Dorothy schaffte es bis zum Juli, ohne daß die Nonnen einen Verdacht schöpften, dann eilte sie zurück nach England. Eine Krankenschwester, mit der sie sich angefreundet hatte, hatte schon einen Platz in einem katholischen Mutter-und-Kind-Heim in London für sie gebucht. Aber dorthin konnte sie erst 6 Wochen vor dem erwarteten Geburtstermin gehen. »Alle katholischen Heime für obdachlose, ledige Frauen wurden von Nonnen geleitet, und ich mußte warten, bis ich in das Mutter-und-Kind-Heim gehen konnte. Sie sagten nämlich, sie wollten nicht, daß eine gefallene Frau einen schlechten Einfluß auf die anderen ausübe.« Schließlich fand sie einen Platz in einem nichtkatholischen Heim für in Notlage geratene Frauen. Trotz der Anrüchigkeit, so sagt sie, war ihr Aufenthalt dort die einzige Zeit während der ganzen Schwangerschaft, in der sie nicht unglücklich war.

»Ich war über die katholische Kirche und die grausame Art, in der ich während dieser Zeit behandelt worden war, sehr verbittert. Das hat mich der Kirche entfremdet, wenn auch nicht dem katholischen Glauben. In dem Heim in Soho fühlte ich mich, als sei ich wieder im Internat, aber es war sauber, einigermaßen komfortabel, und die Leute dort waren so nett und gastfreundlich. Es gab keine Vorwürfe, nur Zuwendung und tröstende Menschen. Ich bin ihnen für alle Zeiten dankbar.«

Nach ihrer Rückkehr nach England hatte sie ihren alten Freund James wiedergetroffen, den sie einige Jahre zuvor zum Katholizismus bekehrt hatte. Er war keinesfalls ein intimer Freund gewesen, aber als er sie schwanger und hilflos antraf, bot er ihr die Heirat an. »Er stand mir während dieser ganzen Zeit bei, aber trotzdem wußte ich, daß ich das Baby adoptieren lassen wollte. Erstens wollte ich nie ein Baby haben. Ich mochte Babys oder kleine Kinder überhaupt nicht. Ich lehrte ältere Kinder, und nichts in der Welt hätte mich bewegen können, Kinder im Grundschulalter zu unterrichten. Aber es gab noch einen anderen, entscheidenderen Grund. Ich kannte James zu gut, und ich wußte, er würde das Baby niemals wirklich akzeptieren. Es würde immer gegenwärtig sein, das Zeichen meiner Schlechtigkeit, und er würde es an dem Kind auslassen. Es hätte niemals funktioniert, denn er war einfach nicht diese Art von Mann.« Wie sich die Dinge später entwickelten, hatte sie vollkommen recht gehabt.

Dann mußte sie von dem Heim in Soho in das Mutter-und-Kind-Heim überwechseln, da der Termin der Geburt näher rückte. James holte sie mit ihren beiden Koffern ab und brachte sie dorthin. »Es war eine unbeschreiblich deprimierende Erfahrung. Das war mir klar in dem Augenblick, in dem ich dort eintraf, dies war ein Ort der Bestrafung. Die Oberin war eine Zicke – nein, das ist nicht stark genug. Sie war gewalttätig, sadistisch, eine schreckliche Frau. Früher war sie einmal Nonne gewesen, aber mußte aus irgendeinem Grund das Kloster verlassen. Ihrer Ansicht nach waren alle schwangeren Frauen schlecht, und sie ließ sie das in jeder Hinsicht spüren.«

Sie wurde schweigend hinauf in den Schlafsaal geführt, niemand sprach. Das Bett war kalt, hart und klamm. »Es war der kälteste und herzloseste Ort, den ich je gesehen hatte. Es war wie ein Gefängnis. Ich fragte das Mädchen im nächsten Bett nach den Waschräumen. Sie sagte: ›Guck doch selber nach!‹ Sehen Sie, so wurde jeder dort, sie waren alle so unglücklich. Im Waschraum gab es nur kaltes Wasser. Am nächsten Morgen beim Frühstück wurde kein Wort gesprochen. Alle Mahlzeiten wurden schweigend eingenommen. Da waren sie nun, Frauen jeglichen Alters, einige schwanger, einige gerade Mutter geworden, behandelt wie Verbrecher. Wir mußten paarweise hintereinander den Eßsaal verlassen, das Beten dauerte zehn Minuten. An diesem Morgen, als ein Teller Haferbrei vor mich hingeknallt wurde, brach ich in Tränen aus. Ich weine sonst fast nie, ich bin nicht der Typ. Aber da konnte ich nicht anders. Die Oberin sagte: ›So, du glaubst, unser Essen hier ist nicht gut genug für dich, Peyton?‹ Wir wurden alle mit unserem Nachnamen angeredet.«

Dann wurde ihnen die Arbeit für den Tag zugeteilt. »Ich mußte drei große Räume gründlich putzen. Es gab keinen Staubsauger, nur Kehrschaufel und Handfeger. Eigentlich mochte ich Saubermachen und Hausarbeit, darum dachte ich, es würde mir nicht schwerfallen, und es war eine Möglichkeit, alleine zu sein. Aber das Privatzimmer der Oberin war groß, angefüllt mit allen möglichen Dekorationsstücken und auf dem Fußboden neun Brücken. Es war eine sehr schwere Arbeit, und ich bekam schlimme Schmerzen. Ich ging nach oben und setzte mich auf mein Bett, um mich ein wenig zu erholen. Ich erinnere mich, daß ein Mädchen in Tränen aufgelöst hereinkam, sie fluchte über die Grausamkeit und Herzlosigkeit, das Elend an diesem Ort. Jemand war heraufgeschickt worden, um mich zum Kakaotrinken zu holen, aber ich konnte mich einfach nicht aufraffen zu gehen. Ich war zu erschöpft und deprimiert. Plötzlich kam die Oberin anmarschiert. Ich habe noch nie ein menschliches Gesicht gesehen, das so voller Abscheu war. Die Art, wie sie mich ansah, wie angewidert sie war! Wie sie uns alle haßte! Sie schrie mich an: ›Pack deine Koffer und mach, daß du hier rauskommst. Wir wollen dich hier keinen Augenblick länger sehen!‹ Es war nicht ganz klar, warum ich gehen mußte. Ich glaube, teilweise weil ihr Zimmer nicht gut genug gereinigt worden war und teilweise wegen Gehorsamsverweigerung, weil ich nicht zum Kakaotrinken hinuntergegangen war.«

Da stand sie nun, nur wenige Wochen vor der Entbindung, rausgeschmissen da, wo man ihr angeblich helfen wollte. »Ich saß drei Stunden lang mit meinem Koffer auf dem Bahnsteig des örtlichen Bahnhofs und fragte mich: Was nun? Schließlich bekam ich einen Zug zurück nach Soho und ging zu dem freundlichen Heim für Frauen in Not. Sie nahmen mich für die Nacht auf.«

Am nächsten Morgen wurde sie zu einer anderen katholischen Vermittlung geschickt. »Ich ging zusammen mit James dorthin. Es war komisch, denn die Frau dort, die sehr nett war, schickte James hinaus, bevor sie mit mir sprach. Sie erklärte mir, da James erst kürzlich zum Katholizismus übergetreten sei, wolle sie in seiner Gegenwart nichts gegen eine katholische Einrichtung sagen. Nachdem er gegangen war, erzählte sie mir, daß schon neunundzwanzig Mädchen aus diesem Heim weggelaufen oder herausgeschmissen worden seien. Die Oberin sei unausgeglichen. Sie haßte alles, was mit Sex zu tun hatte, und ganz besonders gefallene Frauen.«

Man fand einen Platz für Dorothy in einem nichtkatholischen WVS-Heim * für Mütter und Babys. »Ich merkte gleich, daß die Atmosphäre dort eine ganz andere war. Die anderen Mädchen waren freundlich und gesprächig, selbst die Oberin war nett. Sie schaute in meine Akte und sagte: ›Wie ich sehe, mögen Sie keine Hausarbeit.‹ Ich antwortete, daß ich in Wirklichkeit Hausarbeit mochte, ich hatte sie immer gemocht, und ich erzählte ihr die ganze Geschichte. Später wurde sie eine gute, enge Freundin von mir, viele Jahre lang bis zu ihrem Tode. Sie war ein wundervoller Mensch. Sie war die erste Krankenschwester in Bergen-Belsen gewesen und kannte sich mit menschlichem Leid aus.«

In diesem Heim übernahm Dorothy die Hausarbeit, aber mit den Babys wollte sie nichts zu tun haben. Die anderen Frauen rissen sich um die Arbeit im Babyzimmer, aber sie hatte eine starke Abneigung dagegen. »Schreckliche Dinger, dieser furchtbare Milchgeruch. Ich hatte überhaupt keine Gefühle für mein Baby. Es war nur eine Last, die man loswerden wollte. Ich habe nicht einen Augenblick daran gezweifelt, daß ich es weggeben würde. Es zu behalten wäre sowieso aus verschiedenen Gründen unmöglich gewesen, vor allem, weil ich sogar in dieser Zeit den größten Teil meines Mutterschaftsgeldes an meine Mutter schickte. Ich unterstützte sie, und sie kam zuerst dran.«

Ihre Mutter war tief gekränkt, daß sie nach ihrer Rückkehr nach England nicht sofort heimkam nach Liverpool. »Ich mußte mir eine Geschichte ausdenken. Ich sagte, ich habe kein Geld und müsse mir meinen

* Women's Voluntary Service: karitative Einrichtung mit ehrenamtlichen Helfern

Unterhalt als Kellnerin bei Lyon's verdienen. Ich versprach, daß ich bis Weihnachten genug Geld haben würde, um zu kommen. So konnte ich sie dann besuchen, ohne daß sie eine Ahnung hatte, was inzwischen mit mir geschehen war.«

Dann kam der Tag, an dem ihr Kind geboren wurde. Es war eine schwere Entbindung, die Wehen dauerten vierundfünfzig Stunden. Wie fühlte sie sich? »Als der Arzt das Baby zum erstenmal hochhielt, fand ich es häßlich. Das kleine Mädchen hatte eine dichte Masse schwarzer Haare mit einem rötlichen Schimmer und dann diese starken Augenbrauen. Sie hatte eine ausgeprägte Nase. Als ich sie zum erstenmal hielt, fauchte sie mich an wie eine Katze. Ich sagte: ›Nehmt sie weg, sie ist scheußlich.‹ Aber der Arzt meinte: ›Sie ist ein wunderschönes Baby.‹ Vielleicht hätte ich nicht mehr weiter über sie nachgedacht, wenn man sie mir damals gleich weggenommen hätte. Wenn man weiß, daß ein Baby zur Adoption freigegeben werden soll, sollte man es niemals der Mutter in den Arm legen, geschweige denn ihr erlauben, es wochenlang zu versorgen. Etwas geschieht dann.«

Vom Kreißsaal wurde Dorothy in ein Solarium des Krankenhauses gebracht, sie mußte dort mit dem Baby im Arm anderthalb Stunden warten, bis das Bett im Krankensaal fertig war. »Wenn sie das nicht getan hätten, hätte es mir nichts ausgemacht. Da bin ich mir ganz sicher. In dieser kurzen Zeit entwickelte sich zwischen ihr und mir eine tiefe Beziehung. Während ich sie hielt, spürte ich, wie dieses merkwürdige Gefühl in mir hochstieg, egal wie sehr ich mich bemühte, es zu unterdrücken.«

In den folgenden zehn Tagen versuchte Dorothy möglichst wenig mit dem Baby zusammenzusein. Sie ergriff jede Gelegenheit, sich von ihm fernzuhalten. Sie überredete andere Mütter und werdende Mütter, ihr Kind zu füttern. »Aber sie war mein ein und alles. Ich fand sie wundervoll, und alles, was sie machte, fand ich so faszinierend. Sie war ein außergewöhnliches Baby, das sagte jeder dort. Sie benahm sich von Anfang an wie ein vier Monate altes. Sie wollte immer aufstehen, sogar in der Badewanne. Sie hatte ein hitziges Temperament, genau wie ich. Ich habe mein ganzes Leben lang gegen mein Temperament ankämpfen müssen, deshalb war ich nicht erstaunt, daß es ihr genauso erging. Die Oberin meinte, es sei ein Glück, daß wir nicht zusammenblieben, sonst würden wir sicher eines Tages wie zwei Katzen aufeinander losgehen.«

James kam sie in dem Heim besuchen. »Aber er hatte nicht einen Blick für das Baby. Er sagte: ›Sieh zu, daß du den Balg bald los wirst, dann können wir ein neues eigenes Leben beginnen.‹ Er haßte sie, den bloßen Gedanken an sie. Er war voller Eifersucht und Zorn. Das hätte mich warnen sollen, aber ihn zu heiraten erschien mir damals der einzige Ausweg, um aus meinen Schwierigkeiten herauszukommen – ein neuer Name, ein neues Leben, einen Ort, an dem man wohnte. ›Ich will mit deinem Balg nichts zu tun haben‹, sagte er während der Besuchszeiten, und ich wußte, er würde sie nie akzeptieren.« Dorothy schwankte in ihrer Entscheidung, das kleine Mädchen adoptieren zu lassen, kaum.

Dann kam der Tag der Adoption. Man hatte Dorothy ein wenig über die Familie, zu der ihr Kind kommen würde, erzählt. Sie hatte ihr den Namen Theresa Patricia gegeben, nach zwei ihrer besten Freundinnen, aber diese Namen würden geändert werden. Man sagte ihr, daß die Familie katholisch sei. (Es ist üblich, das Kind von einer Familie adoptieren zu lassen, die die gleiche Religion wie die Mutter hat.) Man sagte ihr, sie seien wohlhabend und der Ehemann sei ein erfolgreicher Anwalt. Sie hatten zwei ältere Söhne und wünschten sich noch eine Tochter, um die Familie komplett zu machen. Eine merkwürdige Tatsache verschwieg man ihr allerdings – diese Eltern waren bereits in den Fünfzigern, ein äußerst ungewöhnliches Alter, um die Erlaubnis zur Adoption zu bekommen.

Sie wußte, daß sie an diesem Morgen kommen würden, um Theresa mitzunehmen. Die Oberin schickte Dorothy fort, um einige werdende Mütter beim Einkaufen zu begleiten, so daß sie die Familie nicht zu sehen bekäme. Sie durfte nicht einen Blick auf sie werfen oder irgend etwas herausbekommen, das ihr einen Hinweis über den Verbleib ihres Kindes geben könnte. »Ich blieb zwei Stunden weg. Als ich zurückkam, war sie fort. Das war's dann also. So einfach war das. Es war, als ob sie nie existiert hätte – leeres Bettchen, kein Baby. Ich verließ das Heim am gleichen Tag. Es war eine Woche vor Weihnachten, genau wie geplant, und ich beeilte mich, nach Liverpool zu kommen, um meine Mutter zu besuchen.«

Dorothy fühlte sich elend und verzweifelt, aber ihre Mutter bemerkte nichts. Zwischen ihnen entstand gleich zu Anfang ein Streit, als sie ihrer Mutter erzählte, daß sie die Absicht habe, James zu heiraten. »Obwohl er katholisch war, er war ein geschiedener Mann – und das war in ihren Augen eine unverzeihliche Sünde. Wenn sie etwas über die andere Sünde gewußt hätte! Wir versuchten, eine Annullierung seiner ersten Ehe zu erreichen, die nicht in einer katholischen Kirche geschlossen worden war, aber da der Priester nicht nachweisen konnte, daß die erste Frau nicht getauft war, erreichten wir nichts. Damals war es viel schwieriger, eine Annullierung zu bekommen als heute.«

Gleich nach Weihnachten wurden sie standesamtlich getraut. »Mir war es egal, wo wir heirateten. Ich war so verbittert und wütend über die katholische Kirche, daß mir das nichts ausgemacht hätte, wäre da nicht meine Mutter gewesen.« Dorothy befand sich immer noch in einem Zustand des Schocks. »Das hat zwei Jahre gedauert. Ich fühlte mich so elend. Ich kann es kaum beschreiben. Ich litt unter diesen entsetzlichen

Schmerzen, so als ob meine Eingeweide herausgerissen worden wären. Natürlich konsultierte ich Ärzte, aber mir fehlte nichts. Ich wußte ganz genau, daß es nur psychosomatisch war. Weil mir mein Baby genommen worden war, fühlte ich es körperlich, so als sei es aus mir herausgerissen worden. Ich hätte niemals gedacht, daß ich so sehr darunter leiden würde oder daß der Schmerz so lange anhalten würde.«

Nach der Heirat wohnten sie in einem anderen Stadtteil von London, und Dorothy nahm sofort wieder ihre Tätigkeit als Lehrerin auf, dieses Mal an einer konfessionslosen, staatlichen Schule. »Ich hatte keine Wahl, ich mußte weiterhin meine Mutter unterstützen, obwohl sie so erbost über meine Heirat war. James sagte, von ihm würde sie nicht einen Pfennig bekommen. Er behielt sein Geld für sich, wir teilten uns die Miete, und ich mußte obendrein noch fast alle Haushaltskosten bezahlen.«

Die Ehe war von Anfang an ein Fehlschlag. »Ich liebte ihn nicht, und ich hätte ihn gar nicht heiraten dürfen. Aber ich war damals so durcheinander, ich wußte nicht, was ich tat. Er war die ganze Zeit wütend, und er wurde zunehmend eifersüchtiger. Ich habe das Baby niemals mehr erwähnt, auch nicht meine Schmerzen, nicht ein einziges Mal. Aber er beschuldigte mich andauernd. ›Du denkst die ganze Zeit an seinen Vater, stimmt's?‹« Sie beneidete andere Lehrerinnen an ihrer Schule, die schwanger waren oder ein neugeborenes Baby hatten. Auf der Straße starrte sie Babys in Kinderwagen an, sie litt schrecklich. Nach drei Monaten unterzeichnete sie endgültig die Adoptionspapiere. »Aber ich zögerte nicht einen Augenblick. Es gab kein Zurück, und es mußte einfach sein.«

Dann entdeckte sie, daß ihr Mann akut paranoid war und sein Zustand immer schlimmer wurde. »Er wurde derart eifersüchtig, daß er mich tagtäglich beschuldigte, mit anderen Männern zu schlafen. Er machte mir angst, jeden Abend, nachdem er von der Arbeit gekommen war, fing er wieder damit an. Er sagte dann, ich dächte immer an das Baby und dessen Vater. Man konnte nicht vernünftig mit ihm reden. Er verbot mir, meine Bekannten zu sehen. Er hatte die fixe Idee, daß sie mich an Männer verkuppeln wollten. Absurd! Verrückt! Ich durfte keine Bekannten mit nach Hause bringen, er sagte, er würde sein verdammtes Geld nicht für sie verschwenden. Ich war jeden Tag eine Stunde vor ihm zu Hause, in dieser Zeit mußte ich einkaufen, saubermachen, kochen und das Essen für ihn auf dem Tisch haben. Dann ging es wieder los: ›Und mit welchem Kollegen hast du heute geschlafen?‹ Es hörte niemals auf.«

Die Dinge spitzten sich zu, als ihre Mutter sechs Monate nach der Heirat zu Besuch kam. »Da war für mich endgültig Schluß. Eiskalt erzählte er meiner Mutter von dem Baby. Er sagte: ›Ich fürchte, deine Tochter ist mannstoll. Sie hat viele Männerbekanntschaften, und sie betrinkt sich.‹ Natürlich war das Quatsch, aber meine Mutter war wie vor den Kopf gestoßen. Sie sagte: ›Wie konntest du mir das antun? Wie soll ich jemals mit diesem Skandal fertig werden, wenn das in Liverpool herauskommt? Mit meiner Ruhe ist es jetzt aus, ich muß in ständiger Angst leben, daß jemand etwas davon erfährt.‹ Sie dachte nur an sich und überhaupt nicht an das, was ich durchgemacht hatte. Sie hörte nicht auf, mir Vorwürfe zu machen, obwohl ich so gekämpft hatte, um sie all die Jahre zu unterhalten. Ihre einzige Sorge war, was die Nachbarn denken würden. Das konnte ich ihr nicht verzeihen. Aber letzten Endes hatten wir uns nie nahegestanden. Sie war so alt und hundertprozentig katholisch, mit einer so viktorianischen Erziehung.«

Daraufhin verließ Dorothy James. Aber er kam zu ihr zurück, weinte, bettelte um Vergebung, versprach, sich zu ändern und nie wieder eifersüchtig zu sein. »Ich gab nach. Ich hätte wissen müssen, daß er unfähig war, sich zu ändern. Er hatte eine Form von Paranoia, bei der man glaubt, daß alle Welt unrecht hat, während man selbst immer im Recht ist. Drei Monate später ging ich zu ihm zurück, aber es war schlimmer als vorher. Er begann mich zu schlagen. Ich mußte mit einer Sonnenbrille in die Schule gehen, um mein blaues Auge zu verdecken, und lange Ärmel tragen, um die Blutergüsse an meinen Armen zu verbergen. Abends ließ er mich nicht ins Bett gehen. Er stand da, beschimpfte mich und hinderte mich daran, den Raum zu verlassen. Seine Anschuldigungen waren vollkommen verrückt, wie eine steckengebliebene Grammophonnadel, vorgetragen mit grausiger Monotonie.«

Schließlich vertraute sie sich einer Bekannten in der Schule an, die riet ihr, einen Arzt und einen Anwalt aufzusuchen. Beide sagten, daß er gefährlich sei und dringend psychiatrische Behandlung brauche, sie müsse ihn sofort verlassen. Der Anwalt schickte ihm einen Brief, in dem er ihn davor warnte, sie zu belästigen, anderenfalls müßte man ihn aus der Wohnung fortschaffen. Dorothy war gerade dort, um ihre Sachen abzuholen, als er nach Hause kam und den Brief las. Er ging wieder auf sie los, aber sie konnte gerade noch entkommen, mit nichts als ihrer Handtasche und ihrem Mantel. »Er nahm sich eine Flasche Gin, trank hintereinander zwei Gläser und schmiß die Flasche nach mir. Gott sei Dank bin ich lebend herausgekommen. Er war weiß, daran erinnere ich mich noch, vollkommen weiß vor Wut.«

Sie begann ein neues Leben, richtete sich eine eigene Wohnung ein. Sie hatte noch viele Bekannte aus der Zeit vor ihrer Ehe. »Natürlich habe ich nicht wieder geheiratet«, sagt sie lachend. »Ich hätte es auch damals nicht getan, wenn ich nicht so verzweifelt gewesen wäre. Ich wollte keine Kinder haben. Ich wollte niemals heiraten. Ich hatte doch recht, oder etwa nicht?«

Heute betrachtet sie diese zwei furchtbaren Jahre mit spöttischer

Distanz und wundert sich über ihre eigene Verletzlichkeit. Sie ist eine starke, unabhängige Persönlichkeit, eine erfolgreiche Geschichtslehrerin, die ihre Arbeit liebte und ihre Freunde und ihre Unabhängigkeit zu schätzen weiß. Sie hat sich vorzeitig pensionieren lassen und füllt ihre Zeit mit Lesen aus, besonders Geschichte und Theologie. Abgesehen von den zwei Jahren hat sie ein Leben geführt, wie sie es sich immer vorgestellt hatte. Rückblickend erscheint es einem heute ganz unwirklich, daß ein Abend mit viel Alkohol eine solche Kette von Katastrophen auslösen konnte. Und dennoch, so wie die meisten klugen Menschen kann sie ehrlicherweise sagen, daß sie keinen Teil ihres Lebens missen möchte.

»Klingt es merkwürdig, wenn ich sage, ich bin sehr froh, daß ich ein Baby hatte, weil ich mich dadurch irgendwie erfüllt fühle? Es ist eine Erfahrung, die jede Frau machen möchte. Wenn ich noch einmal jung wäre, ich würde es wieder tun. Ich weiß nun, wie es ist, ein Kind zu haben, sonst hätte ich davon keine Ahnung gehabt. Und obwohl ich nichts über meine Tochter wußte, hatte ich diese tiefe Befriedigung, daß es mir gelungen war, meine Familie fortzusetzen, die Blutslinie nicht zu unterbrechen. Ich glaube, als Mutter hätte ich vollkommen versagt. Als Lehrerin forderte ich strenge Disziplin, weil ich selbst so erzogen worden war. Ich erwartete immer sofortigen Gehorsam, und bei meinem Kind hätte ich das wohl kaum durchsetzen können. Ich hatte die wundervolle Erfahrung gemacht, einem Menschen das Leben zu schenken, aber ich mache mir keine Illusionen über die Art von Leben, das meine Tochter wahrscheinlich bei mir gehabt hätte.«

Nach dem endgültigen Scheitern ihrer Ehe, nahm sie sich Zeit, um sich zu erholen. »Vielleicht ist das schockierend, aber alles geht vorüber. Ich empfand immer weniger Kummer wegen meines Babys. Der Schmerz verebbte. Ich nehme an, es war so, als ob man über einen Tod hinwegkommt, schließlich gelingt es einem. Immer wenn sie ihren Geburtstag hatte, dachte ich an sie und machte mir meine Gedanken. Ich fragte mich, ob sie wohl wie ich aussähe oder ob sie irgendwelche Merkmale ihres Vaters geerbt habe – aber solche Gedanken rückten immer mehr in weite Ferne, und mein Leben ging weiter.«

Sie bekam einen großen Schrecken, als das Gesetz von 1975 in Kraft trat. »Ich war innerlich aufgewühlt, entsetzt bei dem Gedanken, daß sie eines Tages bei mir auftauchen könnte – und das wollte ich auf keinen Fall. Ich wollte sie niemals wiedersehen. Ein paar meiner Freunde wußten von ihr, ungefähr vier, aber ich konnte mir nicht vorstellen, wie ich es den anderen erklären sollte. Ich schämte mich. Ich schäme mich noch immer. Ihnen mag es wie eine Bagatelle vorkommen, aber ich hatte das Gefühl, daß ich in der Nacht, in der ich sie empfing, meine Menschenwürde verloren hatte, jede Faser von Anstand und Würde. Ich hatte eine strenge Erziehung gehabt, und solche Gefühle kann man nicht mit einem Schulterzucken abtun. Ich wollte keine Fragen beantworten müssen, die sie mir vielleicht stellen würde. Wie konnte ich einem jungen Mädchen die Wahrheit über die Art ihrer Empfängnis erzählen? Wenn es die Folge einer großen Leidenschaft gewesen wäre, dann hätte ich vielleicht anders darüber gedacht. Aber wie konnte ich ihr erzählen, daß sie durch einen Akt von solcher Schäbigkeit und Trivialität zur Welt gekommen war? Wie konnte ich ihr sagen, welche Sorte Mann ihr Vater war? Ich wollte nicht, daß sie das erfährt, und ich wollte nicht, daß sie mich kennenlernt.«

Dorothy beruhigte sich, indem sie sich sagte, daß es für ihre Tochter fast unmöglich sein würde, sie zu finden. Durch die Heirat hatte sie einen anderen Namen bekommen, und sie war seitdem zehn- oder elfmal umgezogen. Trotz allem, sie machte sich Sorgen.

Und obwohl sie ständig das Gegenteil behauptete, war es ihre Initiative, die zu einer Begegnung mit ihrer Tochter führte. Sie beharrt darauf, daß sie das niemals gewollt habe, daß sie kaum einen Gedanken an ihre Tochter verschwendet habe. Aber etwas an ihren Beteuerungen könnte einen außenstehenden Beobachter zu dem Verdacht verleiten, daß in ihrem tiefsten Innern der Wunsch vorhanden war, die Verbindung mit ihrer Tochter aufzunehmen. »Das würde vielleicht ein Psychiater sagen«, meint sie forsch, »aber ich sage, das ist vollkommener Quatsch. Ich weiß doch schließlich, was ich will.«

Vor kurzem begann sie, über ihr Testament nachzudenken. Sie hatte die Absicht, ihr gesamtes Geld und ihren Besitz ihrer langjährigen guten Freundin, mit der sie die Wohnung teilt, zu vermachen. »Aber meine Freundin ist älter als ich und hat sowieso genug Geld, da dachte ich, ich könnte eigentlich meine Tochter als Erbin einsetzen. Meine Freundin Sarah soll bestimmen, ob sie ihr die Sachen und das Geld überlassen will oder ob sie bis zu ihrem Tode warten will, wenn meine Tochter automatisch alles bekommen würde.«

Aber warum wollte sie es dieser Tochter, die sie gar nicht kannte, hinterlassen? »Ich habe so viele Familienerbstücke, besonders die chinesischen Kostbarkeiten, die mein Vater von seinen Aufenthalten dort mitbrachte. Ich möchte, daß sie in der Familie bleiben. Ich möchte ihr gerne etwas schenken. Natürlich, wenn sie das alles verkaufen will, soll mir das auch recht sein. Ich gucke mir dann sowieso die Radieschen von unten an, aber sie bekommt es dann wenigstens, von ihrem Großvater. Zusammen mit meiner Pension und dem bißchen, das ich gespart habe, besitze ich etwas Geld, das kann sie ruhig haben. Ich habe sonst ja niemanden. Meine Mutter ist uralt, und ich habe keine Geschwister, keine Nichten und Neffen.«

Für manche Menschen hat die Verfügung über ihren Nachlaß eine ganz besondere Bedeutung, das können andere oft nicht verstehen. »Nicht, daß Besitz mir viel bedeutet«, hier zögert sie, »aber Familie bleibt Familie. Eigenes Blut ist eigenes Blut. Eigentlich war ich zu diesem Zeitpunkt gar nicht besonders neugierig auf sie. Ich wollte sie nicht sehen. Ich wollte lediglich, daß mein Anwalt wußte, wo er sie nach meinem Tod finden würde.« Sie schätzt ihr Vermögen nach ihrem Tod auf etwa £ 20000. »Ich bezweifle zwar, daß sie bei dieser Adoptivfamilie das Geld nötig hat. Aber so ist das nun einmal. So sehe ich das.«

Sie ging zu ihrem Anwalt und bat ihn, ihre Tochter aufzuspüren. Er erklärte, daß er nicht viel tun könne, außer an die Adoptionsvermittlungsstelle zu schreiben, was er auch tat. Die Vermittlungsstelle, die ursprünglich unter dem Namen ›Catholic Rescue Society‹ (Katholische Rettungsgesellschaft) bekannt war, hatte ihren Namen geändert. »Das war gut so, ich haßte das Wort ›Rettung‹, als ob mein Baby aus den Klauen einer bösen gefallenen Frau gerettet worden wäre«, sagt Dorothy. Sie gab den Namen des Babys und das Geburtsdatum an. Adoptionsvermittlungsstellen müssen in Großbritannien die Unterlagen fünfundsiebzig Jahre lang aufbewahren, die nötigen Informationen waren demnach noch vorhanden.

Dorothy schrieb also an die Adoptionsvermittlungsstelle. Sie legte bestimmt und klar ihre Gründe dar für den Wunsch, mit ihrer Tochter Kontakt aufzunehmen. Sie erklärte, daß sie den Aufenthaltsort nicht selbst wissen wolle, aber man möge ihren Anwalt auf dem laufenden halten, damit man ihr Kind im Falle ihres Todes erreichen könne. Sie stellte bestimmte Bedingungen. Die Adoptiveltern sollten über das Testament informiert werden, und es blieb ihnen überlassen, ob sie auch das Kind informieren wollten. Niemand sollte sich verpflichtet fühlen, mit ihr Verbindung aufzunehmen. Auf einem separaten Blatt Papier zählte sie die Gründe auf für den Fall, daß sie dem Kind diese Gründe offenlegen wollten. Hierin erklärte sie, daß sie keine Familie habe und daß sie es deshalb vorziehen würde, wenn ihre Tochter und nicht der Staat die Wertsachen, die sie besaß, erben würde. »Ich dachte, damit sei die Angelegenheit erledigt«, sagt Dorothy. Aber vielleicht war das ja auch nur eine kluge Taktik.

Als Herr Brook von der Adoptionsvermittlungsstelle diesen Brief erhielt, handelte er wahrscheinlich in einer sehr unorthodoxen Weise. Das Gesetz besagt unmißverständlich, daß Eltern kein Recht haben, mit ihren Kindern Kontakt aufzunehmen oder Informationen über sie zu erhalten, nachdem der endgültige Adoptionsbeschluß ausgesprochen worden war. Doch er beschloß, etwas zu unternehmen und mit Frau Barnes in Verbindung zu treten, das war die Frau, die Dorothys Baby adoptiert hatte. Er scheint in seinem Brief angedeutet zu haben, daß Dorothy tatsächlich Kontakt mit ihrer Tochter aufnehmen möchte oder zumindest die Möglichkeit einer Begegnung erwäge.

Frau Barnes muß eine außergewöhnliche Frau sein. Sie nahm diesen Brief von der Vermittlungsstelle fünfundzwanzig Jahre nach der Adoption mit erstaunlicher Gelassenheit auf. Sie berichtete ihrer Tochter Caroline (früher Theresa) davon. Sie war ein wenig nervös und besorgt, als sie Caroline fragte, wie sie sich zu verhalten gedenke. Ohne Zögern antwortete das Mädchen, sie würde ihre leibliche Mutter gern kennenlernen. Tatsächlich hatte sie Frau Barnes in der letzten Zeit mit der Bitte um Informationen unter Druck gesetzt und mit dem Gedanken gespielt, sich auf die Suche nach ihrer richtigen Mutter zu machen. Frau Barnes schrieb an die Vermittlungsstelle – ja, ihre Tochter möchte, daß eine Begegnung in die Wege geleitet wird.

Herr Brook von der Vermittlungsstelle nahm daraufhin Kontakt mit Dorothy auf. In seinem Brief teilte er ihr mit, daß die Adoptivmutter Theresa eingeweiht hätte (er bezeichnete sie immer als Theresa gegenüber Dorothy und als Caroline gegenüber Frau Barnes). Er sagte, daß Theresa ein Treffen vereinbaren möchte. Dorothy erschrak, als sie diesen Brief bekam.

»Ich war derart schockiert, ich wußte nicht, was ich davon halten sollte. Ich betete, daß nichts dabei herauskommen würde. Ich ging zum Telefon und rief Herrn Brook an. Ich sagte ihm, daß ich Theresa auf keinen Fall sehen wolle. Alles, was ich wollte, war, einen Kontakt zwischen meinem Anwalt und ihrer Familie herzustellen, und ich hätte niemals, absolut niemals, die Absicht gehabt, sie zu treffen. Herr Brook sagte, er würde zu mir kommen, aber ich erwiderte, er würde nur seine Zeit verschwenden. Er könne mich nicht dazu bewegen, meine Meinung zu ändern.«

»Kurz darauf suchte er mich auf. Er sagte, er habe Theresa befragt, und sie sei fest entschlossen, ihre wirkliche Mutter zu treffen.« Er zeigte Dorothy einige Fotos von dem Mädchen. »Aber ich blieb dabei: ›Nein, ich bin eisern, ich will sie nicht sehen.‹ Er wollte meine Gründe wissen, ich gab sie ihm, meiner Meinung nach sogar ziemlich stichhaltige Gründe. Ich hatte nicht den Nerv, ihr zu erzählen, wie sie empfangen worden war. Welchen Sinn würde es haben, sich kennenzulernen? Wenn wir uns verstanden, wohin sollte das führen? Sie hat ihr Leben, und ich habe meins. Und wenn wir uns nicht verstanden? Vielleicht würde sie mich nicht mögen. Vielleicht schämte sie sich meiner und meines einfachen Lebensstils. Ich weiß schließlich, daß sie aus einer wohlhabenden Familie kommt.«

Herr Brook ließ Dorothy den ganzen Abend lang reden. Es wurde sehr spät. »Dann begann er meine Argumente auseinanderzunehmen. In dem Augenblick, als er es aufgegeben hatte und gerade gehen wollte, drehte er sich an der Tür noch einmal um und sagte das Entscheidende, das mich dann überzeugte. Er sagte zu mir, ganz ruhig: ›Ich glaube, sie hat sich bisher nicht abgelehnt gefühlt, aber wenn Sie sich jetzt weigern, sie zu sehen, könnte sie das Gefühl bekommen, daß sie zum zweitenmal abgelehnt wird.‹ Da mußte ich zustimmen. Ich hatte keine Wahl. Ich sagte ja, aber nachdem er gegangen war, bereute ich es schon wieder.«

Sie schaute sich die Fotos von Theresa an. ›Mein Gott, war sie schön.‹ Dann ging sie eine alte Freundin besuchen, eine ihrer Zimmergenossinnen auf Malta. Ihre Freundin warnte sie vor einem Treffen mit ihrer Tochter, aber als sie hörte, was Herr Brook über Ablehnung gesagt hatte, änderte auch sie ihre Meinung. Das gab für Dorothy den Ausschlag. »Riskiere es«, sagte ihre Freundin. Daraufhin ging sie nach Hause und vereinbarte einen Tag, an dem Theresa sie besuchen sollte.

Die Tage vergingen für Dorothy quälend langsam. Sie befürchtete, daß sie dem Mädchen Schaden zufügen könne. Es graute ihr bei dem Gedanken, ihre Geschichte erzählen zu müssen. Sie empfand die Schmach ihrer Vergangenheit. »Wie konnte ich dem armen Mädchen sagen, daß sie eine betrunkene Mutter und einen vergewaltigenden Vater hatte? Was würde das für ihre eigene Selbstachtung bedeuten? Ich wollte nicht die alten Geschichten wieder hervorzerren, meine Jugendsünden, von denen kaum jemand etwas wußte. Aber vor allen Dingen hatte ich Angst, daß sie mich verabscheuen würde.«

Was war aus dem Baby geworden, das sie vor so vielen Jahren an ein unbekanntes Ehepaar zum Großziehen weggegeben hatte?

An dem Morgen, an dem die Barnes gekommen waren, um ihr gerade adoptiertes Baby aus dem WVS-Mutter-und-Kind-Heim abzuholen, und mit ihrer Neuerwerbung fortfuhren, kam Dorothy zurück zu einem leeren Kinderbettchen. Das Ehepaar Barnes änderte den Namen des Babys von Theresa in Caroline, und sie wurde als drittes Kind nach zwei viel älteren Jungen in die Familie aufgenommen. Frau Barnes konnte keine Kinder mehr bekommen und sehnte sich nach einer Tochter, um die Familie komplett zu machen. Abgesehen von ihrem Alter waren sie in jeder Hinsicht das perfekte Ehepaar zum Adoptieren eines Kindes – obere Mittelklasse, guter Beruf, religiös, stabil, wohlhabend, und sie wohnten in einem Vorort mit guter Luft.

Caroline, die nun Mitte Zwanzig ist, blickt zurück auf ihre Kindheit: »Man hat mir von Anfang an gesagt, daß ich adoptiert sei. Das war niemals ein Geheimnis. Meine Mutter redete sich dadurch heraus, daß sie sagte, ich sei etwas Besonderes, noch ersehnter als meine Brüder. Mich konnten sie auswählen, sagten sie immer. Das sollte mich wohl beruhigen, aber ich habe es geglaubt.«

Caroline ist ein schönes Mädchen mit vollen schwarzen Haaren und einem dunklen Teint. Sie ist von bemerkenswerter Gelassenheit und starkem Selbstbewußtsein. Vielleicht weil sie in den letzten Jahren sehr viel Selbstanalyse betrieben hat in dem Versuch, ernsthafte Probleme zu überwinden. Sie ist, so sagt sie schon bald, Alkoholikerin, und sie darf unter keinen Umständen jemals wieder einen Tropfen anrühren. Alkohol hat sie fast kaputtgemacht, und sie mußte sich selbst Schritt für Schritt von dem Abgrund losreißen. Der Horror ihres Lebens seit ihrer frühen Jugend hatte zur Folge, daß sie nun über ihre Jahre hinaus reif wirkte.

Die Anonymen Alkoholiker retteten sie, und sie haben ihr in den letzten vier Jahren viel Halt gegeben. Ihre Einstellung zur Welt ist stark geprägt durch die AA, eine etwas begrenzte Einstellung, die sicher bei der Unterstützung Süchtiger, ihr Leben wieder unter Kontrolle zu bekommen, sehr hilfreich ist, die aber wahrscheinlich nicht sehr viel Einsicht in die Hintergründe gewährt. Caroline besteht darauf, daß ihr Alkoholproblem nur sie etwas angeht. Es sei ganz alleine ihre Schuld, und sie müsse sehen, wie sie da wieder herauskomme. Es hatte überhaupt nichts mit der Tatsache ihrer Adoption zu tun, nichts mit der Familie, von der sie adoptiert wurde, nichts mit dem brillanten Intellekt ihrer älteren Brüder im Vergleich zu ihrem Versagen. Ein Außenstehender, der genau hinschaut, hat seine Zweifel, aber Caroline besteht darauf, daß sie ganz alleine die Schuld trage, und es sei sinnlos, nach irgendwelchen tieferliegenden Ursachen zu suchen.

Sie war, so sagt sie, das perfekte und vergötterte kleine Mädchen, der Liebling und das Entzücken der ganzen Familie. Sie spricht von ihrer Adoptivmutter mit großer Wärme und Zuneigung. »Sie ist wunderbar, freundlich, zärtlich, aktiv, hat viele Freunde. Sie ist unabhängig, stützt sich nicht auf ihre Kinder. Sie ist fünfundsiebzig, aber man könnte glauben, sie sei noch in den Vierzigern. Sie jammert nie und beklagt sich nie über etwas. Wir kommen bei ihr immer an erster Stelle. Selbst als mein Vater starb, unterdrückte sie ihren eigenen Kummer und machte sich Sorgen um uns. Aber sie spricht nicht gerne über Emotionen oder etwas Persönliches. Da ist sie wie ein Vogel Strauß, bei dem ersten Anzeichen eines emotionalen Problems steckt sie ihren Kopf lieber in den Sand. Früher habe ich ihr manchmal Fragen über meine Adoption gestellt, das machte sie dann immer sehr verlegen. Sie senkte dann ihre Stimme und sagte: ›Liebling, wir wissen eigentlich gar nichts über deine Mutter.‹ Ich fragte, was mein wirklicher Name sei, und sie sagte, sie wisse es nicht, obwohl es natürlich auf den Adoptionsunterlagen stehen mußte.«

Sie lebten in großem Wohlstand in einem Vorort von Manchester, dort war Herr Barnes ein erfolgreicher Anwalt. »Früher hatte ich oft schrecklichen Streit mit meiner Mutter. Ich war sehr frech und erpresserisch. Ich nutzte die Tatsache meiner Adoption rücksichtslos aus. Ich sagte dann: ›Ich wette, meine richtige Mutter würde mir einen Hund kaufen, oder ein Fahrrad, oder ein Pferd, oder was auch immer ich mir zu der Zeit gerade wünschte. Meist funktionierte das. Ich nutzte sie aus, wann immer ich konnte. Als ich dreizehn war, hörte ich auf, der perfekte kleine Liebling zu sein, und wurde, glaube ich, ziemlich schwierig. Die Jungen, meist im Internat, wunderten sich über den frechen Ton, in dem ich mit unserer Mutter sprach. Ich wurde auch aufs Internat geschickt, und etwa zu dieser Zeit begann ich zu trinken. Ich war dreizehn. Andere tranken mit mir, aber während es für sie nur ein Spaß war, wurde es für mich nach kurzer Zeit eine Notwendigkeit, und das wußte ich auch. Ich sah Alkohol nicht als etwas Schlechtes an. Ich fand, es machte mich umgänglicher. Es nahm mir meinen Selbsthaß. Ich ging immer hinunter in unseren Keller, der voll war von Flaschen mit alkoholischen Getränken, die mein Vater von dankbaren Klienten zu Weihnachten bekommen hatte. Dort stopfte ich meinen Gitarrenkasten voll und nahm ihn mit ins Internat, vollgepackt mit Alkohol.«

Sie wurde von der Schule verwiesen, was niemanden wundert. »Meine Mutter hatte das Problem wirklich nicht erkannt, obwohl ich zu der Zeit ununterbrochen betrunken war, morgens, mittags und abends. Ich war betrunken, als mein Vater starb, ich war damals siebzehn und benahm mich sehr schlecht. Sein Tod machte kaum Eindruck auf mich, weil ich an nichts anderes dachte als an mich und das Trinken. Meine Mutter sagte die ganze Zeit: ›Es ist ja so schrecklich für dich‹, aber ich war unfähig, etwas zu empfinden. Sie sagte auch immer, es sei nur eine vorübergehende pubertäre Phase, Vogel-Strauß-Verhalten wie gewöhnlich. Ich wußte, daß es das nicht war.«

Als sie achtzehn war, schickte ihre Mutter sie zu einem Psychiater. Er überwies sie an eine Privatklinik für Leute mit psychischen Problemen. »Ich kam dort an mit zwei Flaschen Gin. Sie nahmen sie mir weg und schlossen sie in den Schrank der Krankenschwestern. Aber ich habe die Nachtschwester immer bestochen, damit sie mir abends etwas zu trinken gab. Man half mir dort überhaupt nicht, man wußte nicht, wie man mich behandeln sollte. Ich war entsetzlich unglücklich. Ich sah keinen Weg mehr, mit dem Leben fertig zu werden. Ich war unfähig, ein Gespräch zu führen. Ich hatte keine Interessen, keine Ziele und keine Freunde, weil ich so schrecklich war. Ich war wirklich unmöglich, und inzwischen machte mich auch das Trinken nicht mehr glücklich. Das einzige, an das ich mich klammerte, war, hübsch zu sein. Ich beurteilte alles und jeden nach dem Äußeren, weil das alles war, was mir geblieben war.«

Zunächst dachte sie, sie habe alle möglichen Probleme, aber jetzt, mit dem Anonymen-Alkoholiker-Bewußtsein, sagt sie, sie glaube, das einzige Problem sei die Trunksucht gewesen. Sie sei hoffnungslos süchtig gewesen.

In der Privatklinik ging ihr Vorrat an Alkohol zu Ende, darum beschloß sie, so zu tun, als ginge es ihr besser. Man gab ihr die Kleidung zurück und erlaubte ihr, spazierenzugehen. »Ich ging in die nächste Kneipe, die ich finden konnte, und trank dort acht Schnäpse. Dann kaufte ich eine Flasche Gin und trank sie halb aus. Ich kam vollkommen betrunken in die Klinik zurück und trank die andere Hälfte. Dann wurde ich ohnmächtig und bekam Krämpfe. Als ich wieder zu mir kam, schrie und brüllte der Arzt mich an, er sagte, mein einziges Problem sei, daß ich verwöhnt wäre. Dann schmiß er mich raus. Wenn das Psychiatrie sein sollte, hielt ich nicht viel davon. Sie hatten keine Ahnung, wie man Alkoholismus behandelt.«

Ihre Mutter tat, als ob sie nicht wüßte, was los ist. Erst vor kurzem hat Caroline ihr das Eingeständnis entlockt, daß die Ärzte damals vage angedeutet hätten, es könne sich möglicherweise um ein Alkoholproblem handeln. Aber ihre Mutter wollte es nicht zur Kenntnis nehmen. Von Zeit zu Zeit wohnte Caroline zu Hause und zwischendurch in verschiedenen Wohnungen. »Genaugenommen lag ich drei Jahre lang im Bett und stand niemals auf. Ohne Alkohol war ich unfähig, etwas zu tun. Ich konnte keine Tür öffnen, nicht telefonieren oder mit jemandem sprechen, ohne vorher getrunken zu haben. In anderthalb Jahren wurde ich aus sechsundzwanzig Jobs gefeuert. Die Leute hatten Mitleid mit mir. Meine Mutter hatte Mitleid mit mir. Ich war ›die arme Caroline, die so ein trauriges Problem hat‹. Aber ich war zu Hause jederzeit willkommen, in welchem Zustand ich auch sein mochte. Sie ließ mich nie im Stich, egal wie schlecht ich mich benahm. Sie war immer für mich da, und das war wichtig. Sie ist ein wundervoller Mensch. An ihrer Stelle hätte ich mich hinausgeworfen.«

Caroline teilte sich eine Wohnung mit mehreren Freundinnen, als die Dinge sich zuspitzten. »Es war vier Uhr morgens, ich war vollkommen betrunken und heulte mal wieder. Ich heulte jetzt fast immer. Eine meiner Freundinnen schlug vor, die Anonymen Alkoholiker anzurufen, das tat ich dann auch. Am anderen Ende war ein Anrufbeantworter, ich redete auf das Band, bis es zu Ende war. Am nächsten Morgen rief mich jemand an. ›Haben Sie ein Alkoholproblem?‹ fragte die Stimme. Ich sagte ja. ›Wollen Sie mit dem Trinken aufhören?‹ sagte die Stimme. Wieder sagte ich ja. Mein Zustand machte mir inzwischen große Angst. Sie sagten, sie würden noch am gleichen Abend jemanden vorbeischicken, der mich mit zu einem Treffen nehmen würde. Natürlich mußte ich mich vollkommen betrinken, um mir Mut zu machen, aber ich ging mit. Ich verstand nichts von dem, was da vor sich ging, weil ich zu betrunken war, aber die Menschen schienen nett und freundlich zu sein, und man sah ihnen überhaupt nicht an, daß sie Alkoholiker waren.«

Sechs Monate lang blieb sie nüchtern und war ein eifriges AA-Mitglied, dann hatte sie einen schweren Rückfall, ging wieder zu AA und hat es in den letzten vier Jahren tatsächlich geschafft, keinen Tropfen Alkohol mehr anzurühren. »AA beherrscht mein ganzes Leben. Alle meine Freunde sind jetzt AA-Leute. Ich habe drei ›Sponsees‹, die ich betreue. Wir rufen uns mehrmals täglich gegenseitig an.«

Rückblickend neigt sie dazu zu glauben, daß sie für Alkohol körperlich und chemisch eine besondere Affinität hat. »Es hat auf mich so eine außerordentlich starke Wirkung. Ein winziger Schluck jetzt, und ich würde es sofort in meinem ganzen Körper spüren. Für mich ist es eine tödliche Gefahr. Jetzt weiß ich das und bin froh, daß ich nicht mehr trinke. Warum es jemals angefangen hat? Weil ich diese chemische Besonderheit habe. Es hat keinen Zweck zu sagen, es fing an, weil ich solche Probleme hatte. Wenn ich das sagen würde, würde ich alle Schuld auf andere oder auf das Schicksal schieben, und ich würde nie die nötige Erkenntnis erlangt haben, um mein Leben und meine Trinkgewohnheiten wieder in den Griff zu bekommen.«

Ich wollte mit Frau Barnes sprechen. Caroline hatte ihr gegenüber erwähnt, daß sie für dieses Buch interviewt werden sollte, aber Frau Barnes hatte ihr dringend davon abgeraten. »Sie spricht nicht gerne über persönliche oder emotionale Dinge«, erklärte Caroline. Sie versuchte ihre Mutter zu überreden, mit mir zu sprechen, und rief sie in meiner Gegenwart an. Sie reichte mir den Hörer. »Ich habe wirklich gar nichts dazu zu sagen«, meinte Frau Barnes in ihrer ältlichen vornehmen Sprechweise. »Wir sind eine sehr glückliche Familie. Caroline ist ein sehr geliebtes, vielleicht sogar ein ganz außergewöhnlich geliebtes Kind. Wir haben sie uns ganz besonders gewünscht, und ich kann keinen Sinn darin sehen, weiter über dieses Thema zu reden.« Ich erklärte ihr, daß ich nicht die Absicht habe, Fragen zu stellen, die sie nicht beantworten möchte, ich wolle nur über Adoption sprechen. »Nein, ich glaube nicht«, lautete ihre entschlossene Antwort, und nichts, was Caroline sagte, konnte sie dazu bewegen, ihre Meinung zu ändern.

Caroline erinnerte sich an ihre früheren Phantasien. »Das ging eine ganze Zeit lang so. Sie dürfen nicht vergessen, ich war emotional vollkommen unterentwickelt. Man sagt, daß man sich nicht weiterentwickelt, wenn man alkoholabhängig wird. Nun, ich war dreizehn, als ich mit dem Trinken begann, und ich glaube, auf diesem Stand bin ich emotional stehengeblieben, bis ich damit aufhörte.« Als Kind malte sie sich aus, wie sie eines Tages auf die Suche nach ihrer richtigen Mutter gehen würde, besonders wenn es Meinungsverschiedenheiten oder Krach gegeben hatte. »Bevor mein Vater starb, habe ich ihn tatsächlich nach meiner Mutter gefragt. ›Wie war ihr Name? Wo bin ich geboren?‹ Er sagte mir zwar, wo ich geboren bin, aber nicht ihren Namen oder meinen ursprünglichen Namen.«

Wie hat sie sich ihre richtige Mutter vorgestellt? »In meiner Phantasie hatte ich zwei ganz bestimmte Vorstellungen, beide vollkommen unterschiedlich. In der einen war sie ein super-glamouröser Joan-Collins-Typ, schön, glitzernd. Wie ich schon sagte, die äußere Erscheinung war sehr wichtig für mich, und ich dachte, mein Aussehen müsse von einer sehr schönen Frau stammen.«

In einer anderen Vision sah sie ihre Mutter als ein armes, hilfloses, verlassenes irisches Ding, total überfordert mit Dutzenden von Kindern, zu arm, um noch ein Kind aufziehen zu können. »Sie waren beide schöne dramatische Phantasiegebilde, ich liebte das Dramatische. Ich fand, meine Mutter müsse etwas exotisch Besonderes sein.« Hat sie ihr jemals übelgenommen, daß sie sie weggegeben hatte? »Oh nein, ich wußte, meine wirkliche Mutter war ein Versager, genau wie ich. Ein sehr netter Mensch, nur jemand, der mit dem Leben einfach nicht fertig wurde. Ich machte ihr überhaupt keine Vorwürfe, ich identifizierte mich mit ihr.«

Sie sah sich selbst als das schwarze Schaf in ihrer Adoptivfamilie, und dafür hielt sie auch ihre richtige Mutter. Sie erlebte, wie ihre beiden älteren Brüder an der Schule glänzten und später erfolgreiche Anwälte wurden wie ihr Vater, während sie durch die Examen fiel und in der Schule immer schlechter wurde und sich für dumm hielt. Sie machte ihr Blut, ihre Gene dafür verantwortlich. Obwohl es niemand sagte, hatte sie das Gefühl, daß alle dachten, sie sei weniger intelligent, weil sie andere Gene hatte. Wenn man sie heute ansieht, hat man den Eindruck, sie ist ein besonders intelligentes, nachdenkliches, aufgeschlossenes Mädchen. Es ist ganz unmöglich zu glauben, daß sie dumm ist – aber sie selbst glaubt es immer noch. »Ich weiß das. Neulich habe ich eine Mathematikarbeit geschrieben, und es war hoffnungslos.«

Sie ist ein Opfer der Situation des jüngsten Kindes, das mit der Schule beginnt, nachdem die älteren Brüder bereits Maßstäbe gesetzt haben, die sie glaubte nie erreichen zu können. Die Tatsache ihrer Adoption muß diese Situation noch verschlimmert haben und war für sie und ihre Eltern eine willkommene Entschuldigung für ihr Versagen.

All diese Gefühle richteten sich auf die Wunschvorstellungen von ihrer richtigen Mutter, und sie erfand ein Bild, das ihren Bedürfnissen entsprach, Reflexionen ihrer selbst. »Manchmal glaubte ich, ich sei in vieler Hinsicht allen anderen überlegen, sogar meiner Familie. Ich hielt mich für sehr attraktiv, und wenn ich schulisch nicht so gut war, spielte das gar keine Rolle, ich würde statt dessen ein aufregendes Leben führen und wundervolle Liebesbeziehungen haben. Ich fand mich ehrlicher, offener, amüsanter als all die anderen. Die fand ich spießig und langweilig. Ich glaubte, wildes italienisches Blut zu haben. Da war ich mir ganz sicher. Ich war emotional, empfindsam und spontan. Das lag natürlich zum Teil am

Alkohol. Offen und ehrlich – und schrecklich betrunken! In die italienischen Phantasien steigerte ich mich unheimlich hinein. Das war die Joan Collins in mir. Ich brauchte eine schöne, glamouröse Mutter zur Selbstbestätigung. Lächerlich!«

Was bedeutete die Vorstellung von der armen verlassenen irischen Mutter? »Sie war lieb und gut und hilflos. Ein hoffnungsloser Versager, so wie ich, aber dabei so bezaubernd. Ich wünschte mir so sehr, sie würde in großer Armut leben, zusammen mit all meinen Brüdern und Schwestern, eine wundervolle, große, warmherzige, irische Familie. Meine richtige Mutter mußte entweder sehr arm oder sehr reich sein. Meine simple dreizehnjährige Vorstellung von der Welt verlangte vor allem nach Drama. Der Gedanke an eine wirkliche, heimliche Mutter ist eigentlich schon dramatisch genug, aber ich mußte es noch dramatischer machen.«

Caroline war seit fast einem Jahr trocken und auf dem besten Wege zur Gesundung, als der Brief von der Adoptionsvermittlungsstelle bei Frau Barnes ankam. Als sie ihre Mutter an dem Wochenende besuchte, zeigte Frau Barnes ihr etwas nervös den Brief.

»Was ich empfand? Ich glaube, zunächst einmal starke Neugierde. Ich wußte überhaupt nichts über meine wirkliche Mutter, und da war sie nun und schrieb, sie wolle mir Geld in ihrem Testament hinterlassen. Herr Brook von der Vermittlungsstelle wollte wissen, ob er ein Treffen vereinbaren solle. Aus seinem Brief ging aber nicht klar hervor, ob meine richtige Mutter ein Treffen wünschte oder nicht. Nur das Testament war darin erwähnt. Auf jeden Fall war der Brief ein großer Schock für meine Adoptivmutter. Sie gibt nie zu erkennen, was sie empfindet, darum sagte sie sehr wenig, aber man sah ihr die Betroffenheit an. Sie war unsicher und beunruhigt. Aber ich glaube ehrlich, daß sie nicht eifersüchtig war. Dafür ist sie einfach nicht der Typ. Ich glaube, daß nicht ein Quentchen Eifersucht oder Egoismus dabei im Spiel war. Sie machte sich meinetwegen Sorgen. Es ging mir besser, und seit ich aufgehört hatte zu trinken, kamen wir so gut miteinander aus. Sie wollte nichts, was mich aufregen könnte. Gleichzeitig sagte sie: ›Die arme Frau tut mir so leid. Natürlich möchte sie dich kennenlernen. Die Entscheidung liegt ganz bei dir, Liebling.‹«

Caroline schrieb zurück an Herrn Brook, daß sie ihre richtige Mutter gerne treffen möchte. »Da war meine Neugierde nicht mehr zu bremsen. Ich wollte alles wissen, ganz besonders wollte ich ihre anderen Kinder kennenlernen, meine neuen Brüder und Schwestern. Würde sie mich mögen? Was sollte ich anziehen? Wie sollte ich mich ihr präsentieren? Darüber habe ich viel nachgedacht. Wie ich schon sagte, ich fürchte, daß Äußerlichkeiten mir damals viel bedeuteten.«

Herr Brook suchte sie auf, nachdem er bereits bei Dorothy gewesen war, um sie auf eine Begegnung vorzubereiten. »Ich fragte ihn alles mögliche. Ich wollte alles genau wissen.« Sie war tief enttäuscht zu erfahren, daß ihre Mutter keine Familie hatte, keine anderen Kinder und alleine lebte.

»Wie sieht sie aus?« fragte ich ihn. »Was hatte sie an, als Sie sie besuchten?« Er sagte, sie habe kurze graue Haare, und getragen habe sie ein unauffälliges Kleid, passend für eine Frau in mittleren Jahren. »Das war ein Schock. In mittleren Jahren? Ich hatte sie mir immer jung und hübsch vorgestellt. Und graue Haare paßten auch nicht in das Bild, das ich mir von ihr gemacht hatte. Mein Gott, wie oberflächlich ich damals war!« Sie wollte vor allem Antworten auf die Fragen, die direkt etwas mit ihr zu tun hatten. Sie wollte wissen, welche Charaktereigenschaften sie von ihrer Mutter geerbt hatte, und sie überhäufte ihn mit scheinbar belanglosen Fragen, die für sie auf der Suche nach ihrer Identität aber von großer Bedeutung waren.

Mochte sie Katzen? »Wissen Sie, ich liebe sie nämlich sehr.« Ja, sie hatte Katzen. Trank sie? Das war ein ganz wesentlicher Punkt. Herr Brook machte eine Pause und sagte dann, ihm sei nichts bekannt über ein Alkoholproblem, aber jetzt, da sie es erwähne, ja, sie habe etwas getrunken. Sie hatte auch ihm einen Drink angeboten, aber er hatte wegen der Tageszeit abgelehnt. Das erschien Caroline wichtig, da sie nach einer Erklärung für ihre eigene Alkoholabhängigkeit suchte. Hatte sie einen Ehemann? Nein, antwortete er, sie war geschieden. »Das hat mich sehr aufgemuntert. Das war interessant, aufregend. Niemand in meiner näheren Umgebung war jemals geschieden worden. Ich war streng katholisch erzogen worden, und Scheidung war etwas ganz Verwerfliches, darum hörte ich das gerne.«

Herr Brook vereinbarte einen Termin für die Begegnung von Mutter und Tochter. Caroline bereitete sich sorgfältig darauf vor. Sie entschied sich für eine sportliche Aufmachung. »Lässige Kleidung, aber sehr, sehr teuer. Ich wollte gut gekleidet sein, aber nicht förmlich. Ich trug jede Menge Make-up auf. Ich ging extra in die Stadt. Ich wollte, daß sie stolz auf mich ist.«

Dann kam der Tag. Frau Barnes fuhr Caroline bis vor die Tür, auch ein Zeichen ihrer Großzügigkeit. Es gibt nicht viele Adoptivmütter, die so tolerant und besonnen angesichts der Bedrohung durch die unbekannte Mutter gehandelt hätten.

»Wir bogen in die kleine Vorortstraße ein. Natürlich war ich enttäuscht. Es war eine ganz hübsche Straße, aber eben nichts Besonderes. Nichts Dramatisches. Nicht reich, nicht arm, es war mittelmäßig. Und das war genau das, was ich nicht wollte. Über erbärmliche Armut wäre ich glücklich gewesen. Über Reichtum wäre ich glücklich gewesen oder zumindest über Exzentrisches. Aber dieser Ort hatte keinen besonderen

Charakter, keine Ausstrahlung.« Das Auto hielt in der ruhigen Straße vor der Tür eines Reihenhäuschens. Eine kleine Pforte führte über einen kurzen Gartenweg zur Haustür. »Ich zündete mir eine Zigarette an. Ich sprach mit meiner Mutter über lauter Belanglosigkeiten. Ich war so nervös. Ich wollte nicht, daß sie davonfuhr. Ich sagte dauernd: ›Bist du ganz sicher, daß dies die richtige Straße ist?‹« Ihre Mutter ahnte Carolines nervliche Anspannung und fürchtete um ihre psychische Verfassung. Wegen ihrer unrealistischen Erwartungen wandte sie sich ihr zu und sagte ganz ruhig: »Liebling, vergiß nicht, sie ist wahrscheinlich eine ganz normale Frau in mittleren Jahren.«

Drinnen wurden sie von der ›ganz normalen Frau in mittleren Jahren‹ beobachtet. Sie hatte die Angewohnheit, in Sekundenschnelle zur Tür zu springen, wenn die Klingel läutete, als wenn sie hinter ihren Gardinen schon auf Besucher gewartet hätte.

Wer von beiden sollte die Geschichte ihrer Begegnung erzählen? Einerseits gibt es da die Version dieses phantasievollen, gestörten jungen Mädchens, das auf der Suche nach einem romantischen Traumbild war, aber mit jedem Schritt, der sie der wirklichen Mutter näherbrachte, löste sich dieses Bild mehr auf. Andererseits gibt es da diese ängstliche Frau, in vielen Punkten realistisch denkend, die behauptet, sie habe diese Begegnung nie gewollt. Sie hätte Angst gehabt, daß die schockierende Geschichte ihrer Vergangenheit das Mädchen verletzen könne, das sie für das perfekte Produkt einer perfekten Erziehung hielt, der Tennis-Club-Star, geistig brillant, das reiche und glückliche Kind einer reichen und glücklichen Familie. Wenn ihre Phantasien sich erfüllt hätten, hätte es eine Begegnung zwischen Joan Collins und Prinzessin Diana sein müssen. In Wirklichkeit traf eine ältere pensionierte Lehrerin mit einem sorgfältig gehüteten Geheimnis aus der Vergangenheit auf ein unausgeglichenes Mädchen, das selbst durch viel tiefere Erniedrigungen und Desaster gegangen war, als ihre Mutter, bei allen Schuldgefühlen, sich je hätte träumen lassen.

»Ich klopfte an die Tür, und diese Frau öffnete sofort. Ich begriff nicht gleich, daß ›sie‹ es war. Ich dachte, es wäre jemand anderes. Ich wußte nicht, was ich sagen sollte, darum schwieg ich, ich glaubte, sie würde mich ›ihr‹ vorstellen. Sie sagte: ›Hallo, du bist sicher Caroline. Komm doch rein‹, da wußte ich, das war meine wirkliche Mutter. Ich war verblüfft. Verblüfft, weil sie so alltäglich war. Ich war auf alles vorbereitet, nur auf das nicht. Ich glaube, ich habe von all dem, was man mir über sie gesagt hatte, nichts mitbekommen. Ich hatte immer noch auf etwas Außergewöhnliches gehofft. Hier war ich schonungslos mit der Wirklichkeit konfrontiert. Hier war kein wildes italienisches Blut, keine Joan Collins. Ich fühlte mich reduziert – wie ein geplatzter Luftballon. All diese tollen

Trugbilder von mir selbst lösten sich in Nichts auf, als ich meine Mutter sah. Ich mußte es hinnehmen, daß ich das war, was ich war, und sonst niemand.«

Dorothy ging hinaus zu dem Mädchen an ihrer Tür. »Ich fand sie wundervoll. Richtig schön. Normalerweise wäre mir nie der Gedanke gekommen, daß dies mein Kind war. Ich hatte auch nicht mit einer plötzlichen Aufwallung mütterlicher Gefühle gerechnet, und ehrlich gesagt, die gab es auch nicht.«

Sie führte Caroline in das Vorderzimmer ihrer Erdgeschoßwohnung, dort brannte ein knisterndes Feuer im Kamin, und Kaffee und Tee standen zur Auswahl für sie bereit. »Zuerst war ich sehr verlegen«, sagt Caroline. »Ich machte Bemerkungen über das hübsche, gemütliche Zimmer. Sie fragte mich, ob es schwierig gewesen sei, den Weg zu finden. Sie begann als erste, Fragen zu stellen. Sie wollte etwas über mein Leben wissen. Wie war es verlaufen? Ich erzählte ihr die Wahrheit, die ganze Wahrheit. Das tat ich mit Vorliebe, zu der Zeit stellte ich mich gerne dramatisch dar. Sie war erstaunt, konsterniert. Sie betonte immer wieder, soweit sie wüßte, habe es in ihrer Verwandtschaft niemals Fälle von Alkoholismus gegeben. Mir fiel auf, daß sie an diesem Abend viele Camparis trank. Sicher betrinkt sie sich nicht, aber tatsächlich trank sie eine ganze Menge, darüber machte ich mir so meine Gedanken. Als ich über den Hof auf die Toilette ging, entdeckte ich eine Kiste mit Flaschen. Sie können mir glauben, Alkoholiker gehen in diesen Dingen äußerst geschickt vor.«

Dorothy erzählte von ihrem Leben. Caroline behauptet, Dorothy habe ihr erzählt, daß sie während der Schwangerschaft jeden Tag eine ganze Flasche Schnaps getrunken hätte. »Das hat mich aufhorchen lassen. Hatte mich das vielleicht für Alkohol anfällig gemacht? Ich glaube, ja. Babys von Drogensüchtigen können süchtig zur Welt kommen, und vielleicht bin ich alkoholsüchtig zur Welt gekommen. Sie ist auch Kettenraucherin, genau wie ich, und sie hat sogar während der Schwangerschaft geraucht.« Ich kann nicht beurteilen, ob Dorothy Caroline wirklich erzählt hat, daß sie damals so viel trank, aber es sagt eine Menge aus über Carolines Einstellung. Sie versucht, ihre Alkoholabhängigkeit mit Vererbung zu erklären, und vielleicht trinkt Dorothy in Wirklichkeit ganz wenig, außer in einer solchen besonders angespannten Situation wie die erste Begegnung mit ihrer Tochter.

Nach einiger Zeit begannen Mutter und Tochter sich gegenseitig zu inspizieren. »Sie hat die gleiche Figur wie ich, klein und kurvenreich«, stellte Caroline fest. »Unsere Hände sind gleich, klein und rund, und wir haben genau die gleichen Füße, sehr schöne Füße, auf die ich immer stolz war. Wir haben die gleichen länglichen Gesichter. Als sie mir ein

Fotoalbum von ihrer Familie zeigte, sah ich, daß sie alle längliche Gesichter hatten.«

Dorothy erinnert sich, daß Caroline gleich zu Beginn der Unterhaltung ziemlich defensiv gesagt hat: »Ich hoffe, du hältst mich nicht für eine Intellektuelle. Ich bin nämlich ziemlich doof, und ich könnte selbst dann keine Prüfung bestehen, wenn mein Leben davon abhinge.« Als ehemalige Lehrerin sagte Dorothy allzu schnell, sie sei wohl in schlechten Schulen gewesen oder habe keine guten Lehrer gehabt. Sie war auf jeden Fall intelligent, aber ihre Lehrer hatten bei ihr versagt. Insgeheim dachte sie, daß Carolines Mangel an intellektuellen Fähigkeiten von ihrem Vater kommen mußte.

Caroline merkte während der verschiedenen Besuche, daß Dorothy glaubte, Caroline wäre nie Alkoholikerin geworden, wenn sie sie selbst großgezogen hätte. Tatsächlich kann Dorothy sich Seitenhiebe auf Frau Barnes nicht verkneifen. Obwohl sie vorsichtig ist und sagt: »Ich weiß, Caroline hat ein sehr glückliches und geborgenes Zuhause gehabt«, schleicht sich immer wieder leichte Kritik ein. »Frau Barnes ist keine intellektuelle Frau. Wie so viele Irinnen versteht sie es ausgezeichnet, sich der gesellschaftlichen Stellung ihres Mannes anzupassen, trotz ihrer einfachen Herkunft.« Und: »Eigentlich interessiert sie sich nur für morgendliche Kaffeekränzchen, Cocktailparties, Golf und derartige Sachen.« Die Eifersucht und den Neid kann sie kaum verhehlen. Sie sagt, Frau Barnes sei ein Snob, und selbstverständlich würde sie die richtige Mutter ihrer Tochter und deren bescheidene Lebensverhältnisse verachten.

Nachdem Caroline ihre eigene verheerende Lebensgeschichte erzählt hatte, fiel es Dorothy leichter, über die näheren Umstände ihrer Geburt zu reden. »Als wir darauf zu sprechen kamen, war es so einfach«, sagt Dorothy. »Inzwischen war mir klargeworden, daß Caroline nicht die Art Mädchen war, das sich über so etwas aufregte, darum sagte ich ihr die Wahrheit.« Oder fast die Wahrheit, aus Rücksicht auf Caroline modifizierte sie die Geschichte etwas, sie sollte nicht so schlecht über ihren Vater und damit über ihre eigene Herkunft denken. Zuerst erzählte Dorothy ihr, daß Martin, ihr Vater, sie heiraten wollte, als er erfuhr, daß sie schwanger war, aber sie hatte abgelehnt. Erst später erzählte sie, daß er sie in Wirklichkeit ausgelacht hatte und ihr geraten hatte, das Baby abzutreiben.

Caroline mochte Dorothy. Sie genoß ihre Überschwenglichkeit, die kraftvolle Sprache und die Selbstironie, mit der sie aus ihrem Leben erzählte. »Sie fuchtelt mit den Händen herum, wenn sie spricht, genau wie ich. Sie ist komisch und direkt. Die Geschichte ihrer Schwangerschaft hat mir gut gefallen. Es war alles so schrecklich und dramatisch. Hier wurde mein Bedürfnis nach Drama wenigstens befriedigt.«

Dorothy beschreibt ihre Begegnung so: »Ich mochte sie, Gott sei Dank! Aber ich hatte in keiner Weise das Gefühl, daß sie meine Tochter ist. Sie ist ein Mensch, irgend jemand, den ich kenne, eine Freundin, die mir zufällig über den Weg gelaufen ist. Sie nennt mich Dorothy, nicht Mutter. Ich habe sehr aufgepaßt, daß das Problem der Vortäuschung einer Mutter-Tochter-Rolle gar nicht erst aufkam, das hätte sowieso nicht geklappt.«

Dorothy gibt sich Mühe, besonnen und rational zu wirken, ganz nüchtern in ihrer Einstellung zu der ganzen Angelegenheit. Und trotzdem, manchmal rutscht ihr eben doch etwas heraus. In ihrem Fall macht sich eine Art Wunschdenken bemerkbar. »Caroline hat mir gesagt: ›Ich fühle, daß du meine richtige Mutter bist.‹ Natürlich habe ich darauf erwidert: ›Hör sofort damit auf. Ich fühle mich nicht wie deine Mutter. Du verdankst alles deiner Adoptivmutter, Frau Barnes.‹« Caroline kann sich daran nicht erinnern und bestreitet diese Äußerung. Tatsächlich klingt es ganz unglaubwürdig. Dorothy sagt: »Ich glaube, sowohl Caroline als auch Frau Barnes sind sich darüber im klaren, daß Frau Barnes sehr alt ist, und wenn sie einmal nicht mehr da ist, hat die arme Caroline niemanden mehr. Darum ist es gut, daß ich da bin, falls Caroline mich einmal brauchen sollte.« Auch das klingt nicht so ganz überzeugend.

Sie spricht über das gegenwärtige Verhältnis zu Caroline: »Es ist die unkomplizierteste Beziehung, die ich je gehabt habe. Es gibt eine stillschweigende Vereinbarung zwischen uns, jeder hält sich aus dem Leben des anderen heraus. Wunderbar! Caroline kommt hier vorbei, wenn sie mich sehen möchte, und keiner von uns beiden stellt den anderen seinen Freunden vor. Verdammt noch mal, soll ich sie nach so langer Zeit meinen Freunden als meine uneheliche Tochter vorstellen? Nein, jeder geht seinen eigenen Weg.« Und dennoch, es ist ganz klar, insgeheim würde sie sie gerne häufiger sehen, Caroline hat schon seit sechs Monaten nichts mehr von sich hören lassen.

Sie hat Caroline ein wunderschönes chinesisches Armband aus Jade und Gold geschenkt, ein Familienerbstück. Im übrigen ist von dem Testament nicht mehr die Rede, sagt Caroline. Nachdem Carolines Neugierde befriedigt war, nachdem sie auch das letzte bißchen an Information aus ihrer Mutter herausgequetscht hatte, fand sie, daß es nicht mehr viel zu sagen gäbe. Sie hatten keine gemeinsame Vergangenheit, die sie verband, und wenig Gemeinsames in bezug auf vergangene Erfahrungen oder gegenwärtige Interessen.

Caroline bekommt leicht Schuldgefühle, wenn sie an sie denkt. »Ich glaube, daß sie manchmal ziemlich einsam ist. Gelegentlich ruft sie mich unter einem Vorwand an. Einmal hatte sie mir ein Buch geliehen, zwei Monate später schrieb sie mir und bat mich, es zurückzubringen, sie hätte gelesen, es würde nicht mehr gedruckt. Ein anderes Mal rief sie mich an und sagte, falls ich die Absicht habe, sie am Wochenende zu besuchen, würde es ihr nicht gut passen, da sie Besuch bekäme. Ich hatte sie mehrere Monate nicht gesehen und hatte auch nicht geplant, sie zu besuchen.«

Rückblickend sagt Caroline: »Ich bin wirklich sehr froh, daß ich sie gefunden habe. Das hat mir geholfen, mich richtig einzuordnen. Die meisten der absurden Phantastereien hörten damit auf. Obwohl ich zugeben muß, daß es eine ziemliche Ernüchterung war. Sie ist eine nette Frau, und ich bewundere vieles an ihr. Aber ich hatte mir immer so sehr eine große Familie gewünscht. Ich wollte Brüder und Schwestern, eine vollkommen neue Welt. Statt dessen gab es nur eine alleinstehende Frau in mittleren Jahren. Ich weiß, eigentlich müßte ich sie öfter besuchen, aber, nun, es ist nicht ganz einfach.«

Dorothy hat die Begegnung mit Caroline von etwas befreit, das sie sorgfältig verborgen gehalten hatte. Anstatt eines heimlichen Babys irgendwo drohend im Hintergrund, an das man sich nur mit Kummer und Scham erinnerte, gab es jetzt ein schönes, liebenswertes Mädchen – ein Mädchen, das viel durchgemacht hatte, aber schließlich damit fertig geworden war.

Und trotzdem habe ich den Verdacht, es ist auch ein Verlust. In der Zeit, in der sie ihre Tochter nicht kannte, hatte sie sie aus ihrem Gedächtnis verbannt. Sie hatte den Entschluß gefaßt, sie niemals zu sehen oder kennenzulernen. Aber jetzt kennt sie sie, und ihre Tochter ist nur einen kurzen Telefonanruf von ihr entfernt. Und genaugenommen ist sie bis jetzt gar nicht richtig ihre Tochter. Sie ist eine Art Wunder, das Abbild eines Kindes, das ihr einmal gehörte. Es gibt jetzt nichts mehr, auf das man eine Beziehung aufbauen könnte, außer einer gelegentlichen Karte zu Weihnachten oder zum Geburtstag. Es war ein wenig, als hätte sie ihr Kind noch einmal verloren.

3 Cherry

Cherrys früheste Erinnerung an ihre Kindheit ist ein eichegetäfelter Gerichtssaal, in dem sie zusammen mit ihrem Zwillingsbruder Garry im Alter von fünf Jahren stand. Hier wurde ihre Adoption verhandelt, und was sich damals abspielte, soweit sie es überhaupt verstand, hat einen gewaltigen Eindruck bei ihr hinterlassen.

Die Zwillinge waren das achte und neunte Kind in einer Familie von zehn Kindern. Bis zu dieser Zeit waren sie von einem Heim ins andere gebracht worden. Als winzige Babys hatte man sie drei Monate lang in einem Krankenhaus aufgenommen, eines mit Bronchitis, das andere mit ›Zahnen‹. Heute glaubt Cherry, daß das aus sozialen und nicht aus medizinischen Gründen geschah. Danach holte ihre Mutter sie hin und wieder für jeweils zwei Wochen nach Hause. Sie weiß nicht mehr so genau, wo sie zwischendurch waren, hat keine klaren Erinnerungen, aber zum Schluß wurden sie zu den Smithsons in Pflege gegeben – das war die Familie, die sie später im Alter von fünf Jahren adoptierte.

Die Smithsons waren schon ziemlich alt, Anfang Fünfzig, als sie Cherry und Garry adoptierten. Ihre eigenen vier Kinder waren alle schon erwachsen. Als sie die Zwillinge annahmen, hatten sie bereits zwei ältere Mädchen adoptiert, sie gründeten quasi zum zweitenmal eine Familie mit vier Kindern. Sie hatten jahrelang für die Gemeinde Kinder in Pflege genommen und taten das auch noch, als Cherry bei ihnen lebte. Kinder kamen und gingen sporadisch.

Für Cherry war es keine glückliche Lösung. Sie mochte zwar Herrn Smithson, der immer sehr gut zu ihr war, er starb jedoch, als sie acht war. Aber Frau Smithson mochte sie überhaupt nicht. Später sagte Frau Smithson ihr einmal während einer ihrer vielen Auseinandersetzungen, daß sie sie eigentlich gar nicht hatte adoptieren wollen. Sie wollte nur Garry, den sie sehr liebte, aber man zwang sie, beide zu übernehmen, weil die Zwillinge nicht getrennt werden sollten. Herr Smithson war Ingenieur, und der Familie ging es relativ gut. Rückblickend kann man sogar sagen, daß sie, verglichen mit ihrer ursprünglichen Familie, fast reich waren. Die eigenen vier Kinder der Smithsons hatten sich gut gemacht, hatten Stipendien bekommen, sind zur Universität gegangen. »Sie hatten alles, Klavierstunden, Ballettstunden, Pfadfinder und dergleichen.« Für die vier adoptierten Kinder ging nicht alles so reibungslos.

Frau Smithson starb vor einigen Jahren, nachdem Cherry von zu Hause weggegangen war. Cherry erinnert sich auch heute noch mit Bitterkeit an sie. »Ich weiß wirklich nicht, warum sie all diese Kinder aufnahm. Ich glaube, in gewisser Weise wurde sie überrumpelt. Zuerst nahm sie ein oder zwei Kinder in Pflege, danach bedrängte die Gemeinde sie, noch mehr aufzunehmen, weil sie nicht wußten, wohin damit. Sie war eine Frau, die als Adoptiv- und Pflegemutter vollkommen ungeeignet war. Sie hatte keine Wärme, bei allem, was sie tat, war sie auf Effekt aus. Sie war ein Snob, wir durften nicht mit den Kindern aus den Sozialwohnungen spielen. Wenn sie wütend wurde, sagte sie, wir kämen aus der Gosse. Wir durften nie Freunde mit nach Hause bringen. Ich hatte nicht einmal eine Geburtstagsparty, nicht ein einziges Mal. Wir kriegten oft eine gelangt, und wir durften keine eigene Meinung haben. Gesehen, aber nicht gehört werden war ihr Motto. Kinder mußten sich genau ihren Wünschen anpassen, Individualität war nicht gefragt. Sie warnte uns immer, wenn wir uns nicht in acht nähmen, müßten wir eines Tages bei Woolworth Erdnüsse in Tüten füllen. Wissen Sie, damals gab es Verkaufsstände mit heißen, gerösteten Erdnüssen, und ihrer Ansicht nach war das das allerletzte.«

Obwohl die Ämter so großen Wert darauf gelegt hatten, daß die Zwillinge nicht getrennt wurden, hat es Cherry wenig genützt oder, aus ihrer Sicht, nichts. »Er war ein Horror. Ich haßte ihn, verabscheute ihn. In Frau Smithsons Augen konnte er nichts falsch machen. Er hat mich immer verprügelt, und wenn ich weinte, kam sie und haute mir eine runter, weil ich gelogen und gesagt hätte, er hätte mich verprügelt. Er saß nur da und grinste. Er bekam alles, was er wollte, Stereoanlage, Fahrrad, neue Kleidung, sogar ein Motorrad. Wenn ich einen Wunsch äußerte, gab sie sich alle Mühe, mir das Gegenteil zu kaufen. Kindern ist es nun einmal wichtig, was sie tragen. Sie wollen das gleiche haben wie die anderen. Aber ich hatte nie besonders viel.«

Frau Smithson wollte nicht wahrhaben, daß ihr Mann tot war. Jahrelang glaubte sie, er würde zurückkommen, er fehlte ihr. Nach seinem Tod hatte Cherry nur einen Verbündeten in der Familie, ihre ältere Adoptivschwester Jacky. Jacky war aufmüpfig, die ›Böse‹, mit der man nicht zurechtkam. Obwohl sie acht Jahre älter war als Cherry, waren die beiden unzertrennlich. Jacky stiftete sie an, mit ihr zusammen die Schule zu schwänzen. Die beiden sind noch immer eng befreundet.

»Als ich auf eine weiterführende Schule kam, waren da einige Kinder, die mich im Anfang sehr traktiert haben. Ich war klein, und einige größere Mädchen hackten auf mir rum und verhauten mich. Das habe ich dann immer Jacky erzählt, die vor der Schule auf mich wartete. Ich zeigte ihr, wer mir etwas getan hatte, und sie verprügelte die dann, daß ihnen Hören und Sehen verging. Eines Tages kam ich nach der Schule heulend auf sie zugelaufen, sie sollte mir wieder beistehen. Aber statt dessen haute sie mir eine runter und stieß mich hin und her. Ich heulte und schrie und konnte mir nicht erklären, warum sie mich und nicht die anderen verhaute. Sie sagte: ›Immer, wenn du heulend nach Hause kommst, haue ich dich windelweich.‹ Dann zeigte sie auf das größte der betreffenden Mädchen auf dem Schulhof und sagte zu mir: ›Du gehst jetzt hin und schlägst sie so tüchtig, wie du kannst. Hau ihr eins drauf!‹ Daraufhin legte ich meinen Schulranzen auf den Boden, lief zu ihr und schlug sie mit aller Kraft. Sie war so verblüfft, sie konnte es kaum glauben. Danach war ich der große Held, und ich hatte immer jede Menge Freunde. ›So ist das Leben‹, sagte Jacky. Und sie hatte recht. Daraus habe ich eine Menge gelernt.«

Von Jacky erfuhr sie auch, daß sie adoptiert war. Es war ihr gelungen, alles über ihr früheres Leben zu verdrängen, aber als Jacky es ihr erzählte, wußte sie sofort, daß es stimmte. Die Szene im Gerichtssaal ließ sich jetzt einordnen. Sie konnte sich auch ganz schwach an ihre Mutter erinnern, aber alles, was in ihrem Gedächtnis haften geblieben war, war eine Frau mit platinblonden Haaren. Jacky wußte eine ganze Menge über Cherrys Familie. Als die Zwillinge adoptiert werden sollten, war sie oft neugierig herumgeschlichen und hatte an Schlüssellöchern gelauscht. »Falls ich jemals Illusionen über meine Familie gehabt hatte, dann hat Jacky sie mir gründlich ausgetrieben. Sie behauptete, sie seien asoziales Gesindel. ›Wenn deine Mutter dich gewollt hätte, hätte sie dich behalten‹, sagte sie immer zu mir. Es bewahrte mich davor, mich von irgendwelchen romantischen Vorstellungen überwältigen zu lassen. Sie riet mir, mich von ihnen fernzuhalten. Sie wußte genau, wo sie wohnten und wie sie hießen und noch vieles mehr. So erfuhr ich, daß mein richtiger Name Cherry Garfield war und nicht Cherry Smithson.« Aber Cherry wußte genau, eines Tages würde sie den Wunsch haben, ihre Mutter aufzusuchen. »Als Jacky mir verriet, daß Frau Smithson gar nicht meine richtige Mutter ist, ließ mich das vollkommen kalt. Ich sagte nur: ›Ich mag sie sowieso nicht, das ist mir vollkommen egal.‹« Als Cherry Frau Smithson danach fragte, stritt sie es nicht ab. Später, wenn sie Krach hatten, kam das Thema immer zur Sprache.

Jedes Jahr an ihrem Geburtstag sagte sie sich: ›Jetzt denkt meine richtige Mutter bestimmt an mich.‹ Sie dachte insgeheim, daß sie ihr eines Tages begegnen würde, und dann würde sie ihr auch erklären, warum sie die Zwillinge hatte weggeben müssen. Einmal sagte Jacky, sie würde Cherry ihre richtige Familie zeigen. Sie wußte, wo sie wohnten, es war gar nicht weit. Aber dann traute sie sich doch nicht. »Jacky wußte genau, wenn man sie dabei ertappte, könnte sie in echte Schwierigkeiten geraten. In bezug auf die Geheimhaltung waren die Adoptionsgesetze sehr streng, und das wußte sie, sie war ja selbst adoptiert. Manchmal dachte ich, wenn meine richtige Mutter wüßte, was für ein Leben ich bei den Smithsons habe, würde sie kommen und mich heimholen. Aber Jacky redete mir das aus und sagte: ›Sie sind nichts als ein Haufen Pöbel.‹«

»Frau Smithson war sehr streng mit uns. Nach neun Uhr durften wir nicht mehr draußen sein. ›Nur liederliche, schlechte Mädchen treiben sich nachts herum‹, pflegte sie zu sagen. Aber als ich älter wurde, lernte ich, mich verbal durchzusetzen. Ich konnte sie mit Worten ganz kleinmachen und einschüchtern. Ich sprach ganz gut Französisch. Ich war gut in der Schule, und ich habe auf französisch geflucht und sie angeschrien. Ich konnte sie verbal vollkommen fertigmachen, nur mit Worten. Manchmal habe ich sie tagelang nicht beachtet. Manchmal drohte sie mir, mich in ein Heim zu stecken, und ein- oder zweimal nahm sie mich mit zur Erziehungsberatung. Aber man sagte ihr, sie solle bei sich selber nach dem Grund für das Problem suchen. Bei mir sei alles in Ordnung, sagten sie, darum ging sie nicht mehr dorthin. Sie gab mir überhaupt kein Taschengeld, nicht einmal mein Essensgeld, weil sie behauptete, ich würde es sinnlos ausgeben.«

Cherry war gut in der Schule. Sie bekam neun gute Noten in den ›O levels‹ * und trat beim Schulsportfest für Südwest-London als Läuferin an. Ihre Zeugnisse waren ausgezeichnet, und sie hätte auf der Schule bleiben können und sollen, um ihre ›A levels‹ ** zu machen. Aber sie wollte unbedingt von zu Hause weg. Sie nahm eine Stelle bei einem Rechtsanwalt für ca. 30 DM pro Woche an, und sie wohnte mit einer Freundin zusammen. »Wir hungerten, wir hatten nicht einmal genug zu essen. Allein die Miete kostete 30 DM. Frau Smithson gab mir nicht einen Pfennig. Sie war froh, daß sie mich los war, wollte mich aus dem Haus haben. Sie sagte einfach: ›Von mir bekommst du nichts. Du bist ohne etwas zu mir gekommen, und du wirst auch ohne etwas gehen.‹ Ich war viel zu stolz, um sie um etwas zu bitten. Sie erfuhr nie, daß es mir nicht besonders ging. Diese Genugtuung wollte ich ihr nicht geben.«

Nachdem sie von zu Hause weggegangen war, arbeitete sie ein Jahr lang in der Anwaltskanzlei. Mehrmals in der Woche verdienten sie und ihre Freundin sich durch einen Job in einem Nightclub noch etwas dazu. Danach gab es noch viele verschiedene Jobs in Läden, Büros, Hotels und während der Sommersaison in Ferienorten am Meer. Sie mochte keine Arbeiten, die zuviel Disziplin erforderten. Eine Bank, in der sie gearbeitet hatte, verließ sie schon nach kurzer Zeit, weil sie sich dem Manager gegenüber ungehörig benommen und sein Personal ›einen Haufen von Muppets***‹ genannt hatte. Danach arbeitete sie in einem Hotel in der Nähe

* entspricht unserer Mittleren Reife
** entspricht unserem Abitur
*** Figuren aus einer Fernsehserie

von London, wo sie gute Aufstiegsmöglichkeiten hatte, sie avancierte auch sehr schnell zur Assistentin des Managers, eine sehr verantwortungsvolle Tätigkeit, da der Manager Alkoholiker war.

Hier traf sie auch ihren Mann Sam. »Er war braun gebrannt und sah einfach fabelhaft aus«, sagt sie lächelnd. »Sein Arbeitsvertrag im Mittleren Osten war gerade ausgelaufen.« Damals arbeitete er für ein Bauunternehmen, aber inzwischen hat er seine eigene kleine Baufirma. Er kam jedes Wochenende in das Hotel, aber schließlich bat er sie, dort mit ihm zusammenzuleben, wo er arbeitete. »Ich sagte: ›Wenn ich gut genug zum Zusammenleben bin, dann bin ich auch gut genug zum Heiraten‹ – so heirateten wir eben.« Sie lacht über ihre Kühnheit.

Cherry ist jetzt fünfundzwanzig, eine kleine, energische Person mit stechenden Augen und einem kräftigen Kinn. Während sie spricht, lacht sie – sie hat einen ätzenden Humor, beurteilt andere überaus kritisch und ist im Umgang mit anderen Menschen erschreckend direkt. Sie duldet keinen Widerspruch, hat einen Sinn für das Absurde und durchschaut sofort den geringsten Anflug von Heuchelei. Sie hat eine klare Vorstellung von der Welt als einem Ort, an dem man kämpfen muß, um zu überleben, und an dem nur der Tüchtige überlebt. Das hat ihre Kindheit sie gelehrt.

Unter einer harten Schale ahnt man bei Cherry ein echtes Gefühl des Verlustes. Bis sie heiratete, hatte es in ihrem Leben keine Liebe und Zärtlichkeit gegeben. Die einzige Person, die sie liebte und die ihre Zuneigung erwiderte, war Jacky, die ihr auch manche nützliche Lektion fürs Leben erteilte. Fast scheint sie zu ahnen, was ihr fehlt, aber sie ist mit Recht stolz auf ihre Leistungen.

Hier ist sie nun, und obwohl ihre Chancen im Leben schlecht standen, glücklich verheiratet, mit zwei Kindern in ihrem eigenen, modernen Haus. Es ist makellos sauber und ordentlich, mit einem Minimum an überflüssiger Dekoration und viel Sinn für Ordnung. Sie führt ihr Leben und das ihrer Kinder genau nach Plan. Morgens widmet sie sich ihrem eigenen, inzwischen sehr erfolgreichen Vertrags-Reinigungsbetrieb, den sie ohne einen Pfennig Kapital und ohne Darlehen aus dem Nichts aufgebaut hat. Sie sagt, daß sie ihn bald mit gutem Gewinn verkaufen und etwas Neues beginnen wird.

Obwohl sie die Strenge ihrer eigenen Erziehung durch Frau Smithson ablehnt, ist sie unnachgiebig bei ihren zwei kleinen Töchtern, preßt ständig ›Dankeschön‹ und ›Bitte‹ aus ihnen heraus, schränkt ihren Fernsehkonsum und ihr Taschengeld ein, um ihnen für die Zukunft ein Gefühl für den Wert von Dingen beizubringen. Sie liebt sie von Herzen und sagt: »Mein Hauptziel im Leben ist, daß meinen Kindern nichts geschieht. Ich möchte nicht, daß sie das gleiche wie ich durchmachen müssen.« Sie schlägt sie nie. »Gewalt erzeugt Gewalt, und ich habe genug davon zu spüren bekommen, als ich ein Kind war.«

Was ihre Arbeit und den Erfolg ihres kleinen Unternehmens anbetrifft, so ist sie hier zweifellos ihren Kunden und Angestellten gegenüber genauso unnachgiebig. Einer ihrer Arbeiter rief an, um sie um einen Vorschuß zu bitten, da er in Schwierigkeiten sei. »Nichts da«, sagte sie. »Wenn man damit einmal anfängt, hört das nie auf.« Sie nimmt keine Kunden an, die ihr unsympathisch sind. »Ich kann es mir leisten, wählerisch zu sein«, sagt sie forsch.

Cherry ist eine starke, entschlossene Persönlichkeit, und sie muß während ihrer Adoption von Anfang an ein hartnäckiges kleines Mädchen gewesen sein. Die Desaster und Verletzungen ihrer unglücklichen Kindheit haben sie zu der unumstößlichen Überzeugung gebracht, daß sie entweder auf sich selbst gestellt überleben oder untergehen muß. Dieselbe Haltung nimmt sie auch gegenüber dem Rest der Welt ein – sie ist fest davon überzeugt, daß jeder auf seinen eigenen zwei Beinen stehen und für sich selbst die Verantwortung übernehmen sollte. Für Lamentierer und Jammerer hat sie kein Verständnis, und denen, die sie kränken, erzählt sie ihre eigene Geschichte – aber ohne eine Spur von Selbstmitleid.

Sie hat ein schnelles Mundwerk, und wenn es ihr schwerfällt, über ihre Gefühle zu sprechen, verhält sie sich, als ob sie sich ständig verteidigen müßte. Selbst jetzt, geborgen und zufrieden, mit eigenen Kindern, Frau Smithson tot, kann sie nicht verzeihen. Cherry muß schwer zu erziehen gewesen sein, wie sie selbst sagt, trotzig und mißtrauisch. Hat sie einmal darüber nachgedacht, wie schwer das Leben für Frau Smithson gewesen sein muß, die ganz auf sich gestellt vier adoptierte Kinder aufzog, nachdem ihr Mann so unerwartet gestorben war? Wie war das mit ihrem Kummer und ihren Sorgen? Was waren ihre Motivationen? Mußte sie nicht etwas Gütiges in sich gehabt haben, wenn sie den Wunsch hatte, so viele ungewollte Kinder bei sich aufzunehmen? Cherry bleibt unbeeindruckt.

»Als Frau Smithson im Sterben lag, ging ich sie besuchen. Sie versuchte, mir zu verstehen zu geben, daß es ihr leid täte, sie hätte mich nicht genug geliebt. Sie bat auf dem Sterbebett um Vergebung. Aber da war es zu spät, oder etwa nicht? Viel zu spät. In der Zeit, in der es wichtig gewesen wäre, hatte sie kein freundliches Wort für mich.«

Kein Wunder, daß die Leute von Cherry irgendwie beeindruckt waren. Ihre Schlagfertigkeit und ihre komische Art, Dinge auszudrücken, sind ein Genuß, ihr Enthusiasmus das reinste Vergnügen. Sie spricht über das Leben, als ob sie es beim Kragen gepackt und sich gefügig gemacht, es ihrem jetzigen geordneten Stil angepaßt hätte. Da sitzt sie in ihrem makellos sauberen Wohnzimmer, nicht einen Flecken auf dem Teppich, alles am richtigen Platz, und sie hat nicht den geringsten Zweifel, daß sie mit allem fertig wird, was das Leben ihr in den Weg stellt. Und dennoch, es gibt auch Bitterkeit und Wut, ein Gefühl des Zorns über das, was das Leben ihr vorenthalten hat und was sie jetzt nicht mehr finden kann.

Nun war sie drauf und dran, in dieses gut organisierte und geordnete Leben ein neues und gewaltiges, chaotisches Element hineinzulassen. Sie wird den Schock überstehen, aber sie hatte keine Ahnung, auf was sie sich da einließ. Ein schwächerer Charakter als Cherry wäre daran vielleicht zerbrochen.

Cherry hatte den engen Kontakt zu Jacky immer aufrechterhalten, die einzige wirklich innige Familienbeziehung, die sie hatte. »Jacky ist der einzige Mensch, an den ich mich wenden würde, wenn ich in Not wäre. Ich könnte sie in diesem Augenblick anrufen und sagen, daß ich sie brauche, und ich weiß genau, sie würde alles stehen- und liegenlassen und in spätestens zwei Stunden hier sein. Und ich würde für sie das gleiche tun. Ich helfe ihr manchmal aus bei ihrem Kind, sie haben nicht so viel Geld, und wir telefonieren immer so lange miteinander. Ich fragte sie, ob ich versuchen solle, mit meiner richtigen Familie Kontakt aufzunehmen. Sie sagte: ›Tu das nicht. Sie machen dir nur Schwierigkeiten. Geh ihnen aus dem Wege.‹ Sie machte immer Witze über meine Familie. Ich kann mich noch erinnern, da gab es einmal eine Zigeunersippe, die am Ende unserer Straße kampierte, mit einem Haufen schmuddeliger Kinder und einigen Frauen mit diesen gefärbten platinblonden Haaren. Da sagte ich zu ihr: ›Jacky, ich wette, das ist meine richtige Familie.‹ Sie antwortete: ›Du hast keine Ahnung, wie nahe du an der Wahrheit bist, Kindchen.‹ Wissen Sie, ich habe mir nie Illusionen über meine richtige Familie gemacht, das war ein Glück, wie sich später herausstellen sollte. Aber das wußte ich immer, was Jacky auch sagen mochte, wie sehr sie mich auch warnte, ich wußte immer, eines Tages würde ich losgehen und sie finden.«

Cherry sprach darüber auch mit Sam. »Ich sagte immer wieder: ›Soll ich es tun? Ich weiß, ich werde nicht enttäuscht sein über das, was ich vorfinde, ich riskiere nichts, weil ich sowieso schon so viel über sie weiß.‹« Er war der Meinung, wenn sie das unbedingt wolle, müsse sie es auch tun.

Sie nahm mit allen örtlichen Sozialdiensten Verbindung auf, es ist deren Pflicht, Adoptierte zu begleiten und zu beraten bei der Suche nach ihren Eltern. Sie schickte ihre Geburts- und Adoptionsurkunde, dort war ihr Name Cherry Smithson, an die örtliche Dienststelle.

Sie wurde zu einem Gespräch mit einem Sozialarbeiter geladen. »Er hatte einige Papiere vor sich auf dem Schreibtisch liegen. Bevor er zu Wort kam, sagte ich: ›Meinen richtigen Namen kenne ich schon, er ist Cherry Garfield, nicht wahr?‹ Er war total konsterniert. ›Das dürfen Sie eigentlich gar nicht wissen‹, sagte er ganz schockiert. Er war erstaunt und entsetzt, daß ich schon seit langem so viel über meine richtige Familie wußte.« Der Sozialarbeiter fragte sie, ob sie ganz sicher sei, daß sie ihre richtige Familie ausfindig machen wolle. Cherry antwortete: »Wenn man einmal soweit gegangen ist, ist es nur noch eine Frage der Formalität. Ich glaube nicht, daß jemand, der sich sogar schon seine Adoptionsunterlagen und die Geburtsurkunde besorgt hat, es dabei belassen wird.« Zum Schluß unterschrieb er ein Dokument, in dem bestätigt wurde, »daß er mit mir gesprochen hatte und daß ich zurechnungsfähig war«.

Der Sozialarbeiter versprach, sie mit allen ihm zur Verfügung stehenden Mitteln zu unterstützen. Tatsächlich konnte sie ihm mehr über ihre Familie erzählen, als aus den offiziellen Unterlagen hervorging. »Der Sozialarbeiter war nicht besonders gut im Nachforschen, wußte nicht, wo er beginnen sollte. Ich nahm die Sache dann in die Hand und machte ihm Vorschläge. Auf der Geburtsurkunde stand die ursprüngliche Adresse der Familie in Kilburn. Ich wußte von Jacky, daß sie noch in derselben Gegend wohnten, obwohl sie umgezogen waren. Ich schlug also dem Sozialarbeiter vor, mit den Sozialdiensten in Kilburn Kontakt aufzunehmen, um herauszufinden, ob man sie dort kannte. Schließlich waren die Kinder oft in Heimen gewesen, die Familie mußte man dort kennen.«

Diese Spur erwies sich jedoch als eine Niete. Die Sozialdienste in dieser Region hatten mindestens seit fünf Jahren nichts mehr von der Garfield-Familie gehört – seit sie weggezogen war. »Ich finde, das ist direkt eine Leistung, für eine so lange Zeit nicht in ihre Hände zu geraten«, sagt Cherry lachend. »Aber die Kinder waren natürlich inzwischen erwachsen geworden, und die Sozialämter hatten nichts mehr mit ihnen zu tun.«

Sie fand die Geburtsurkunden aller Garfield-Kinder. Wie sie schon wußte, gab es viele Kinder. Aber eine Entdeckung war ein großer Schock für sie. Ihre Mutter hatte nach Cherry und Garry noch einen Sohn bekommen. Zur Zeit der Adoption der Zwillinge mußte er drei gewesen sein. »Das war ein Schlag ins Gesicht. Warum hatte sie uns weggegeben und nicht Klein-Andy? Was stimmte mit uns nicht? Ich hätte verstehen können, daß sie vielleicht an einem Punkt angelangt war, an dem ihr aus irgendwelchen Gründen noch mehr Kinder einfach zuviel waren. Aber sie bekam dann noch eines, und das hatte sie nicht zur Adoption freigegeben. Warum hatte sie uns das angetan?«

Cherry war überzeugt davon, daß sie noch immer in der gleichen Gegend wohnten. »Der Sozialarbeiter glaubte, damit sei die Spur im Sande verlaufen, aber ich war fest entschlossen, weiterzusuchen. Ich schlug vor, die Wählerlisten * durchzugehen, vielleicht würde uns das weiterbringen. ›Gute Idee‹, sagte er, das wäre ihm nie eingefallen. Wir gingen alle Listen durch, aber natürlich hatten sie sich für Wahlen nie eingetragen, und sie

* in Großbritannien gibt es keine Einwohnermeldeämter

waren oft umgezogen, darum konnten wir sie nicht finden. Das war eine große Enttäuschung.« Dann erkundigte sie sich bei der Telefonauskunft, aber sie waren in keinem Telefonbuch mehr verzeichnet. »Später erfuhr ich den Grund, sie wechselten ständig ihre Telefonnummer und mußten sich immer vor irgend jemandem verstecken.«

Wenn Cherry nicht hochschwanger gewesen wäre, wäre sie selbst nach Kilburn gefahren und dort einige Tage geblieben. Sie wäre dann in der Gegend, in der die Familie gewohnt hatte und man sie bestimmt noch kannte, von Tür zu Tür gegangen. »Ich weiß, daß ich sie auf diese Art gefunden hätte. Man mußte sie einfach in dieser Gegend kennen, besonders da es so viele von ihnen gab. Aber zu diesem Zeitpunkt war es einfach nicht möglich.«

Sie bekam noch etwas über die Familie heraus. Ihr Vater, Herr Garfield, war vor ein paar Jahren gestorben. »Ich war sehr traurig darüber. Ich hätte ihn so gerne kennengelernt oder wenigstens einmal gesehen. Später erfuhr ich, daß er gegen unsere Adoption gewesen war, aber er hatte es nicht verhindern können.«

Als nächstes entschied sie sich, in der Kilburner Lokalzeitung unter der Rubrik ›Persönliches‹ eine Anzeige aufzugeben. Sie bat darin denjenigen, der etwas über den Aufenthaltsort von Maureen Hazel Garfield geb. Hinchcliff wußte, sie unter ihrer Nummer anzurufen. Sie erwähnte darin weder den Grund für ihre Nachforschungen, noch gab sie ihren Namen an. Die Anzeige gab sie kurz nach der Geburt ihres zweiten Kindes auf.

»Am ersten Tag passierte nichts, und ich dachte schon, damit wäre die Angelegenheit erledigt. Ich war sehr enttäuscht. Aber dann, am nächsten Tag, ich fütterte morgens gerade das Baby, klingelte das Telefon. Ich hatte sofort instinktiv das Gefühl, endlich, das sind sie.«

Sie nahm den Hörer ab und hörte am anderen Ende der Leitung die Stimme einer Frau. »Ich rufe an wegen der Anzeige in der Zeitung.« Cherry meint, die Stimme sei ihr irgendwie vertraut vorgekommen, und sie wußte gleich, das war eine ihrer Schwestern. Cherry war vorsichtig und sagte nur: »Ja?« Die Stimme sagte: »Ich glaube, ich weiß, wer Sie sind.« Cherry noch immer vorsichtig: »Es handelt sich um etwas Persönliches.« Wieder die Stimme: »Warum suchen Sie Maureen Garfield?« Cherry, um Zeit zu gewinnen: »Es ist etwas ganz Persönliches, ich möchte Kontakt mit ihr aufnehmen.« Darauf sagte die Stimme ohne Umschweife: »Ich weiß ziemlich sicher, wer Sie sind und warum Sie sie suchen.« »Dann sagen Sie es mir«, antwortete Cherry. Und die Stimme sagte: »Du bist Cherry, stimmt's? Darum möchtest du sie finden.«

Es war Carol, die zwei Jahre älter war als die Zwillinge, diese Schwester war Cherry später die liebste von der ganzen Familie. »Ich war so froh, daß sie alle von unserer Existenz wußten. Es war kein Geheimnis. Natürlich konnten die Älteren sich noch an uns erinnern und wußten, was mit uns geschehen war. Carol erzählte, unsere Mutter hätte an unserem Geburtstag immer an uns gedacht und von uns gesprochen.«

Carol sagte: »Wie geht es dir?« Cherry mußte lachen, als sie sich daran erinnerte. »Wie es mir ging? Nach all den Jahren? Eine komische Frage. Ich sagte nur ›gut‹. Wir sprachen eine Zeitlang höflich miteinander, tauschten Neuigkeiten aus über unsere Ehen und unsere Kinder. Wo wohnst du? Wie heißen deine Kinder? Es stellte sich heraus, daß ich meinen Kindern Namen gegeben hatte, die meine Schwestern auch gewählt hätten, wenn sie Mädchen gehabt hätten, aber sie hatten alle Jungen. Ein kleiner Zufall.«

Schließlich kamen sie auf die Mutter zu sprechen. Sie war im Krankenhaus, weil sie einen kleinen Schlaganfall gehabt hatte. Cherry fragte mehrmals, ob ihr Auftauchen in der Familie nicht Unruhe und Unbehagen auslösen würde. Aber Carol versicherte ihr, daß sie alle sie kennenlernen möchten.

Carol erkundigte sich nach Garry, aber Cherry gab eine ausweichende Antwort. Man hatte sie ausdrücklich darauf aufmerksam gemacht, daß es nach dem neuen Gesetz Kindern erlaubt war, nach ihren Eltern zu forschen, aber nicht umgekehrt. Wenn er sie nicht sehen wollte, wäre es unfair von ihnen, Verbindung mit ihm aufzunehmen. Sie erzählte Carol nur, daß es ihm gut ginge, aber nannte ihr keine Adresse oder Telefonnummer. Sie hatte ihm noch gar nicht gesagt, daß sie nach ihrer Familie forschte. Sie hielt ihn für verletzlicher als sich selbst, und außerdem hatte er nie besonderes Interesse gezeigt. Sie hatte all die Jahre den Kontakt mit ihm aufrechterhalten und kam jetzt, nachdem ihre Adoptivmutter, Frau Smithson, tot war, besser mit ihm aus. Er hatte ihr nie sehr nahegestanden, aber sie lehnte ihn nicht mehr ab und fühlte sich sogar ein wenig für ihn verantwortlich. Frau Smithson hatte ihn immer vorgezogen, aber diese Rivalität gab es nach ihrem Tode nicht mehr. – »Und er ist mein eigen Fleisch und Blut«, sagt sie, eine Tatsache, die in ihrer Beziehung zu all ihren Familienmitgliedern eine große Rolle spielt.

Benommen legte sie am Ende ihres Gespräches mit Carol den Hörer auf. Gleich darauf klingelte das Telefon wieder. Dieses Mal war es Pat, eine andere Schwester. Dann klingelte es wieder, und es war Sally. Danach rief ihr Bruder John an. Er sagte, sie würden am Nachmittag alle ins Krankenhaus gehen, um ihrer Mutter zu erzählen, daß sie Cherry wiedergefunden hatten. Cherry riet ihnen davon ab, weil sie befürchtete, das könne ihr Tod sein, aber sie ließen sich nicht davon abbringen.

»Ich ging zurück, um das Baby zu Ende zu füttern. Ich fühlte mich ganz benommen, es war alles so merkwürdig. Hätte ich doch nur mit meinem Mann reden können, aber er war bei der Arbeit. Die Ereignisse überschlugen sich, so viele von ihnen hatten mich angerufen, einer nach dem anderen. Sie klangen alle so nett, so freundlich, richtig begeistert, daß sie mich gefunden hatten. Sie hatten sich oft über mich und Garry Gedanken gemacht.« Es fiel ihr allerdings auf, daß niemand nach ihrer Kindheit gefragt hatte. Niemand fragte, ob ihr Leben bei den Smithsons glücklich gewesen war. »Später hat mich auch niemand danach gefragt. Ist egal, ich bin kein Jammerer, darum habe ich lieber nichts erzählt.«

Am frühen Nachmittag kam der nächste Anruf. »Es war eine rauhe, heisere Stimme. Ich muß zugeben, es war eine ziemlich schreckliche Stimme. Ich wußte sofort, das war sie, die Mutter. Sie sagte, sie würde mich so gerne sofort sehen. War ich wohlauf? Wie ging es Garry? Sie sagte, all die anderen seien an ihrem Krankenbett, und sie alle wünschten, daß ich sofort nach London käme, noch am gleichen Tag. Ich antwortete, das ginge beim besten Willen nicht. Ich mußte mich doch um die Kinder kümmern, aber der Hauptgrund war, daß ich Zeit gewinnen wollte. Ich war so durcheinander, ich konnte einfach noch nicht gehen.« Sie versprach, am Wochenende zu kommen.

Aber als Sam von der Arbeit kam und sie ihm alles erzählte, schlug er ihr vor, schon am folgenden Tag zusammen hinzufahren. »Sonst sitzt du nur die ganze Woche da und grübelst«, sagte er, »laß uns morgen losfahren.« Sie machten sich also am nächsten Tag zusammen mit den Kindern auf den Weg. »Im Zug haben wir die ganze Zeit unsere Witze gemacht und uns ausgemalt, wie sie sein würden. Wir versuchten, uns das Allerschlimmste vorzustellen, um auf alles gefaßt zu sein. Ich erinnere mich noch, wie Sam sagte, sie würden uns wahrscheinlich mit einem kleinen Lastwagen abholen.«

Als sie am Ziel ankamen, waren Carol und John da, um sie abzuholen. »Ich dachte, ich würde sie nicht erkennen und wir würden Schwierigkeiten haben, sie zu finden. Aber es ließ sich nicht leugnen, das war meine Schwester. Wir sehen einander auffallend ähnlich. Sie sieht genauso aus wie ich. Sie war sehr hübsch gekleidet, ich mochte sie sofort.«

Cherry hatte geglaubt, man würde zuerst in Carols Wohnung gehen, um sich dort mit den anderen zu treffen. Sie war perplex, als John sie alle direkt zur Mutter ins Krankenhaus fuhr. Krankenhausbesuche sind an und für sich schon eine schwierige und krampfhafte Sache, und Cherry konnte sich nicht vorstellen, daß es hier anders sein würde.

»Wir gingen auf ein Krankenzimmer zu, in dem drei Frauen lagen, eine davon war die Mutter. Als wir eintraten, merkte ich gleich, daß die anderen den Krankenschwestern die ganze Geschichte erzählt hatten, was mir wirklich peinlich war. Es war schließlich eine ganz private Familienangelegenheit, und ich wollte nicht, daß jeder davon wußte. Aber so sind sie manchmal, nichts scheint ihnen peinlich zu sein. Mir war es jedenfalls unangenehm, und sie hatten nicht das Recht, es jedem zu erzählen. Die Krankenschwestern waren sehr verständnisvoll, sie schienen über alles genau im Bilde zu sein.«

Cherry, Sam und die Kinder betraten das Krankenzimmer hinter Carol und John. »Ich erkannte sie auf den ersten Blick. Nicht etwa weil sie mir so ähnlich sah, das tat sie überhaupt nicht, aber wegen allem, was ich schon über sie wußte. Da gab es keinen Zweifel, nicht den geringsten. Selbst in einem Krankenhausbett sah sie ungepflegt aus, ein schreckliches altes Nachthemd und ein schmuddeliger Morgenrock. Sam flüsterte mir zu: ›Uh, gib mir schnell das Baby, ich möchte nicht, daß es ihr zu nahe kommt.‹ Er nahm mir das Baby ab.«

Ihre Mutter sagte einfach »Hallo«, und Cherry setzte sich zu ihr ans Bett. »Ich habe sie noch nie geküßt, auch damals nicht. Ich fing an zu lachen. Warum, weiß ich auch nicht. Ich glaube, aus Nervosität. All die anderen standen um mich herum und starrten mich an. Sam gab mir das Baby, und die Mutter sagte, wie hübsch es sei. ›Nun, das sind Babys doch immer‹, antwortete ich. Gleich darauf sagte eine meiner Schwestern: ›Hoffentlich denkste nich, wir haben Geld, wir haben nämlich nischt.‹ Dann sagte die Mutter: ›Haste mal'n Glimmstengel?‹« Ihre Mutter war nur einseitig leicht gelähmt, und der Arzt sagte, sie würde bald wieder vollkommen hergestellt sein, was sie dann auch war.

»Die Mutter hat überhaupt nichts über mich persönlich wissen wollen. Es schien sie nicht zu interessieren. Sie erkundigte sich nach Garry und wollte wissen, wo er wohnt. Ich mußte ihr eine vage Antwort geben, obwohl sie immer wieder sagte, daß sie ihn auch gerne sehen möchte. Diese ganze Begegnung war so merkwürdig. Es kam mir vor wie Stunden. Ich hielt es kaum noch aus, ich mußte da unbedingt weg. Die Smithsons erwähnte sie gar nicht, sie wollte auch nicht wissen, wie mein Leben verlaufen war, sie interessierte sich nur für mein gegenwärtiges Leben, was für ein Haus wir hatten, welchen Beruf usw.«

Nach dem Krankenhausbesuch fuhren sie zu Carols Wohnung. »Es war hübsch und sauber und ordentlich. Sie hatten alles für uns vorbereitet, mit hübschen Schlafgelegenheiten für die Kinder, einem Platz, um das Baby zu wickeln, und was sonst noch nötig war. Da dachte ich, daß mein Eindruck von der Familie vielleicht doch falsch war und daß ich ihnen gegenüber unfair gewesen war. Ich mochte sie tatsächlich alle, ganz besonders Carol.« Die Männer gingen mit Sam hinunter in den Pub, während Cherry die Kinder ins Bett brachte.

»An diesem Abend fühlte ich mich wirklich wie zu Hause, hatte zu allen ein ganz unverkrampftes Verhältnis, obwohl ich mich von ihnen noch immer ein wenig überwältigt fühlte... Sie waren so viele, und alles war so plötzlich über mich hereingebrochen. Sie erkundigten sich zwar nach meinem bisherigen Leben, aber fragten nicht nach Einzelheiten. Ich war nicht zu ihnen gekommen, um ihnen eine rührselige Geschichte zu erzählen, so etwas liegt mir gar nicht und wozu auch? Ich glaube, sie schauten mich an und dachten, daß ich im Vergleich zu ihnen ein gutes Leben gehabt hatte. Sie dachten, ich sei mit einem silbernen Löffel im Mund zur Welt gekommen und ich sei das Glückskind. Ich wollte ihnen nicht sagen, daß das nicht stimmte. Ich wollte nicht sagen, was wirklich gewesen war und daß ich mir alles selbst erarbeitet hatte. Ich glaube, all die späteren Schwierigkeiten entstanden dadurch, daß sie meinten, ich sei aus einer armen, um ihre Existenz kämpfenden Familie herausgerissen und in ein wohlhabendes Zuhause verpflanzt worden.«

Es dauerte eine Weile, bis Cherry bemerkte, nachdem sie einmal all die Brüder und Schwestern gezählt hatte, daß jemand fehlte. »Wo ist denn Susan?« fragte sie. Und sie erfuhr, daß sie tot war. Sie war drogensüchtig gewesen und sehr jung gestorben. Sie war der Augapfel ihres Vaters gewesen. Er hatte sie von allen am meisten geliebt, und es brach ihm das Herz, als sie starb. Er selbst folgte ihr nur sechs Monate später. Von dem Schock hatte er sich nie mehr ganz erholt und starb, so sagten sie, an gebrochenem Herzen.

An diesem Abend wollte Cherry nicht fragen, warum sie und Garry zur Adoption weggegeben worden waren, und niemand sprach von sich aus darüber. Es war ein Thema, das tabu war. Sie dachte, sie würde es sicher von der Mutter erfahren, und unter dem Eindruck dieser riesigen Familie hatte sie es auch nicht eilig, die traurige Erinnerung an ihre Vergangenheit heraufzubeschwören und nach den Gründen zu fragen. Das Wochenende verlief sehr harmonisch. Sie gingen gemeinsam auf einen Einkaufsbummel und genossen es, beieinander zu sein. »Rückblickend, glaube ich, kann man sagen, daß damals alles so gut lief, das lag zum Teil daran, daß die Mutter nicht dabei war. Alle Auseinandersetzungen in der Familie scheinen bei ihr zu beginnen und zu enden. Sie hetzt auf, schürt den Streit. Sie ist nur glücklich, wenn es Streit gibt.«

Cherry war froh, nach dem Wochenende wieder nach Hause zu kommen. »Ich mochte sie alle sehr gerne. Ich war auch glücklich, sie gefunden zu haben. Aber schon damals spürte ich irgendwie, daß all dies zu Streitigkeiten führen würde. Ich hatte das Gefühl, daß ich mich vor ihnen in acht nehmen mußte.« Sie rief Garry an, um ihm zu sagen, was sie unternommen hatte. »Aber er war nicht interessiert, und er wollte auch nichts über sie wissen, darum habe ich sie ihm gegenüber nie mehr erwähnt.«

Bald darauf wurde ihre Mutter aus dem Krankenhaus entlassen. Sie und auch die Geschwister riefen oft bei Cherry an. Schließlich lud die Mutter sie und die Kinder ein, da sie inzwischen wieder ganz gesund war.

Sie kam mit dem Baby und der Dreijährigen zu der angegebenen

Adresse, einer Wohnung ganz oben in einem verwahrlosten Hochhaus. »Es als verdreckt zu bezeichnen wäre eine Untertreibung«, sagt Cherry, »sobald man die Wohnungstür öffnete, kam einem Lärm und Gestank entgegen. Der Teppichboden war so verdreckt, daß man daran festklebte. Sie nahmen keine Aschenbecher, überall lagen Zigarettenstummel und Asche herum. Die Toilette konnten wir nicht benutzen, weil sie so schrecklich stank. Der Herd war bedeckt mit einer Fettschicht. Wenn man etwas aus der Küchenschublade nehmen wollte, war alles schmierig. Sie hat niemals abgewaschen, hielt die Sachen einfach unter das kalte Wasser ohne irgendein Spülmittel. Der Kühlschrank war durch und durch schwarz. Schimmel konnte man das schon nicht mehr nennen, es war eine dicke Dreckkruste. Die Sprungfedern kamen durch die Matratzen, und die Bettlaken waren schmutzig. Unter den Betten lagen haufenweise Zigarettenstummel. Während der ganzen Zeit traute ich mich nicht, auch nur eine Tasse Tee zu trinken. Ich ging mit den Kindern in einen Wimpy-Schnellimbiß, und dort aßen wir Fisch und Chips. In dieser Wohnung konnte man unmöglich das Geschirr benutzen. Es gab nicht einen einzigen Platz, der sauber genug war, um das Baby zu wickeln. Es stank zum Himmel.«

Sie glaubt, daß ihre Schwestern, besonders Carol, von Zeit zu Zeit den Versuch unternahmen, die Wohnung sauberzumachen, aber schließlich resignierten, weil alles nach kurzer Zeit wieder in dem alten verdreckten Zustand war. Jetzt wohnte nur noch Andy, das war der Junge, der nach den Zwillingen zur Welt gekommen war, bei der Mutter, all die anderen waren längst ausgezogen. Aber sie hatten ein starkes Zusammengehörigkeitsgefühl. Trotz der wildesten Prügeleien und des ewigen Krachs hielten sie zusammen wie Pech und Schwefel, trafen sich häufig und telefonierten miteinander.

Gleich zu Beginn, sagte Cherry, hätte ihre Mutter sie angepumpt. Mal brauchte sie Geld für die Fernsehgebühren, dann mußte der Milchmann bezahlt werden. Wie auch immer, in den ersten Monaten gab sie ihr über £200, was ihr wegen des neugeborenen Kindes zu der Zeit schwerfiel. »Ich hatte Mitleid mit ihr, sie hat gejammert und geklagt: ›Ich habe ein so schweres Leben gehabt‹, sagte sie immer, ›ich habe viel gelitten. Ich habe kein Geld, nur eine kleine Rente.‹«

Cherry hatte sich von diesem Wochenende eine Gelegenheit erhofft, mehr mit ihrer Mutter zu sprechen, sie besser kennenzulernen und vor allen Dingen etwas über die wahren Hintergründe ihrer Adoption zu erfahren. Aber sie war nie mit ihrer Mutter alleine. Andy oder sonst jemand war immer da. »Wenn ich mir das heute überlege, stelle ich fest, daß ich in den drei Jahren seit unserer ersten Begegnung nicht ein einziges Mal mit ihr alleine war. Ist das nicht merkwürdig? Vielleicht baut sie einen Schutzwall auf, sie muß immer viele Menschen um sich herum haben. Vielleicht fürchtet sie sich vor mir und dem, was ich sie fragen könnte.«

Ihre Mutter, so sagt sie, ist flatterhaft. Sie redet und redet, aber bleibt nie beim Thema. Sie hüpft von einem Thema zum anderen, und es ist schwierig, ihrem Gedankengang zu folgen oder eine Frage zu beantworten. Sie erinnert sich, daß ihre Mutter einige wenige Male auf das Thema zu sprechen kam. »Einmal behauptete sie, sie hätte unsere Adoption gar nicht gewollt, aber die Behörden hätten sie dazu gezwungen. Darauf sagte ich, wie dann ihre Unterschrift auf die Papiere gekommen sei. Niemand zwingt einen, seine Kinder zur Adoption freizugeben. Aber sie wechselte schnell das Thema. Sie sagte allerdings auch, mein Vater sei gegen die Adoption gewesen. Ein anderes Mal behauptete sie, sie hätte versucht, uns zu finden, aber ich weiß genau, daß das nicht stimmt. Es ist sowieso ganz unmöglich, nach seinen adoptierten Kindern zu suchen. Einmal hat sie sogar gesagt: ›Weißt du, eigentlich müßtest du gegen mich sein, mich hassen‹, aber bevor ich etwas erwidern konnte, war sie schon bei einem ganz anderen Thema, und ich hatte die Gelegenheit verpaßt. Ich weiß zwar nicht genau, was ich gesagt hätte, aber zumindest hätten wir darüber reden können. Dann, nur ein einziges Mal, auch an diesem Wochenende, lehnte sie sich zu mir herüber und sagte: ›Cherry, ich möchte gerne mal mit dir von Mensch zu Mensch sprechen.‹ Dann war sie schon wieder bei etwas anderem. Ich war gespannt, ob dieses Gespräch jemals zustande kommen würde, aber das geschah natürlich nie. Immer, wenn ich versuchte, über das Thema zu sprechen, sprach sie von etwas anderem.«

Cherry hätte gerne etwas über die Herkunft ihrer Mutter gewußt. Aber auch das scheint ein Thema zu sein, bei dem ihre Mutter sich unbehaglich fühlt. Jedenfalls ist es ihr bisher nicht gelungen, sie zum Sprechen zu bringen, sie weicht so vielen Fragen aus. Von dem wenigen, was die anderen darüber wissen, hat Cherry den Eindruck gewonnen, daß ihre Mutter aus einer gutbetuchten Familie stammt. Es war ein steiler sozialer Abstieg, und darum findet sie es vielleicht so unerträglich, darüber zu sprechen. Aber Genaues weiß Cherry auch nicht.

Sie betrachtet ihre Mutter mit trauriger Resignation. »Es hätte alles so ganz anders sein können. Sie hätte leicht erreichen können, daß ich mehr für sie empfinde. Der Dreck würde mich nicht stören. Ich bin kein Snob, obwohl ich weiß, daß sie mich alle dafür halten. Ich würde ihr auch keine Vorwürfe machen, und vielleicht könnte ich für ihr schweres, verpfuschtes Leben ein bißchen mehr Mitgefühl empfinden. Es hätte von ihrer Seite nicht viel bedurft, mich zufriedenzustellen. Aber ich sehe nun ein, daß sich das niemals ändern wird.« Sie machte eine Pause und schüttelte den Kopf. »Wissen Sie, manchmal möchte ich einfach zu ihr gehen, ganz spontan, und versuchen, offen mit ihr darüber zu sprechen, und ein für allemal Klarheit schaffen. Aber was würde das nützen? Es wäre vergebens. Ich bin realistisch genug, um das einzusehen.«

Durch die Gespräche mit ihren verschiedenen Geschwistern erfuhr Cherry so nach und nach manches über Ereignisse und Anekdoten aus dem Leben der Garfields. Oft waren das nur bruchstückhafte Erzählungen, zum Beispiel, daß ihre Mutter sich zu Hause ein Äffchen hielt, als sie klein waren. Dann gab es da die Geschichte von dem Kohlenhändler, der abends kam, um zu kassieren. Die Mutter versteckte sich schnell im Kohlenkeller und schickte Carol an die Tür, um zu sagen, sie sei nicht da. ›Macht nichts‹, sagte der Kohlenmann, ›ich lasse trotzdem zwei Säcke hier, sie kann das nächste Mal bezahlen.‹ Er kippte zwei Säcke voll Kohlen die Schütte hinunter, genau auf ihre Mutter.

Es gab aber auch Geschichten, die sie nicht so gerne hörte. Zum Beispiel brüstete sich ihre Mutter einmal damit, daß es, als die Zwillinge klein waren, ganz angenehm gewesen sei, sie für vierzehn Tage in Pflege zu geben. Sie hatte ihnen keine Kleidung, keine Unterwäsche mitgegeben, aber nach zwei Wochen seien sie mit einem Koffer voll guter neuer Kleidung zurückgekommen, die habe sie dann unter den anderen Kindern aufgeteilt.

Cherry erfuhr auch einen der Gründe für die Armut der Familie. Zunächst hatte Herr Garfield, als sie jung waren, eine gute Arbeitsstelle, aber später wurde er Alkoholiker und vertrank all sein Geld. Wenn er betrunken war, konnte er auch gewalttätig werden. Cherry sagt mit Bestimmtheit: »Ich kann einfach nicht verstehen, daß Frauen sich so etwas gefallen lassen. Mir könnte das nicht passieren. Einen Mann, der mich geschlagen hat, würde ich nie wieder ins Haus lassen. Bei mir würde ein Mann mein Haushaltsgeld, das ich für meine Kinder brauche, nicht versaufen.« Cherry ist eben eine Frau, die sich behaupten kann, und zwar bedeutend besser als ihre Mutter. Sie hat wenig Verständnis für die Schwächen anderer, nachdem die Umstände sie zwangen, selber so stark zu werden. Sie sieht ihre Mutter als ein Opfer, aber gleichzeitig auch als eine Frau, die Streit und Gewalt um sich herum braucht.

Was hätte die ganze Situation für Cherry verändern können? Sie hatte sofort eine Antwort bereit. Sie wußte genau, was sie erwartete. »Wenn sie mir einen Grund angeben könnte, irgendeinen Grund. Wenn sie zu mir sagen würde: ›Ich tat es, weil ich damals glaubte, es sei das beste für euch beide.‹ Oder nur: ›Was ich euch angetan habe, tut mir leid, ich bereue es sehr.‹ Oder: ›Ich war damals einfach überfordert, aber später hat es mir leid getan.‹ Oder vielleicht, wenn sie mich nur einmal fragen würde, ob ich glücklich gewesen bin und wie es mir bei den Smithsons ergangen ist.«

Manchmal wird sie wütend auf ihre Mutter, aber sie läßt sich das fast nie anmerken. Sie erinnert sich mit Bitterkeit: »Eines Tages saßen wir beim Fernsehen, und es kam eine Sendung über notleidende Kinder. Da sagte sie ganz laut: ›Wenn ich etwas Trauriges über Kinder im Fernsehen sehe, kommen mir die Tränen.‹ Ich dachte, ich höre nicht recht. Wir waren ihr doch vollkommen wurscht gewesen, oder etwa nicht? Aber ich hielt meinen Mund.«

Wenn sie spricht, bei scheinbar unbedeutenden Äußerungen, unbewußt, zeigt sich immer wieder die alte Sehnsucht nach der richtigen Mutter, hoffnungslos unerfüllt und unerfüllbar. Sie nimmt es ihrer Mutter übel, daß sie den Kindern noch nie etwas geschenkt hat. »Es muß ja nicht viel sein, über ein 10-Pence-Stück als Taschengeld würden sie sich schon freuen. Ein winziges Geschenk, hübsch eingewickelt. Es ist ja nicht das Geld, nur die Geste. Sie kennt nur Nehmen und nicht Geben. Wir sind nicht reich, aber es geht uns viel besser als ihr. Doch das bedeutet nicht, daß meine Kinder ein Geschenk von ihr nicht anerkennen würden, als Zeichen der Zuneigung. Sie sind noch klein, und sie wissen nicht, was Sachen kosten. Sie hat mir nur ein einziges Mal in ihrem Leben etwas geschenkt, und das war eine Geburtstagskarte ein Jahr nach unserer ersten Begegnung. Sie hatte hineingeschrieben ›Ich habe es nicht vergessen‹, als ob sie das letzte bißchen Schuld- und Pflichtgefühl aus mir herauspressen wollte.« Ihre Mutter hat ihr nichts gegeben, und das nagt an ihr – ein Symbol für alles, was ihre Mutter ihr vorenthalten hat. Wenn Cherry von ihrer Mutter spricht, sagt sie immer ›die Mutter‹ und niemals ›meine Mutter‹. »So sehe ich sie eben, die Mutter dieser Familie.«

Kurz nach dem Wochenende in London kam ihre Mutter zu ihr zu Besuch und brachte vier ihrer Brüder und Schwestern mit, mit den dazugehörigen Ehemännern und Ehefrauen. Cherrys Haus ist nicht groß, ein modernes Haus mit drei Schlafräumen, darum wurde es entsetzlich eng. »Wenn Sie mich fragen, sie kamen nur, um zu nassauern«, sagt sie und muß noch lachen, wenn sie sich daran erinnert. »Sie haben mich arm gefressen. Sie tranken alles, was sie finden konnten. Die Mum fummelte sogar an den Wohnzimmergardinen herum und wollte wissen, ob ich die noch brauche. Kaum hatte ich das Geschirr vom Mittagessen abgewaschen, da sprachen sie schon wieder vom Nachmittagstee. Sie sagten die ganze Zeit, sie hätten schon wieder Hunger. Ich war nur ihr Sklave. Nicht einer bot mir Hilfe an. Sie schickten Sam zum Whiskyholen, als nichts mehr zu trinken da war. Den ganzen Tag benutzten sie unser Telefon. Dann schickten sie Sam fort, um Sonntagszeitungen zu holen, und kauften den halben Kiosk leer. Sie sagten: ›Laßt uns die Heizung höherstellen, es ist kalt‹ und ›heute abend könnten wir uns doch ein paar Videofilme ausleihen‹. Vor lauter Arbeit kam ich nicht dazu, auch nur mit einem von ihnen zu sprechen, vor lauter Töpfe- und Pfannen-Schrubben. Sie gingen ins Wimpy und bestellten, was es nur gab. Sie hatten kein bißchen Geld, um es zu bezahlen. Zum Schluß bat die Mutter mich noch um Fahrgeld. Ich gab es ihr, sie hatte ja keines.«

Ihre Mutter, sagt sie, sah so fürchterlich aus, daß es ihr peinlich war, mit ihr in die Läden oder durch die Straßen der Nachbarschaft zu gehen. »Sie stank, als ob sie zwanzig Jahre lang kein Bad mehr genommen hätte. Sie hatte Löcher in der Strumpfhose, ihre Haare sahen ungepflegt aus, und sie trug ausgeleierte Kunstfaserpullover. Ständig hustete und prustete sie beim Zigarettenrauchen. Wenn wir jemanden trafen, wußte ich nicht, wie ich sie vorstellen sollte, dann platzte sie dazwischen und sagte: ›Ich bin ihre Mum.‹ Die Leute guckten dann ziemlich komisch.«

Kurz nach diesem entnervenden, teuren Besuch tauchte Garry bei Cherry auf, er kommt sie hin und wieder besuchen. Plötzlich begann er sich doch für seine richtige Familie zu interessieren. Er wollte alles über sie wissen, ihre Adressen und Telefonnummern. Cherry machte sich Sorgen und fragte sich, ob er der Sache überhaupt psychisch gewachsen sei. Sie riet ihm, sich zurückzuhalten, falls er sie wirklich aufsuchen sollte. »›Sei auf der Hut‹, sagte ich zu ihm, ›du weißt nicht, was da auf dich zukommen kann.‹« Es war ein gutgemeinter Rat, aber er wurde nicht ernst genug genommen.

Garry fuhr schnurstracks nach London und besuchte seine Mutter. »Kaum hatte er sie alle kennengelernt, da fand er sie wundervoll. Er stürzte sich Hals über Kopf in seine verlorengeglaubte Familie – und liebte sie. Ich konnte es kaum glauben, aber schon zwei Stunden nachdem er ihnen allen begegnet war, beschloß er, bei der Mutter einzuziehen. Sie war natürlich hocherfreut, ganz begeistert. Sie hielt ihn für das wundervollste Wesen auf Erden. Vielleicht lag das daran, daß er immer Frau Smithson gehabt hatte, und nach deren Tod hatte er es wirklich nötig, eine Ersatzmutter zu finden, ich hatte das nicht nötig. Wenn er nicht so sensibel gewesen wäre, wäre er, glaube ich, vorsichtiger und mit mehr Nüchternheit dorthin gegangen. Aber er wollte die Probleme nicht wahrhaben. Er suchte nach dem Guten, und dann sah er auch nur das Gute. Wenn ich mir das so überlege, verstehe ich einfach nicht, wie er tatsächlich in das verdreckte, stinkende Loch von einer Wohnung einziehen konnte. Er muß wirklich nach etwas gesucht haben, armer Garry.«

Nachdem Cherry ihre richtige Familie kennengelernt hatte, bekam sie dauernd Anrufe von ihrer Mutter oder von einem ihrer Geschwister, die sie über die gerade stattfindenden Familienstreitigkeiten auf dem laufenden hielten. Sie wurde eine Art Schlichter oder zumindest jemand, der geduldig zuhörte. So rief Pat an, um sich über das zu beklagen, was Sally über sie zur Mutter gesagt hatte. Ihre Mutter meckerte über das, was John über Carol gesagt hatte. Es war schwierig, herauszufinden, um was es überhaupt ging, aber sie waren derart penetrant und hartnäckig.

»Ich wußte nie so recht, wer eigentlich angefangen hatte, aber irgendeine Auseinandersetzung gab es immer. Prügeleien und Streit waren ein ganz normaler Bestandteil ihres Lebens. Sie versuchten immer, mich mit hineinzuziehen. Wenn ich für eine von ihnen Mitgefühl zeigte, erzählte sie es sofort der anderen, die mich dann ihrerseits anrief und anschrie. Es dauerte eine ganze Weile, bis ich einsah, daß ich mich aus all diesen Auseinandersetzungen vollkommen heraushalten mußte, ich wäre sonst noch wahnsinnig geworden.«

Garry hatte es in diesem Haushalt nicht lange ausgehalten. Nach verschiedenen kleineren Meinungsverschiedenheiten kam es eines Abends zu einem Riesenkrach. »Die Mutter rief mich an, sie weinte und schluchzte. Sie sagte, es sei gerade der schlimmste Streit im Gange, und Garry sei darin verwickelt, und ob ich, bitte bitte, nicht sofort nach London kommen könne, um zu helfen, die Ruhe wiederherzustellen. Sie klang derart verzweifelt, daß ich sofort einwilligte. Es war kein leichter Entschluß, aber ich fühlte mich dazu verpflichtet. Nun, als ich dort ankam, marschierte ich gleich mitten hinein ins Schlachtfeld – ein schrecklicher, lautstarker Streit, an dem sie alle beteiligt waren. Zuerst wollten sie alle mit dem Auto zu Christines Wohnung gefahren werden. Doch dann ging alles von vorne los. Ich begriff überhaupt nichts mehr. Mitten in dem Gewühl stand Garry. Zwei von ihnen gingen auf mich los und hätten mich fast verprügelt, aber da schritt die Mutter ein, mit erhobenen Fäusten, und sagte, daß niemand mich anrühren dürfe. ›Ich werde euch schon auseinanderbringen!‹ kreischte sie und schlug wie wild um sich.«

Cherry versuchte herauszubekommen, was eigentlich los war, aber inzwischen war der Streit so eskaliert, daß sich unter den Familienmitgliedern mehrere Gruppen gebildet hatten, die untereinander stritten. Schließlich bekam sie heraus, daß man Pat beschuldigte, Garry Lügen über ihren Vater erzählt zu haben, was Pat aber weit von sich wies. Garry wurde angegriffen, weil er diese Lügen wiederholt hatte. Darauf sagte er, Cherry habe ihm diese Geschichte über den Vater erzählt. Welche Geschichte? Die Tatsache, daß Herr Garfield im Gefängnis gesessen hatte wegen Diebstahls und Unterschlagungen am Arbeitsplatz, und das war nicht das erste Vergehen gewesen.

»Dann kam Christine auf mich zu, stieß mich kräftig in die Rippen und sagte: ›Hör gefälligst auf, Geschichten über unseren Vater zu erzählen.‹ Ich stieß mit aller Kraft zurück, und ich vergaß mich, wirklich. Das durfte nicht wahr sein, ließen mich nach London kommen, nur um mich in ihre blöden Familienstreitigkeiten hineinzuziehen. ›Du kleine Schlampe‹, sagte ich, ›laß gefälligst deine dreckigen Pfoten von mir, mach das nicht noch mal. Du hast kein Recht, mich anzurühren.‹ Und ich sagte: ›Schere dich zurück in die Gosse, wo du herkommst.‹« Cherry verzog das Gesicht, als sie daran dachte. »Die Gewalttätigkeiten wurden immer schlimmer. Wegen der Schlägereien mußte auch früher schon einige Male die Polizei kommen, ich rechnete auch dieses Mal jederzeit mit ihrem Auftauchen. In dem Raum gab es jetzt drei Prügeleien. Die Mutter schlug auf Christine ein, Garry bezog Prügel, und Pat prügelte sich mit Sally. Ich machte, daß ich wegkam, und fuhr nach Hause.«

Am nächsten Tag klingelte das Telefon. »Es war Christine. Sie warnte mich vor den anderen, ich sollte auf der Hut sein vor dem komischen Pack. Ich machte sie darauf aufmerksam, daß sie diejenige gewesen war, die mich gestoßen hatte. Ich fürchte, ich erteilte ihr eine ziemliche Abfuhr.« Scheinheilig riefen auch von den anderen noch einige am selben Tag an, einer beschuldigte den anderen, und für jeden sollte sie Partei ergreifen, obwohl es nachträglich ganz unmöglich war, die einzelnen ›Parteien‹ auseinanderzuhalten, sie waren nur ein Haufen streitsüchtiger Leute, die sich ohne jeden ersichtlichen Grund in den Haaren lagen.

Kurz nach diesem Ereignis gab es einen noch schlimmeren Zwischenfall. Die Familie rief sie an und fragte nach Garry. Nach dem letzten Streit hatte Garry die Wohnung seiner Mutter verlassen und war verschwunden. »Er ist eine Schande für seine Familie, eine Schande!« Mit diesen Worten beklagte sich die Mutter telefonisch bei Cherry. Cherry lachte: »Den Splitter im Auge des anderen sieht man, aber nicht den Balken im eigenen Auge.« Sie wollte nichts Genaues sagen, aber anscheinend war der Boden in London ihm unter den Füßen zu heiß geworden, und er war abgehauen. Jetzt wollte die Familie ihn aufspüren. Cherry wußte zwar, wo er war, aber sie wollte es ihnen nicht sagen. Sie beschwerten sich bei Cherry, daß Garry, als er noch bei der Mutter wohnte, sich eine Videokassette ausgeliehen und nicht zurückgebracht hätte. Der Videoladen verlangte die Kassette nun zurück oder Geld oder beides, aber keiner war bereit zu zahlen. »Sie übten starken Druck auf mich aus, um Garrys Aufenthaltsort zu erfahren, aber ich verriet ihn nicht. Sie haben mich ununterbrochen angerufen, einer nach dem anderen. Schließlich sagte ich: ›Ihr seid ja alle verrückt!‹ und knallte den Hörer auf. Wegen meiner Firma habe ich einen Anrufbeantworter, darum brauchte ich nicht mit ihnen zu sprechen, wenn ich es nicht wollte.«

Das machte sie noch wütender. Die ganze Familie wandte sich nun gegen Cherry, als ob sie sich für irgendein schlimmes Vergehen an ihr rächen wollten – vielleicht war es der pure Neid auf ihren im Vergleich zu ihnen hohen Lebensstandard.

»Natürlich war die Angelegenheit damit noch nicht beendet«, sagte sie. »Es wurde sogar noch schlimmer.« Eines Abends rief ein Mann an und wollte Sam sprechen. Die Stimme sagte: »Herr Hendry, wissen Sie, daß Ihre Frau eine Scheidungsklage gegen Sie eingereicht hat?« Glücklicherweise glaubte Sam kein Wort und sagte nur: »Oh, wirklich? Ich will sie mal fragen«, und er legte den Hörer auf. Kurz darauf meldete sich derselbe Mann wieder: »Herr Hendry, es gibt da einige Dinge über Ihre Frau, die Sie wissen sollten. Wußten Sie zum Beispiel, daß sie vorbestraft ist? Ich kann Ihnen das beweisen.« Wieder legte Sam den Hörer auf und machte sich nur darüber lustig. Später fand Cherry dann heraus, daß es Christines Freund gewesen war, den sie überredet hatten, anzurufen.

Eines Nachts gegen zwei Uhr klopfte es an der Tür, danach ein lautes gebieterisches Poltern. »Ich dachte, gleich werden wir zerstückelt und in Säcken auf die Autobahn geschmissen.« Cherry griff zum Telefon, um die Polizei anzurufen, aber zu ihrer Erleichterung sah sie durch das Fenster, daß es die Polizei selber war, die vor der Tür stand. Sie ließen sie herein. »Wir haben von einer Polizeistation in Kilburn eine Beschwerde erhalten«, sagte der Polizist. »Es waren soeben Leute dort und haben Sie des fortgesetzten Telefonmißbrauchs und der Belästigung beschuldigt.«

Cherry war außer sich und versuchte, den Polizisten die wahre Situation klarzumachen. Zum Glück hatte sie an dem betreffenden Tag nicht ein einziges Mal das Telefon benutzt, darum drängte sie die Polizei, die von ihrem Anschluß geführten Gespräche durch die Telefonzentrale überprüfen zu lassen. Die Zentrale konnte tatsächlich bestätigen, daß an diesem Tag von ihrem Apparat aus keine Gespräche geführt worden waren, und die Polizei war mit dieser Erklärung zufrieden. »Wollen Sie sie nun anzeigen?« fragte der Polizist. Er empfahl es ihr dringend, um eine Wiederholung zu verhindern. »Aber ich brachte das einfach nicht fertig«, sagte Cherry, »es handelt sich schließlich um meine Familie, und wenn es darauf ankommt, kann ich ihnen einfach keine Unannehmlichkeiten bereiten. Ich wollte mich nicht so weit herablassen. Ich hatte mich schon einmal auf ihr niedriges Niveau begeben, als ich mich in ihre Prügelei verwickeln ließ.«

Die Polizei in Kilburn jagte der Familie einen ziemlichen Schrecken ein und machte ihnen schwere Vorhaltungen wegen Irreführung der Polizei, bösartiger Verleumdungen und dergleichen. »Sie hatten große Angst, daß ich sie anzeigen würde. Acht Monate lang wagten sie es nicht, mich anzurufen, nicht einer von ihnen. Sie fürchteten, mit einem Telefonanruf die Aufmerksamkeit der Polizei auf sich zu lenken. Vielleicht glaubten sie, die Polizei würde meinen Anschluß überwachen. Es war eine unbeschreibliche Erleichterung. Ich hatte ihren Bluff durchschaut, und bis heute wissen sie nicht genau, ob ich sie nicht doch anzeigen würde, falls sie so etwas noch einmal versuchen würden. Das würde ich zwar nicht tun, aber sie sind sich dessen nicht sicher. Jetzt nehmen sie sich vor mir in acht.«

Eines Tages, nach acht Monaten der Ruhe, rief Frau Garfield doch wieder an. Ihr jüngster Sohn Andy war in Schwierigkeiten geraten. Man hatte ihn in der Firma, in der er arbeitete, bei Scheckbetrügereien ertappt. Sie plauderten freundlich miteinander, und ihre Mutter versprach, in der kommenden Woche wieder anzurufen.

»Kommende Woche! In Wirklichkeit rief sie mich erst drei Monate später an, und auch dann nur, weil sie wieder einmal etwas von mir wollte. Ich sagte zu ihr: ›Du wolltest mich doch nach einer Woche anrufen, das war vor drei Monaten. Was ist los?‹ Die Mutter hatte den Nerv zu sagen: ›Ich habe es vergessen.‹ Vergessen! Ich bitte Sie! Sie hatte uns schon einmal vergessen. Sie scheint uns sehr leicht zu vergessen.« Cherry ruft von sich aus niemanden von der Familie mehr an. Sie wartet auf ihre Anrufe. »Sie melden sich immer, wenn es mal wieder Streit gegeben hat und sie mich mit hineinziehen wollen. Ich bin ihre Telefonseelsorge, ihr Sozialarbeiter – und, wenn ich nicht aufpasse, ihr stets zu Diensten stehender Freund.«

Bedauert sie es, je mit ihnen Kontakt aufgenommen zu haben? »Nein«, sagt sie ganz spontan, »es war wichtig für mich. Und es war eine nützliche Erfahrung.« Sie mußte lachen, als sie darüber nachdachte. Ist sie verbittert darüber, daß man sie zur Adoption freigegeben hatte? »Ja, weil meine Mutter mir nie die Gründe dafür genannt hat oder darüber gesprochen oder sich dazu bekannt hat.« Wäre sie lieber in ihrer ursprünglichen Familie aufgewachsen? Sie mußte erst eine Weile darüber nachdenken.

»Ich würde sagen, man sollte nicht mit Kindern herumexperimentieren. Das ist nicht gut. Und die Familie, der ich übergeben wurde, hätte vorher sorgfältiger von den Behörden überprüft werden müssen. Den Smithsons hätte man niemals erlauben dürfen, Kinder zu adoptieren oder in Pflege zu nehmen, so wie das geschah. Sie waren vollkommen ungeeignet.« Wie wäre ihr Leben vermutlich verlaufen, wenn sie in ihrer eigenen Familie aufgewachsen wäre? »Das kann ich mir ganz gut vorstellen. Ich wäre wahrscheinlich so ähnlich wie Carol gewesen. Ich mag sie, und ich glaube, wir sind einander nicht nur im Aussehen, sondern auch im Wesen sehr ähnlich. Aber sie hat nie die Möglichkeit gehabt, ihnen zu entrinnen. Die Mutter ist in allem abhängig von ihr, und sie fühlt sich verpflichtet, loyal zu ihr zu halten.«

Sie machte wieder eine Pause und dachte nach. »Wenn Carol die Chance gehabt hätte, wenn die Mutter nicht so abhängig von ihr wäre, dann hätte sie vielleicht mehr aus ihrem Leben machen können. Aber sie hatte diese Möglichkeit nicht. Ich schulde niemandem etwas, und es gab nichts und niemanden, der mich hätte aufhalten können. Ich glaube, ich war mit der Adoption besser dran, trotz allem. Wenn die Familie mich neidisch betrachtet und denkt, ich sei das Glückskind, hat sie wahrscheinlich sogar recht.« Wenn Cherry in ihrer Kindheit unter mangelnder Mutterliebe gelitten hatte, so bezweifelt sie, daß es in der eigenen Familie viel besser gewesen wäre. Ihre eigene Mutter, glaubt sie, war den Kindern, die bei ihr aufwuchsen, auch keine besonders liebevolle und selbstlose Mutter. »Obwohl sie große Macht über sie besitzt. Sie sind alle noch da, in ihrer Nähe. Sie manipuliert sie. Sie hetzt sie gegeneinander auf, um ihre Macht zu vermehren.« Manchmal fragt sie sich, ob sie nicht nach dem Tode der Mutter mit ihren Geschwistern ganz gut auskommen würde.

Hält sie es für eine gute Sache, daß Kinder aus einem äußerst ungünstigen und lieblosen Zuhause herausgenommen werden? »Aber dieses Kind muß sein ganzes Leben lang mit der Tatsache fertig werden, daß seine Mutter es fortgegeben hat. Es war unerwünscht. Mit diesem Gefühl aufzuwachsen ist schrecklich.«

Hält sie es für eine gute Idee, daß das neue Gesetz es Kindern erlaubt, nach ihren Eltern zu suchen? »Ich glaube nicht, daß die Leute sich darüber im klaren sind, welche Gefahren das in sich birgt. Wenn ich erst achtzehn gewesen wäre, nicht verheiratet, ohne festen Boden unter den Füßen und ohne eine eigene Familie, hätte ich daran zerbrechen können. Gott sei Dank war ich etwas älter und innerlich gefestigt. Aber im ersten Jahr sollte man von einem Sozialarbeiter betreut und begleitet werden, weil so viele Probleme auf einen zukommen können.«

Aber irgendwo in ihrem tiefsten Innern empfindet sie eine starke Verbundenheit mit ihrer Familie. Sie sagt, sie weiß telepathisch, ob ihre Mutter oder eine der Schwestern sie an einem bestimmten Tag anrufen wird, selbst dann, wenn sie wochenlang nichts von ihnen gehört hat. »Sam meint, ich wäre ohne sie besser dran. Sie bereiteten mir nur Ärger. Warum treffe ich mich überhaupt mit ihnen? Weil sie mein Fleisch und Blut sind. Brauche ich sie eigentlich, frage ich mich manchmal. Wenn das der Fall ist, bin ich wirklich in einer Klemme. Brauchen sie mich? Vielleicht. Brauche ich es, daß sie mich brauchen? Vielleicht.« Es ist mehr als nur Pflichtgefühl, wenn sie mit ihrer Familie in Verbindung bleibt.

4 Judy und Joanne

Judy ist eine fröhliche und nette junge Frau, derart bescheiden, daß sie nie jemandem widerspricht. Sie ist zugänglich und liebevoll, vertrauensselig, vielleicht sogar zu sehr. Sie hat einen großen Teil ihres Lebens damit zugebracht, andere nicht zu verletzen – ihre leibliche Mutter, ihre Adoptivmutter oder wen auch immer. Sie ist niemand, der die Initiative ergreift oder etwas riskiert, passiv wartet sie ab, was geschieht – selbst dann, wenn es sich um etwas handelt, das für sie wichtiger ist als alles andere in ihrem Leben – die Suche nach ihrer richtigen Familie. Obwohl sie sich danach sehnte, ihre Mutter zu finden, wie so viele adoptierte Kinder, hielt sie sich zurück aus Furcht, verletzt zu werden oder ihrer Adoptivmutter Kummer zu bereiten.

Vor siebenundzwanzig Jahren verließ ihre Mutter wie in Trance die Entbindungsklinik und ließ ihr Baby in seinem Bettchen zurück. Eine Krankenschwester sah sie und rief hinterher: »Kommen Sie zurück! Frau Morris, kommen Sie sofort zurück! Sie müssen Ihr Baby füttern!« Aber sie lief weiter und hat ihr Baby nie wiedergesehen. Sie befand sich in einer ernsthaften Krise, daheim warteten zwei vierzehn Monate alte Zwillingsmädchen und drei größere Jungen auf sie. Ihr Geliebter war tot – Judy war nach seinem Tod zur Welt gekommen –, sie hatte kein Geld, und sie mußte zurück in ein Leben voller Armut und Mühsal.

Judy, das Baby, das sie zurückließ, wurde in Dr. Barnados Heim gebracht. Als sie acht Monate alt war und ihre Mutter immer noch keine Anstalten machte, sie heimzuholen, wurde sie zur Adoption freigegeben. Ihre Mutter wurde bedrängt, die Papiere zu unterzeichnen – und sie tat es. Sie hatte keine Wahl. Sie hatte schon drei schlecht bezahlte Jobs angenommen und wußte trotzdem nicht, wie sie zurechtkommen sollte. Noch ein Baby war ganz unmöglich. Aber diese Entscheidung hat den Rest ihres Lebens überschattet, und sie hat sich von dem Schock, ihr Kind im Stich gelassen zu haben, nie wieder ganz erholt.

Aber all dies wußte Judy nicht, als sie aufwuchs. Sie wurde von der Familie eines höheren Beamten adoptiert, die bereits ein Adoptivkind hatte, einen kleinen Jungen, der ein paar Jahre älter war als sie und den sie im Alter von drei Jahren, obwohl ein Problemkind, zu sich genommen hatten. Zwei Jahre nachdem sie Judy adoptiert hatten, bekamen sie zu ihrer Überraschung, wie das häufig geschieht, selbst noch ein kleines Mädchen. Das erweist sich in mancher Hinsicht schwierig für das adoptierte Kind, da es von Anfang an den Unterschied, ob tatsächlich oder nur eingebildet, zwischen dem leiblichen Kind und sich selbst zu spüren glaubt.

Die Allens, ihre Adoptiveltern, sprachen offen und ehrlich über Judys Herkunft. Sie erzählten ihr davon, sobald sie es verstehen konnte, und sie ermunterten sie, mit ihnen darüber zu sprechen. Wenn sie Fragen stellte, sagten sie ihr alles, was sie wußten, das war allerdings nicht sehr viel. Tatsächlich hatten sie die leibliche Mutter einmal kennengelernt, kurz vor Unterzeichnung der Papiere. Judys Mutter hatte darauf bestanden, die zukünftigen Adoptiveltern ihres Kindes zu sehen. Sie wollte feststellen, ob sie auch wohlhabend waren und ihrem Kind ein gutes Zuhause geben konnten, und sie wollte sich vergewissern, daß ihr Kind eine christliche Erziehung bekam. Aber alles, an das Frau Allen sich erinnern und Judy später erzählen konnte, war, daß ihre Mutter sehr klein war und dunkelblaue Kleidung trug. Sie hatte einen armseligen und erschöpften Eindruck gemacht. Sie betonten immer, daß ihre Mutter sie nie weggegeben hätte, wenn die Umstände sie nicht dazu gezwungen hätten.

»Nachdem ich von dieser Begegnung erfahren hatte, ist Dunkelblau immer meine Lieblingsfarbe gewesen«, sagt Judy. »Im Bus oder auf der Straße habe ich immer Ausschau gehalten nach kleinen Frauen in Dunkelblau und habe mich gefragt, ob das meine Mutter sein könnte.« Ihre Adoptivmutter legte Wert darauf, niemals so zu tun, als ob Judy ihr eigenes Kind sei. An Geburtstagen und Weihnachten sagte sie immer: »Vergiß nicht, wer heute noch an dich denkt.« Judy sagt: »Ich fühlte mich zu Hause sehr geliebt, aber gleichzeitig hatte ich das Gefühl, anders zu sein. Es war etwas problematisch, daß ich nicht so intelligent war wie meine jüngere Schwester, ihre eigene Tochter. Ich wußte, daß ich eine andere Herkunft hatte. Ich sah anders aus und empfand auch anders. Ich war jemand anders, aber ich wußte nicht, wer.«

Sie bedauerte, ihren Schulkameraden erzählt zu haben, daß sie adoptiert war. Es kam heraus, als die Klasse Dr. Barnados Sonnenschein-Bücher ausgehändigt bekam. Dort waren Babys und Kinder in einem Barnado-Heim abgebildet. Judy zeigte stolz darauf und sagte, auch sie sei einmal ein solches Kind gewesen. »Von da ab haben sie mich immer Banane genannt und mich gehänselt. Ich haßte das und wünschte, ich hätte nie darüber gesprochen.«

Als sie zwölf war, wuchs in ihr die Neugierde auf ihre leibliche Mutter. Es wurde eine richtige Besessenheit. Sie dachte sich alle möglichen Geschichten über ihre wahre Herkunft aus und warum man sie fortgegeben hatte. »Es gab da verschiedene Versionen. Ich besaß ein Foto des Bruders meiner Adoptivmutter, und auf die Rückseite schrieb ich ›Mein Papa‹. Natürlich wußte ich, daß das nicht stimmte. Dann hatte ich eine Tante

Hetty, die kinderlos war, und ich dachte, vielleicht bin ich ihr Kind. Auch da wußte ich ganz genau, daß das nicht stimmte. Als meine Mutter dahinterkam, sagte sie: ›Hör mal zu, Judy, du kannst mir glauben, wenn ich wüßte, wer deine richtigen Eltern sind, würde ich es dir bestimmt sagen.‹ Ich glaubte ihr das auch, aber ich träumte weiter.« Ungefähr zu dieser Zeit las sie über die vielbeachtete Liebesaffäre zwischen Prinzessin Margaret und Captain Peter Townsend. »Natürlich, das erklärte alles. Jetzt wußte ich, wessen Kind ich war. Da sie mich geheimhalten mußten, hatten sie mich heimlich ins Dr.-Barnado-Heim geschmuggelt. Eines Tages würde sie in ihrem Rolls-Royce vorfahren und mich abholen.«

Der Wunsch, etwas zu erfahren, wurde nicht etwa geweckt, weil sie zu Hause unglücklich war. Ihr Vater war zwar überarbeitet und etwas distanziert, aber zu ihrer Adoptivmutter hatte sie ein sehr inniges Verhältnis. Obwohl sie spürte, daß ihre jüngere Schwester und nicht sie das ›richtige‹ Kind war, sagt sie, daß ihre Mutter nie jemanden offen bevorzugt habe. »Aber die Leute sagten zu meiner Schwester: ›Oh, du bist ganz genau wie Tante Soundso‹ oder ›wie der und der Onkel‹. So etwas bekam ich natürlich nie zu hören, sie kannten ja niemanden, der so war wie ich.«

In der Schule und auch bei Freunden und Verwandten merkte sie, daß Adoptivkinder als etwas Kurioses betrachtet und mit besonderer Vorsicht behandelt wurden. »So, als ob man uns nicht vertrauen kann. Ich empfand das jedenfalls so. War meine Mutter vielleicht eine Prostituierte, und sah man mich deshalb auch so? Höchstwahrscheinlich war ich unehelich, und das wußte wahrscheinlich jeder über mich und meine Mutter. Die Leute pflegen zu sagen: ›Es liegt immer im Blut‹, und das macht mich zornig. Es ist so unfair, so verletzend.«

Einmal, als die Familie umzog, wurden die Kinder für eine Woche zu einer unbekannten entfernten Cousine geschickt. »Während unseres Aufenthaltes dort erzählte jemand dieser Cousine beiläufig, daß ich adoptiert war. Sie war so schockiert und entsetzt, daß sie nicht mehr mit mir sprach. Ihre Einstellung war: ›Wie konnten sie nur dieses fremde Kind auf mich abwälzen? Ich dachte, ich wüßte, wer sie ist, aber sie könnte das Kind von wer weiß welchen Leuten sein.‹ Sie war wütend auf mich und verabscheute mich, ich kam mir minderwertig vor. Ich konnte ihr Verhalten nicht verstehen. Damals hatte ich oft das Gefühl, daß mit Adoptierten irgend etwas nicht stimmen mußte. Sie kamen von Müttern mit schlechter Moral oder einer minderen Intelligenz oder beides.«

Judy wurde in dieser Zeit so besessen und deprimiert, daß ihre Mutter sich ernsthaft Sorgen machte und dachte, man könne ihr vielleicht helfen, wenn man mehr über ihre leibliche Mutter herausfand. Sie nahm Kontakt mit der Frau auf, die die Adoption seinerzeit arrangiert hatte. Sie hatte die Verbindung über die Jahre aufrechterhalten und manchmal Fotos von

Judy geschickt. Diese Sozialarbeiterin erklärte sich bereit, Judy zu treffen und ihr alles zu berichten, was sie wußte, um Judys innere Ruhe wiederherzustellen.

»Eines Tages wurde ich in ihr Haus gebracht. Sie versprach mir, alles zu erzählen, was sie wußte, das war allerdings nicht sehr viel. Sie sagte, zur Zeit meiner Geburt sei meine Mutter sechsundvierzig gewesen. Damals hatte sie schon drei erwachsene Söhne. Sie waren über dieses uneheliche Kind so entsetzt und schockiert, daß sie der Mutter nicht erlaubten, mich heimzubringen. Sie erzählte mir nicht, daß ich Zwillingsschwestern hatte, die nur vierzehn Monate älter waren als ich. Jetzt weiß ich, daß sie mich schonen wollte. Wenn ich das damals erfahren hätte, wäre alles noch schlimmer geworden. Ich hätte verzweifelt gefordert, sie kennenzulernen. Es hätte meine Neugierde nicht gedämpft, sondern alles noch viel schwieriger gemacht. Letzten Endes war ich erst zwölf, und das neue Gesetz gab es noch nicht. So wie sie es damals beurteilte, würde ich meine richtige Familie niemals zu Gesicht bekommen.«

Dieses Gespräch scheint ihr geholfen zu haben, obwohl nicht sehr viel dabei herauskam. »Ich hatte keine Tagträume mehr über meine richtige Familie. Nur die drei älteren Brüder versuchte ich mir in meiner Phantasie vorzustellen. Aber ich haßte sie nicht, weil sie meine Mutter bewogen hatten, mich wegzugeben, ich hätte sie gerne kennengelernt. Wenn einer meiner Lehrer etwa in dem gleichen Alter war, habe ich mir immer vorgestellt, daß er mein Bruder sei. Außerdem bekam der Ort Lincoln für mich eine besondere Faszination, nachdem ich erfahren hatte, daß ich dort zur Welt gekommen war. Ich wollte alles über diesen Ort wissen. Jede Einzelheit über Lincoln war für mich interessant. Aber in den folgenden Jahren dachte ich immer weniger an meine leibliche Mutter und deren Familie. Ich beruhigte mich nach und nach, und es ging mir viel besser. Warum sich alles so zugespitzt hatte, als ich zwölf war, kann ich auch nicht sagen – das hatte wohl mit dem Erwachsenwerden zu tun.«

Den Unterschied zwischen sich und ihrer jüngeren Schwester empfand sie oft schmerzlich. Ihre Schwester ging aufs Gymnasium, während sie die örtliche Realschule besuchte. Sie wollte sich als Kinderkrankenschwester ausbilden lassen, um in einem Dr.-Barnado-Heim arbeiten zu können, weil sie von dort gekommen war. Zu ihrer großen Enttäuschung konnte sie den Kursus dort nicht zu Ende machen, weil sie Probleme mit den Füßen hatte, angeborene Hammerzehen. Kinderkrankenpflege bedeutete, den ganzen Tag auf den Beinen zu sein, aber ihre Fußbeschwerden machten das unmöglich, darum wurde sie statt dessen Telefonistin bei der Post.

Sie hatte schon mehrere oberflächliche Bekanntschaften gehabt, als sie ihren Mann kennenlernte. Er ist sechsundzwanzig Jahre älter als sie – ein enormer Altersunterschied, wenn man die beiden nebeneinander sieht. Man wundert sich nicht, daß ihre Eltern strikt dagegen waren. Als sie sich kennenlernten, war Bill Schrotthändler, aber jetzt arbeitet er als Tierpfleger in einem Versuchslabor. Sie haben eine kleine Wohnung und eine dreijährige Tochter mit Namen Emma. Warum hatte sie jemanden geheiratet, der soviel älter war? »Ich mochte seine Überlegenheit und die Sicherheit, die er mir gab. Außerdem glaube ich, daß ein Gleichaltriger einen viel eher verläßt. Es ist besser, einen älteren Mann zu heiraten, der tut das nicht. Ich brauche Geborgenheit und Sicherheit.« Die naheliegende Vermutung, daß sie nach einer Vaterfigur suchte, wies sie weit von sich. »Nein, überhaupt nicht«, sagt sie. Sie meint, der Altersfaktor sei unwichtig. »Es war einfach Schicksal, wir passen wunderbar zusammen, und es ist schade, daß ich zufällig sechsundzwanzig Jahre zu spät geboren bin.« Wenn man genau hinschaut, klingt das nicht sehr überzeugend, der Altersunterschied ist ein ganz wesentlicher Bestandteil ihrer Beziehung. Bill trifft die Entscheidungen, er bestimmt alles.

Als sie achtzehn war, kurz nachdem sie Bill das erste Mal getroffen hatte, wurde das Adoptionsgesetz geändert. »Ich dachte ernsthaft an die Möglichkeit, meine Mutter ausfindig zu machen. Ich wußte, man konnte sich an Somerset House wenden und in den Büchern nach Informationen suchen, aber ich wußte nicht genau, wie ich das anfangen sollte. Ich sprach mit meiner Mum darüber, und sie machte mir Mut, sie meinte, ich solle es ruhig versuchen. Sie gab mir niemals das Gefühl, daß sie mich für unloyal halten würde. Ich habe lange und intensiv über alles nachgedacht. Ich wußte, daß meine richtige Mutter geschieden war, und wahrscheinlich hatte sie wieder geheiratet. Wenn sie nun ihrem zweiten Mann nichts über mich gesagt hatte? Wenn ich Kontakt mit ihr aufnahm, konnte ich ihre Ehe gefährden. Meine Adoptivmutter hatte mir erzählt, daß meine richtige Mutter mich eigentlich gar nicht hatte weggeben wollen, aber sie hatte geglaubt, daß es für mich das beste sei. Darum dachte ich, ich dürfe es auf keinen Fall riskieren, sie zu verletzen oder ihr Schaden zuzufügen.«

Aber diese Gesetzesänderung hatte zur Folge, daß sie sehr viel über ihre ursprüngliche Familie nachdachte. »Ich ging immer in die Kirche, um meine Gedanken zu ordnen. Ich hoffte, Gott würde mir wie ein Blitz aus heiterem Himmel offenbaren, wer meine Mutter war und wo ich sie finden konnte. Ich hatte immer eine große Zuneigung zu älteren Frauen und habe gerne mit ihnen geplaudert, vielleicht weil sie meine Mutter hätten sein können. Als ich geboren wurde, war sie sechsundvierzig und mußte demnach vierundsechzig sein, als ich achtzehn war. Ich las viel über Adoptierte, die ihre richtige Familie gefunden hatten. Es war sehr verlokkend. Aber wenn ich einmal damit anfing, würde ich weitermachen müssen, und wenn ich erst einmal die Adresse erführe, würde ich ganz bestimmt mit meiner Mutter Kontakt aufnehmen – darum habe ich es lieber gelassen.«

Als sie schwanger war, begann sie sich zwanghaft Sorgen zu machen wegen eventueller genetischer Störungen oder Erbkrankheiten. »Man wird dauernd nach der Familienkrankengeschichte gefragt, und man muß zugeben, daß man nichts darüber weiß. Nichts, nicht das Geringste! Ich hatte eine entsetzliche Angst vor der Entbindung, weil ich dachte, es könne etwas nicht in Ordnung sein. Vielleicht Hämophilie. Ich war derart beunruhigt, daß sie noch einmal alles untersuchten, aber soweit sie es beurteilen konnten, war das Baby normal.« Tatsächlich war die kleine Tochter dann vollkommen gesund. »Aber dann wußte ich nicht, sollte ich sie gegen Keuchhusten impfen lassen oder nicht, wenn Anfälle in der Familie vorkommen, macht man es nämlich nicht. Ich finde, man sollte eine Akte mit der Krankengeschichte haben. Das ist das mindeste, was man einem adoptierten Kind mitgeben sollte. In meinem Falle wäre das eine große Hilfe gewesen.«

»Ich glaube, daß die anderen nicht verstehen können, was es für Adoptierte bedeutet, auf der ganzen Welt keinen einzigen Menschen zu haben, mit dem man blutsverwandt ist. Wenn man dann ein eigenes Kind hat, gibt es diesen Menschen endlich, dein eigen Fleisch und Blut, und das ist ein wundervolles Gefühl. In dieser Zeit beschäftigte ich mich viel mit dem Gedanken, nach meiner eigenen Mutter zu suchen. Ich dachte auch daran, nach Lincoln zu fahren. Ich wußte, wenn ich das tat, würde ich die Unterlagen durchsehen müssen und zu dem Krankenhaus gehen, dann würde ich sie auch finden. Aber wenn sie mich ablehnte, was dann? Wenn sie mich nicht sehen wollte? Daran wäre ich zerbrochen.«

Ein Jahr später bekamen ihre Adoptiveltern einen Brief. Es war ein Wunder, daß der Brief sie überhaupt erreichte. Wäre er zwei Tage später geschrieben worden, wäre er nie angekommen. Er kam von einer Sozialarbeiterin aus Dr. Barnados Heim und war an eine alte Adresse geschickt worden. Die Bewohner dieses Hauses, die es vor vielen Jahren von den Allens gekauft hatten, wollten zwei Tage später ausziehen, und der neue Besitzer hätte bestimmt nicht gewußt, wohin er den Brief nachschicken sollte.

Es war nur ein kurzes Schreiben, in dem um ein Treffen gebeten wurde. Es stand so wenig darin, daß man nicht genau wußte, warum dieses Treffen stattfinden sollte, auch nicht, ob es sich um Judy oder ihren älteren Bruder handelte, der auch aus einem Dr.-Barnado-Heim gekommen war. Sie riefen die Sozialarbeiterin an und vereinbarten sofort einen Termin.

»Ich war so aufgeregt, ich hatte Herzklopfen. Ich hoffte und betete, daß der Brief mich betraf und nicht meinen Bruder. Ich spürte, ich spürte ganz stark, es war meine Mutter, sie war endlich gekommen, um mich wiederzusehen. Die ganze Woche konnte ich nicht richtig schlafen oder mich auf meine Arbeit konzentrieren. An dem Tag, an dem die Begegnung stattfinden sollte, saß ich die ganze Zeit neben dem Telefon. Es war ein Montagabend, und Bill war noch nicht von der Arbeit nach Hause gekommen, als das Telefon klingelte. Meine Adoptivmutter sagte: ›Wir hatten gerade eine sehr interessante Besprechung. Ich glaube, es wäre das beste, wenn du sofort herkämst. Aber fahre nicht selber. Bitte Bill, dich zu fahren, nachdem er sein Abendbrot gegessen hat.‹ Ich konnte das Warten kaum noch aushalten. Es mußte sich um etwas Dramatisches handeln, wenn ich nicht Auto fahren sollte.«

Bill kam ziemlich müde von der Arbeit heim. Sie bat ihn, sie nach dem Essen zu ihrer Adoptivmutter zu fahren. »Er sagte nur: ›Warum denn das?‹ und weigerte sich. Die ganze Woche hatte ich auf diesen Augenblick gewartet, und nun konnte ich nicht gehen. Ich brach in Tränen aus. Schließlich sah er ein, wie wichtig das für mich war, und nachdem er ein Bad genommen hatte, fuhr er mich doch hin.« Als Judy diesen Teil der Geschichte erzählte, ging sie ans Fenster, um nachzusehen, ob Bill nicht gerade nach Hause käme.

Als sie in der Wohnung ihrer Mutter ankam, bekam sie erst einmal eine Tasse Kaffee, bevor man ihr erzählte, was geschehen war. »Diese Dame, deine leibliche Mutter, nun, sie sucht dich«, sagte ihre Mutter. Judy sagt: »Ich erinnere mich, daß meine Mutter mich ganz genau anschaute, um zu sehen, wie ich reagierte. Ich war ganz benommen. Ich weiß nicht, wie ich reagiert habe.« Judy erfuhr, daß ihre Mutter und ihre Familie schon seit vielen Jahren nach ihr gesucht hatten. Sie hatten sich ständig bei den Sozialdiensten nach ihr erkundigt. Briefe waren hinterlegt worden für den Fall, daß Judy selbst nach ihrer Mutter forschen würde. In all den vielen Jahren, in denen sie peinlich darauf bedacht gewesen war, ihrer Mutter durch Nachforschungen keine Unannehmlichkeiten zu bereiten, hatte ihre Mutter verzweifelt nach ihr gesucht. Die Briefe, eine ganze Menge, waren für sie aufbewahrt worden, falls sie sie haben wollte. Sollte man sie ihr schicken? Judy sagte sofort ja.

Erst viel später erfuhr sie, was ihre Mutter alles unternommen hatte, um sie zu finden. Einmal hatte sie zwei Tage in London zugebracht, hatte auf einem Bahnhof übernachtet und war durch die Straßen der Großstadt geirrt, hatte jedes junge Mädchen angestarrt, überzeugt, ihr Kind auch nach achtzehn Jahren der Trennung wiederzuerkennen. Da sie noch nie in London gewesen war, ahnte sie nicht, wie schwierig das sein würde, und als sie nach zwei Tagen wieder nach Hause kam, war sie erschöpft und voller Verzweiflung.

Judys Vater wollte, daß sie zwei Tage wartete, bevor sie die Entscheidung traf, ob sie die bereitliegenden Briefe anfordern wolle oder nicht. Er warnte sie vor den Problemen, die entstehen könnten. »Ich habe nicht einen Augenblick gezögert. Ich wünschte mir diese Briefe mehr als alles andere auf der Welt. Aber ich wartete die zwei Tage ab, dann rief ich ihn an und sagte, ich wolle sie haben. Er gab mir die Telefonnummer der Sozialarbeiterin, und ich rief sie an. Sie versprach mir, die Briefe sofort abzuschicken. Die nächsten Tage waren die Hölle. Dieses Warten! Ich weinte sehr viel. An meinem Arbeitsplatz war ich nicht zu gebrauchen, aber glücklicherweise hatte mein Chef Verständnis für meine Lage. All diese Jahre hatte ich fast täglich an meine richtige Familie gedacht, und jetzt endlich würde ich sie sehen.«

Es verging noch eine ganze Woche, bis sie die Briefe bekam. Voller Verzweiflung war sie schließlich zur Post gegangen, und da lagen sie. Der Briefträger, der für ihre Straße zuständig war, war krank geworden, und niemand hatte die Post ausgetragen. »Ich hatte während des Wartens eine schlimme Zeit durchgemacht. Ich konnte kaum fassen, daß es so etwas gab. Ich hatte noch nie gehört, daß Post nicht ausgetragen wird, weil der Briefträger krank ist. Ich hatte einfach Pech gehabt.«

In dem großen braunen Umschlag befanden sich sechs Briefe, vier von ihrer Mutter und je einer von den Zwillingsschwestern. Die Briefe waren zurückhaltend und abwartend. »Man hatte den Eindruck, daß sie Angst hatten, in mein Leben einzudringen«, sagt Judy. Der erste Brief ihrer Mutter enthielt nur Angaben über die Familie, die Namen und das Alter der verschiedenen Familienmitglieder.

Die Briefe waren an ›Joanne‹ adressiert. Judy hatte keine Ahnung gehabt, daß ihr Vorname geändert worden war. Ihre Mutter unterschrieb ihre Briefe merkwürdigerweise mit ›Frau Hayes‹ – sie brachte es wohl nicht fertig, ›Mum‹ oder ihren Vornamen zu schreiben. Sie machte kurze Angaben über die Familie. Aus ihrer ersten Ehe hatte sie drei erwachsene Söhne. Viel später waren dann die Zwillinge zur Welt gekommen und kurz darauf Judy. Ihr Vater war verstorben. Sie war wiederverheiratet mit einem Herrn Hayes, und auch die Zwillinge waren verheiratet und hatten eigene Kinder, sie wohnten in der Nähe von Lincoln. Der erste Brief endete: »Bitte entschuldige die Schrift und die Rechtschreibung. Aber erlaube mir, Dir zu sagen, daß ich immer an Dich gedacht habe. Möge Gott Dich beschützen und Dich gesund und glücklich erhalten, Deine Frau Hayes.«

»In all ihren Briefen betonte sie immer wieder, wie sehr sie mich liebt und wie lange sie nach mir gesucht hatte«, sagt Judy. »Sie schrieb, falls ich sie nicht sehen möchte, wäre sie schon zufrieden, wenn sie wüßte, daß ich glücklich sei und es mir gutginge. Die Briefe von meinen Schwestern waren genauso warmherzig und enthusiastisch. Es war ein erstaunlicher Zufall, daß wir alle drei in derselben Woche ein Baby bekommen hatten, darum hatten wir jetzt alle ein dreijähriges Kind.«

Lange Abschnitte der Briefe ihrer Mutter waren von tiefer Religiosität geprägt. Sie schrieb, daß Gott ihr geholfen und daß nur ihr Glaube sie aufrechterhalten habe. Einige Sätze waren ohne Zusammenhang und ein wenig merkwürdig, fand Judy. Ihre Mutter schrieb auch, daß sie sich an viele Organisationen gewandt habe mit der Bitte, ihr bei der Suche nach ihrem Kind behilflich zu sein. Die Zwillinge waren mit dem Wissen aufgewachsen, daß es irgendwo noch eine jüngere Schwester gab. An Judys Geburtstag dachten sie alle an sie und sehnten sich danach, sie zu sehen. Eine der Zwillinge hatte ihre erste Tochter nach ihr Joanne genannt.

Diesen Briefen waren Fotos beigefügt. Fast jedes adoptierte Kind, das ich bisher kennengelernt habe, stürzte sich sofort auf das Aussehen der verlorengeglaubten Familie und behauptete, auffallende Ähnlichkeiten zu entdecken. Im allgemeinen kann ich das überhaupt nicht feststellen, aber ich stimme ihnen höflicherweise zu, weil es ihnen so viel bedeutet. Aber Judy sieht ihren Zwillingsschwestern tatsächlich sehr ähnlich (es sind keine eineiigen Zwillinge) und auch ein wenig ihrer Mutter in jungen Jahren.

Sie trug die Briefe immer bei sich. »Es war wie im Traum, ich konnte es kaum fassen. Eine Mutter zu finden und zwei Schwestern, etwa so alt wie ich selber, es war wundervoll, wundervoll!« Die Sozialarbeiterin hatte Judy ausdrücklich verboten, einen ersten direkten Kontakt zu ihrer wiedergefundenen Familie herzustellen, ohne sie als Vermittler einzuschalten. Darum rief sie die Sozialarbeiterin an. Obwohl der erste unübliche Schritt von der Mutter und nicht vom Kind ausgegangen war, glaubte die Sozialarbeiterin, sie müsse sich unbedingt an das Gesetz halten. Sie sagte, Judy solle vor der Kontaktaufnahme mit ihrer Mutter warten, bis sie mit ihr sprechen und sie beraten könne, aber das könne erst in einigen Wochen geschehen, da sie so überlastet sei. »Ich war so bestürzt. Ich konnte einfach nicht länger warten, nicht nach diesen Briefen, und ich konnte das auch nicht einsehen. Als Bill dann kam, sagte er, es sei kein Problem, die Telefonnummern von der Auskunft zu bekommen. Also besorgte er sie mir, und nun war es soweit. Es geschah alles so schnell. Nach all den vielen Jahren war meine Familie am anderen Ende der Telefonleitung.«

Judy hatte in den Briefen von ihren Schwestern erfahren, daß ihre Mutter Anfang Siebzig sei und daß es ihr nicht sehr gut gehe, da sie an Angina litt. Das war einer der Gründe, warum die Hertfordshire-Sozialdienste bereit gewesen waren, sie bei der Suche nach der Tochter zu unterstützen. »Ich dachte, wenn ich meine Mutter jetzt so aus heiterem Himmel anrufe, kann das ein großer Schock für sie sein, und sie könnte einen Herzanfall bekommen. Darum beschloß ich, zunächst einmal eine meiner Schwestern anzurufen. Ich wollte das auf keinen Fall der Sozialarbeiterin überlassen. Ich war viel zu ungeduldig und hatte das Bedürfnis, sofort mit ihnen zu sprechen.«

Sie nahm den Hörer auf und wählte Marjories Nummer. »Es klingelte und klingelte, aber dann war plötzlich eine Stimme am anderen Ende. Ich sagte: ›Hallo, ist dort Marjorie? Du kennst mich nicht persönlich, aber du hast mir einen Brief geschrieben, ich habe ihn gerade erst bekommen. Mein Name war früher Joanne.‹ Ich wußte nicht, was ich sagen sollte. Am anderen Ende war Schweigen und nach einer Weile Schluchzen. Sie weinte und weinte und konnte kein Wort sagen. Ich fragte: ›Hallo, bist du noch da?‹ Ich konnte einfach nicht glauben, daß ich wirklich mit diesem Menschen sprach, einem Menschen, der mein eigen Fleisch und Blut war, fast ich selbst. Wir sprachen ein wenig miteinander, sie stellte mir ein paar Fragen, aber sie war zu durcheinander, um viel sagen zu können, außer daß sie sich immer gewünscht hatte, eines Tages ihre kleine Schwester zu finden. Sie sagte, ihre Schwester Denise würde ausflippen, wenn sie meine Stimme hörte. Sie versprach, unsere Mutter anzurufen, um ihr die Neuigkeit schonend beizubringen. Ich sagte, ich würde unsere Mutter pünktlich um sieben Uhr anrufen, dann könne sie beim Telefon darauf warten und sei vorbereitet.«

Als nächste rief Judy Denise an, aber die war nicht da, und ihr Mann nahm das Gespräch an. Sie hinterließ eine Nachricht, er möge ausrichten, daß die Schwester angerufen habe. Natürlich hatte er angenommen, es sei Marjorie, obwohl er sich wahrscheinlich ein wenig über den südlichen Akzent ohne den vertrauten rauhen Lincolnton gewundert hatte. Später rief sie noch einmal an, aber Denise war inzwischen wieder weggegangen. »Bist du das wieder, Marjorie?« fragte ihr Mann ein wenig zögernd. Judy antwortete: »Nein, ich bin nicht ihre Schwester Marjorie, ich bin die andere Schwester, Joanne.« Er war so verblüfft, daß er Klein-Joanne in die Bingohalle am Ende der Straße schickte, um die Mutter zu holen, damit er ihr die überraschende Neuigkeit mitteilen konnte. – Endlich hatte sie nach all den Jahren ihre Schwestern gefunden.

Um sieben Uhr rief Judy dann ihre Mutter an. »Hallo, Mum«, sagte sie. »Ich bin es, Joanne.« Ihre Mutter war sprachlos, obwohl sie den Anruf erwartet hatte. Sie brachte kein Wort heraus. »Sie seufzte und seufzte. Schließlich sprachen wir miteinander. Was wir gesagt haben? Es ist so schwierig, sich an die Worte zu erinnern, aber an das Gefühl erinnere ich mich ganz genau. Sie sagte, sie erkenne meine Stimme wieder, obwohl sie mir noch nie begegnet war. Ich kann mir das nicht so recht erklären, weil ich ganz anders spreche als sie, aber ich wußte trotzdem, was sie meinte. Ich sagte, am liebsten würde ich auf der Stelle zu ihnen herauffahren, aber wir hätten kein Auto und nicht sehr viel Geld. Wir müßten bis zu den Feiertagen in zehn Wochen warten. Zehn Wochen waren eine solch schrecklich lange Zeit. Am liebsten wäre ich auf einen Zug gesprungen und sofort hingefahren. Aber es ließ sich nicht machen.«

An diesem Abend befand sie sich in einem euphorischen Zustand. »Ich rauchte Dutzende von Zigaretten. Mein Herz schlug wie wild. Ich habe noch nie in meinem Leben Drogen genommen, aber so ähnlich mußte das sein – vollkommen ausgeflippt. In dieser Nacht hatte Emma einen furchtbaren Asthmaanfall. Sie hatte das auch früher schon gehabt, aber noch nie so schlimm. Wir mußten sie ganz schnell ins Krankenhaus bringen. Es war das einzige Mal, daß sie einen so schlimmen Anfall hatte, armes Würmchen. Ich glaube, das hing mit meiner eigenen hochgradigen Erregung zusammen.«

»Ich habe die ganze Nacht geweint, und ich wußte nicht, war es wegen Emma oder wegen meiner wiedergefundenen Familie. Es war alles zuviel, wahrscheinlich auch für Emma, die natürlich nicht begreifen konnte, warum ich mich in so einer Verfassung befand.«

Danach gingen die Telefonanrufe zwischen Lincoln und London hin und her. »In dem Quartal hatten wir eine horrende Telefonrechnung. Aber wir hatten uns so viel zu erzählen. Wir wechselten uns mit den Anrufen ab. Sie hielten mich wohl für ziemlich vornehm. Ich glaube nicht, daß ich so einen pikfeinen Akzent habe, aber sie haben einen ziemlich starken Lincolnshire-Tonfall. Sie dachten wohl, daß ich in Geld schwimme, obwohl ich nicht einmal das nötige Geld zusammenbrachte, um nach Lincoln zu fahren. Aber sie gaben sich damit zufrieden, zehn Wochen warten zu müssen. Sie führten ein geregeltes Leben, in dem alles nach Plan verläuft und nichts Außergewöhnliches passiert. Ich sprach mit meinen Schwestern, als ob ich sie ewig gekannt hätte und ich nur während der Ferien von zu Hause weg wäre. Wir lachten sehr viel am Telefon, und ich glaube, wir spürten, daß wir uns sehr ähnlich waren.«

Zum erstenmal hatten die Zwillinge mit neun Jahren von Judys Existenz gehört. »Es muß irgend jemandem herausgerutscht sein. Denise bedrückte das sehr. Sie war besessen von der Idee, eine verlorengegangene kleine Schwester zu haben. Sie hatte Mum ein Foto von mir gestohlen. Ich war erstaunt, als ich erfuhr, daß Mum Kinderfotos von mir hatte. Sicherlich hatten meine Adoptiveltern davon keine Ahnung. Meine Adoptivmutter hatte der Frau in dem Barnado-Heim, die mich mit zwölf Jahren zu sich kommen ließ, einige Fotos geschickt, aber sie wußte bestimmt nicht, daß diese Frau sie an meine leibliche Mutter weiterleitete. Eines davon zeigte mich bei einem Ferienaufenthalt in Pegwell Bay neben einem Wikinger-Schiff. Danach ging meine Mum auch nach Pegwell Bay in Ferien in der Hoffnung, mich dort vielleicht zu finden. Aber wir waren nur in dem einen Jahr da gewesen.«

Judy erinnert sich sehr gut an das Foto. »Natürlich sind eine Menge Kinderfotos von mir gemacht worden, aber aus irgendeinem unerfindlichen Grund war gerade dieses Foto mir besonders im Gedächtnis haften geblieben. Es sprang mir in unserem Album immer ins Auge, obwohl gar nichts Besonderes daran war. Jetzt glaube ich, es war eine Art Telepathie. Wenn meine Mutter und Denise es eifrig studierten und dabei intensiv an mich dachten, mußte sich das mir irgendwie mitgeteilt haben. Nachdem Denise es an sich genommen hatte, schlief sie jede Nacht mit dem Foto unter dem Kopfkissen. Von diesem Bild wußten sie auch, daß wir uns ähnlich sahen.«

Die Wochen vergingen. Sie hatten jetzt genug Geld zusammen, um für zwei Tage ein Auto zu mieten und nach Lincoln zu fahren. »Emma erzählte ich immer, sie würde ihre neue Omi besuchen. Unterwegs verfuhren wir uns, und als wir sehr spät dort ankamen, hatte ich meine Haare noch immer in Lockenwicklern. Bill und Emma waren schon am Aussteigen, als ich sie mir noch schnell herauszerrte – und da stand sie auch schon an der Eingangstür. Emma lief gleich auf sie zu und sagte ›Omi‹ und gab ihr ein Küßchen. Meine Mum brach in Tränen aus. Sie gingen ins Haus und ich gleich hinterher. Auf dem Spiegel im Vorderzimmer stand ganz groß ›Willkommen daheim, Judy!‹ Alle waren sie gekommen, und alle heulten sich die Augen aus. Meine Schwester Denise lehnte sich laut schluchzend über die Spüle. Mum hatte noch immer Emma im Arm, sie heulte und heulte. Der arme Bill stand ganz verwirrt da. Dann drehte Denise sich mit rotgeweinten Augen zu mir um, und es gab eine große Umarmung. Mum sah älter und kränker aus als auf den Fotos, die sie mir geschickt hatte. Sie sagte nur: ›Laßt uns eine Tasse Tee trinken‹, und setzte den Kessel auf. Ich heule sonst immer gleich los, ich habe nah am Wasser gebaut. Aber hier vergoß ich nicht eine Träne. Warum, weiß ich auch nicht. Ich saß nur da und nahm alles so, wie es kam. Ich ging einen Augenblick nach draußen, und eine Nachbarin rief mir zu: ›Hallo, Marjorie‹, sie mußte mich verwechselt haben, wir sahen uns ja alle so ähnlich.«

Sie setzten sich zu einer ausgiebigen Mahlzeit an den Tisch, und Judy schaute sich jeden genau an. Die Schwestern hatten sie gewarnt, daß Mums Mann Ernest ein ungepflegter alter Kerl sei, aber Judy bemerkte, daß er sich ihr zu Ehren herausgeputzt hatte. Es war, so erklärte die Mutter später, eine reine Vernunftehe gewesen. Sie lebte damals in schrecklicher Armut, mußte sich und die Mädchen alleine durchbringen. Und er war sehr einsam und mußte sich um seine hinfällige Mutter kümmern. Sie übernahm dann die Pflege der Mutter, und sie heirateten. »Aber, so betont sie immer, es war nur aus praktischen und wirtschaftlichen Überlegungen. Nachdem sie geheiratet hatten, wurde es für beide leichter. Es ging ihnen finanziell besser. Aber Mum sagt immer wieder, etwas anderes sei dabei nie im Spiel gewesen.«

Judy fand in ihrer Mutter all das, was sie sich erhofft hatte. »Sie war eben meine Mutter, ganz einfach meine Mutter, mehr kann ich dazu nicht sagen. Ich hatte das Gefühl, nur ein paar Wochen von ihr getrennt gewesen zu sein und nicht siebenundzwanzig Jahre. Wir wußten alles voneinander, einer wußte, was der andere empfand. Sie sagte, sie würde mich immer erkannt haben, auch wenn ich irgendwo eine Straße entlanggegangen wäre, selbst dann, wenn ich ganz anders aussehen würde. Sie sagte, sie würde ihr eigenes Kind immer erkennen, instinktiv. Man könnte sagen, daß zwischen uns sofort eine innere Beziehung entstand. Es fiel mir gar nicht schwer, mich an sie anzukuscheln. Ich hatte zwar mein ganzes Leben lang eine Mum gehabt, eine gute Mum, aber jetzt hatte ich eine Mum gefunden, die aussah wie ich, fühlte wie ich und genau verstand, worauf es bei mir ankam.«

Judy lernte auch ihre drei älteren Brüder kennen. Zwei von ihnen waren weggezogen, man war sich fremd geworden, aber einer hatte immer noch ein sehr inniges Verhältnis zu der Mutter. Sie waren in den Vierzigern und Fünfzigern. Judy war auf die Lebensumstände der Familie schon vorbereitet worden, da die Mutter in ihren Briefen oft erwähnt hatte, daß sie »nur in einer Sozialwohnung« lebten, als ob sie Angst hätte, Judy könne sie deshalb verachten oder sie würde selbst in viel besseren Verhältnissen leben, was gar nicht der Fall war. Die Schwestern hatten erwartet, daß Judy ziemlich beeindruckend und reserviert sein würde. Sie stellten sich teure Privatschulen und Ferien im Ausland vor.

Sicherlich hatte sie einen etwas weiteren Horizont, denn die Zwillinge waren aus der näheren Umgebung von Lincoln nie herausgekommen. Für Ferien war wenig Geld vorhanden, und sie waren noch nie in London gewesen. »Sie waren voller Bitterkeit über ihre Kindheit. Sie meinen, sie hätten es sehr schwer gehabt. Mum mußte drei schwere Jobs annehmen und hatte nur Zeit für das Allerwesentlichste – keine Zeit für gemeinsame Spiele oder Geschichtenerzählen oder Späße. Sie hatten nichts, nur getragene Kleidung, und es gab kaum Möbel in der Wohnung. Sogar ihre Schuhe hatten Löcher. Das machte mich traurig. Ich hatte das Gefühl, daß sie eine unglückliche Kindheit gehabt hatten. Sie machten mir klar, daß tatsächlich nicht genug Geld vorhanden gewesen wäre, um mich auch noch großzuziehen. Außerdem war ihnen etwas Schreckliches passiert, als sie elf Jahre alt waren. Sie waren beide sexuell mißbraucht worden von einem Vikar, der ihnen Ferien in seinem Wohnwagen anbot und für den und dessen Kinder sie auch noch putzen und schuften mußten.«

Die Religiosität ihrer Mutter ist das einzige, was Judy nicht ganz nachvollziehen kann. Manchmal spricht ihre Mutter fanatisch über Gott, sie versucht allerdings nicht, Judy zu bekehren, und die beiden Mädchen nehmen sowieso keine Notiz davon. Sie ist eine überzeugte Anhängerin der Pfingstgemeinde und war viele Jahre bei der Heilsarmee gewesen. »Daß sie mich wiedergefunden hat, hat alles noch schlimmer gemacht.« Judy sagt: »Sie muß Gott alles mögliche versprochen haben, falls Er mich ihr wiedergeben würde. Sie sagt, sie habe keinen Augenblick daran gezweifelt, und nun habe Er es getan.«

Judy findet auch die Geschichte über ihren Vater, so wie die Mutter sie erzählte, etwas rätselhaft und nicht ganz glaubwürdig. Sie fragte ihren nettesten Bruder, ob er sich an ihn erinnern könne. »Er wußte nur noch, daß er ein gutaussehender, großer, starker Mann gewesen war. Er hatte die Mutter sehr geliebt, und er war die einzige große Liebe in ihrem Leben. Ihr erster Mann, der Vater meiner Brüder, war ein böser Mensch gewesen, und sie hatte recht daran getan, sich wegen seiner Brutalität scheiden zu lassen. Aber was war mit unserem Dad? Die Geschichte klingt nicht ganz überzeugend für mich. Ich habe meine Mum nicht dazu bewegen können, offen über ihn zu sprechen. Ich glaube, sie verheimlicht mir etwas. Merkwürdigerweise interessiert meine Schwestern das überhaupt nicht. Vielleicht vermuten sie, daß die Geschichte, die man uns erzählt hat, nicht ganz stimmen kann, darum wollen sie nichts Genaues wissen. Ich möchte es aber wissen. Sie ahnen wohl, wenn wir es herausfänden, würde sich zeigen, daß unser Vater doch nicht dieser gute, liebevolle Mann gewesen war, vielleicht hatte er ja unsere Mum und uns alle im Stich gelassen.«

Der Geschichte zufolge ging er nach London, um sich eine Arbeit zu suchen, er ließ die Mutter mit den beiden Mädchen und schwanger mit Judy zu Hause zurück. Er wollte sie nachkommen lassen, sobald er eine Arbeit und eine Wohnung gefunden hatte. Aber sie hat nie wieder etwas von ihm gehört. Kein Brief, nichts. Er war verheiratet, seine Frau und seine Kinder lebten nur ein paar Straßen von Judys Mutter entfernt. Sie erfuhr von seinem Tod, als sie hörte, seine beiden ehelichen Töchter hätten sich in der Schule freigenommen, um zu seiner Beerdigung nach Oxford zu fahren – das war drei Monate später. Aber was tat er in Oxford? Judy will sich Einsicht in die Unterlagen verschaffen und versuchen, es herauszufinden. Sie fragt sich, ob er überhaupt tot ist.

Judy kehrte von dieser Begegnung mit ihrer Familie ganz euphorisch zurück. Es war ansteckend, auch Bill war ganz begeistert von seinen neuen Verwandten. »Am liebsten hätten wir uns in Lincoln eine Arbeit und ein Haus gesucht und wären sofort dort hingezogen. Es war so schön da, und wir könnten so glücklich sein. Aber als wir uns dann beruhigt hatten, sahen wir die Dinge etwas nüchterner. Das Schlimmste wäre gewesen, meine Adoptiveltern zu kränken, sie könnten denken, sie hätten uns verloren, und ich wollte auf keinen Fall den Eindruck erwecken, etwas Unloyales zu tun. Jetzt wohnen wir in London, und wir sind genau gleich weit entfernt von meiner richtigen Mum in Lincoln und meiner Adoptiv-Mum im Westen des Landes, darum ist es fairer, hierzubleiben, in der Mitte.«

Judys Adoptivmutter hatte sich besonnen und hilfsbereit verhalten. Judy sagte zu ihr gleich zu Beginn: »Das ist ganz klar, du bleibst meine Mutter, und du bedeutest mir nach wie vor sehr viel.« Ihre Mutter lächelte und sagte: »Wenn ich geglaubt hätte, das könnte sich ändern, hätte ich wahrscheinlich diese Begegnung gar nicht erst in die Wege geleitet. Ich weiß, siebenundzwanzig Jahre Liebe kann man nicht einfach vom Tisch fegen.« Und auch in der Zwischenzeit hat es keinerlei Probleme gegeben.

Judy ist jetzt schon ein paarmal in Lincoln gewesen, außerdem telefonieren sie jede Woche miteinander. »Ich habe schon so viele Onkels und Tanten, Cousins und Cousinen kennengelernt, ich kann sie nicht mehr zählen. Alle haben sie das gleiche gesagt: ›Gott sei Dank, daß du aufgetaucht bist! Sie hat nie aufgehört, von dir zu reden. Sie hat immer gesagt, eines Tages würde sie dich finden, aber wir haben nicht mehr daran geglaubt.‹ Ich war mir ganz sicher, sie hatte unheimlich hartnäckig und unbeirrbar nach mir gesucht.«

Rosie Hayes, Judys Mutter, lebt in einer Sozialwohnung in einer großen, aber hübschen Siedlung in Lincoln. Um die Eingangstür herum ranken Rosen, hinter dem Haus hängen Blumenampeln, und der Garten ist ein Blumenmeer. Hier verbringt ihr Mann Ernest die meiste Zeit, Sommer und Winter.

Jetzt, Mitte Siebzig, ist sie eine kleine rundliche Frau mit einer großen Nase und strahlenden hellblauen Augen. »Ich kann nur immer wieder sagen, daß meine Gebete erhört worden sind. Diese große Last von Schmerz und Schuld ist endlich von mir genommen. Nach siebenundzwanzig Jahren des Wartens, des Suchens und der Reue habe ich meine Tochter wiederbekommen, die ich niemals hätte weggeben dürfen.« Sie schüttelte den Kopf, und ihre Augen waren feucht. »Nicht, daß ich mich selbst bedauere, bestimmt nicht. Es gibt eine Menge Menschen auf der Welt, die nie etwas Unrechtes getan haben und trotzdem schrecklich leiden müssen, sei es, daß ihre Kinder sterben, oder sonst etwas. Trotzdem glaube ich, daß ich ein schweres Leben gehabt habe. Aber diese letzten Monate gehören zu den besten meines Lebens, Rentnerin, nicht mehr so arm wie früher, und dann meine Joanne – oh, das ist jetzt Judy, aber für mich ist sie immer noch Joanne –, meine Joanne wieder bei mir, und sie macht mir noch nicht einmal Vorwürfe.«

Hinter ihr an der Wand hing ein in Holz eingebrannter Spruch: »Gott beschützt dich. Er allein kann über alle Maßen handeln, jenseits von dem, was wir uns je erbitten oder erträumen können.«

Sie schaute darauf, als ob sie darin die endgültige Wahrheit über ihr eigenes Leben bestätigt haben wollte. »Ich weiß nicht, ob ich so viel Unrecht in meinem Leben getan habe, daß ich so leiden mußte – aber wer weiß, vielleicht doch.« Was meinte sie damit? Welches Unrecht?

»Gewiß nicht, daß ich meinen ersten Mann verlassen habe. Es war richtig, den Vater meiner drei Jungen zu verlassen. Wir haben sehr jung geheiratet, und er war ein eifersüchtiger und gewalttätiger Mensch. Er schlug und quälte mich. Zweifellos habe ich da richtig gehandelt. Aber dann fing ich das mit William an, ich habe ihn seiner Frau und seinen Kindern weggenommen. Sie wohnten einige Straßen von hier. Manchmal sehe ich sie noch an der Bushaltestelle. Wir haben noch nie miteinander gesprochen. William und ich arbeiteten zusammen in einer Kantine der Armee, und wir verliebten uns ineinander. Ich glaubte, ohne ihn nicht leben zu können, er war die große Liebe meines Lebens. Ich hatte bis dahin wenig Zuneigung erfahren. Aber genaugenommen könnte man vielleicht sagen, es war ein Fehler, und ich hatte kein Recht auf ihn. Natürlich waren meine drei Jungen nicht besonders erfreut, als er bei uns einzog, weil wir nicht verheiratet waren, und es war ihnen peinlich. Er verdiente auch nicht genug Geld, um uns alle zu unterhalten, uns und seine eigene Familie. Dann kamen die Zwillinge zur Welt, und es wurde alles noch schwieriger. Sie waren erst fünf Monate alt, als ich wieder schwanger wurde. Ich bin ganz verstört aus der Klinik gekommen, als sie mir sagten, daß ich schwanger bin. Es war ein schrecklicher Schock. Ich erzählte es William, aber der lachte nur: ›Warum das ganze Theater?‹ sagte er, ›Frauen sind schließlich da, um Babys zu bekommen. Was hast du denn erwartet?‹ Das war der letzte Strohhalm gewesen. Er hatte überhaupt kein Mitgefühl für mich und machte sich auch keine Gedanken, wie wir sechs Kinder durchbringen sollten – und seine eigene Familie. Ich wurde wütend und sagte, er solle sich zurückscheren zu seiner Frau. Ich hatte die Nase voll. Nun, er wäre auch zu seiner Frau zurückgegangen, aber die wollte ihn nicht mehr, darum ging er statt dessen nach London, um Arbeit zu suchen. Aber wir waren damals schon auseinander.«

Sie hat nie wieder etwas von ihm gehört, sie hatte das auch nicht erwartet, es vielleicht nicht einmal gewünscht. Daß er gestorben war, wußte sie nur, weil ihre Nichte in die gleiche Klasse ging wie eine von Williams Töchtern aus seiner Ehe. Das kleine Mädchen hatte sich einen Tag freigenommen, um zur Beerdigung ihres Vaters nach Oxford zu fahren, und so erfuhr Rosie davon.

»Später erzählte ich den Mädchen, daß ich damals sehr um ihn getrauert hätte, und wenn er nicht gestorben wäre, hätte er uns ganz bestimmt nach London geholt. Es war eine hübsche Geschichte, und sie glaubten nur zu gerne, daß ich wegen ihres Vaters so traurig gewesen war. Ich habe überprüft, ob er wirklich tot ist. Ein Mann von der Rentenversicherung hat für mich nachgeforscht und die Sterbeurkunde entdeckt. Früher hatte ich mindestens ein halbes Dutzend Fotos von ihm, aber jetzt habe ich kein einziges mehr. Die Mädchen müssen sie genommen haben, zur Erinnerung an einen Vater, den sie nie gekannt haben. Und Joanne – oder Judy – kam natürlich erst zur Welt, als er schon tot war.«

Als sie ins Krankenhaus ging, um Joanne zu bekommen, kamen die Zwillinge zu Pflegeeltern, da es niemanden gab, der sich um sie kümmern wollte. »Damals, als ich sie so nötig gebraucht hätte, war meine Familie nicht besonders nett oder hilfsbereit. Heutzutage sehen wir uns zwar häufig, aber ich kann einfach nicht vergessen, daß sie nur in guten Zeiten meine Freunde sind und nicht damals, als ich so verzweifelt war. Die Zwillinge hatten sie mehr oder weniger akzeptiert, aber als ich wieder schwanger wurde, wollten sie davon nichts wissen.«

Es schmerzt sie immer noch, wenn sie an diese Zeit zurückdenkt. »Ich wurde vorübergehend etwas komisch. Ich war geistig verwirrt, das war der Kummer. Ich hatte immer einen Horror vor Mäusen gehabt. Als mein Vater mir als Kind aus Spaß einmal eine Maus in die Hand gab, obwohl er wußte, wie sehr es mir davor grauste, wurde es noch schlimmer. Als ich nach der Geburt im Krankenhausbett lag, bildete ich mir ein, daß überall im Bett Mäuse herumkrabbelten. Ich hatte Angst vor Mäusen, und ich hatte Angst vor dieser schrecklichen Entscheidung, die ich treffen mußte, und das wurde dann für mich wahrscheinlich eins. Der Mann von der Adoptionsvermittlung der Church of England war sehr freundlich. Er war auch schon bei mir zu Hause gewesen, bevor ich ins Krankenhaus kam und nicht mehr weiter wußte. Er sagte: ›Machen Sie sich keine Sorgen. Schauen Sie nicht auf das Baby, wenn es geboren wird, Sie dürfen überhaupt nicht hingucken, wir nehmen es dann sofort weg.‹ Er schien zu wissen, was für ein Gefühl das war. Aber die Schwestern im Krankenhaus wußten das nicht, oder es war ihnen gleichgültig. Sie wußten, daß das Baby adoptiert werden sollte, und trotzdem legten sie es mir in die Arme, und sie ließen mich das Baby füttern und versorgen. Da passierte natürlich etwas. Als der Mann von der Adoptionsvermittlung wiederkam, sagte ich, daß ich das nicht durchstehen würde. Er war sehr verständnisvoll und sagte, sie würden sie so lange aufnehmen, bis ich mich entschieden hätte. Ich mußte acht Schillinge pro Woche für die Unterbringung in dem Dr.-Barnado-Heim bezahlen, aber ich konnte mich einfach nicht entschließen, sie für immer wegzugeben.«

Sie lief ganz verstört aus dem Krankenhaus fort, die Krankenschwester rief noch hinter ihr her, sie solle zurückkommen und sich um ihr Baby kümmern. Sie kann sich nicht mehr erinnern, wie sie nach Hause kam. Das Baby wurde in das Dr.-Barnado-Heim gebracht. Sobald sie wieder zu Hause war, noch an dem gleichen Tag, brachten die Pflegeeltern ihre vierzehn Monate alten Zwillinge zurück. Vollkommen durcheinander, geistig verwirrt und stark deprimiert, mußte sie sich, ganz auf sich allein gestellt, um sie kümmern, ohne Hilfe und fast ohne Geld.

»Ich war zu der Zeit manchmal so müde, daß ich mich einfach auf den Wohnzimmerboden legte und sie auf mir herumkrabbeln ließ, ich konnte meine Augen nicht mehr offenhalten. Ich wußte, es wäre ganz unmöglich gewesen, mit noch einem Baby fertig zu werden, und trotzdem brachte ich es nicht übers Herz, mich ein für allemal zu entscheiden. Ich war mit meinen Nerven am Ende, ganz kaputt.«

Als das Baby acht Monate alt war, forderten die Leute vom Barnado-Heim sie schließlich auf, für einen Tag nach London zu kommen, um mit ihnen über die Zukunft des Kindes zu sprechen. Eine Frau – die gleiche, die zwölf Jahre später Judy beraten sollte, als sie so unglücklich war – holte Rosie am Bahnhof ab. »Auf dem Weg zum Heim erklärte sie mir, daß es Leute gäbe, die ganz vernarrt in Joanne seien und sie adoptieren möchten. Wenn ich es wünschte, könnte ich sie kennenlernen. Nun, ich habe sie kennengelernt, und ich war nicht sehr von ihnen angetan. Die Dame kam mir eingebildet und unfreundlich vor. Aber natürlich«, beeilte sie sich hinzuzufügen, »trotzdem muß ich zugeben, daß sie zu Joanne immer gut und liebevoll gewesen sind.« Sie machte eine Pause und dachte darüber nach. Es scheint den leiblichen Müttern schwerzufallen, etwas Nettes über die Adoptiveltern zu sagen, bestenfalls werden sie als Eindringlinge, schlimmstenfalls als Räuber angesehen. Sie seufzte: »Ich habe sie so gebeten, ihr den Namen Joanne zu lassen. Sie sagten, es sei ein hübscher Name, darum dachte ich, daß sie es tun würden, aber sie haben es natürlich nicht getan. Das ist nicht viel verlangt, aber ich sollte wohl vollkommen ausgelöscht werden, als ob die richtige Mutter, die ihr einen Vornamen gegeben hatte, niemals existiert hätte.«

Sie fuhr nach Hause, um darüber nachzudenken. In Lincoln fand sie durch Freunde ihrer Freunde ein Ehepaar, das ein Kind adoptieren wollte. Sie lebte auf bei dem Gedanken, daß es dann zumindest in ihrer Nähe sein würde und daß sie wissen würde, wo es war, und vielleicht könnte sie es sogar hin und wieder aus der Ferne sehen. »Ich hätte mich bestimmt nicht eingemischt, und es wäre natürlich möglich gewesen, daß sie weggezogen wären, aber schon der allergeringste Kontakt, nur zu wissen, wie es ihr ging, hätte es für mich erträglicher gemacht.« Aber der Mann von der Adoptionsvermittlung der Church of England war eisern. Diese Leute, sagte er, seien nicht auf einer anerkannten Warteliste für

Adoptiveltern. Auf jeden Fall wurden solche privaten Vereinbarungen nicht gerne gesehen, selbst als sie noch nicht so eindeutig illegal waren wie jetzt. Mütter müssen sich darüber im klaren sein, daß sie nicht mehr die Mütter sind – oder nicht mehr nach dem Gesetz. Sie haben keinerlei Rechte, nichts. Das war etwas, was Rosie nicht einsehen oder glauben oder wirklich verstehen konnte – nicht etwa, weil sie nicht intelligent ist, keineswegs, sie ist eine intelligente Frau –, weil es jeder Faser ihres Seins, jedem Glauben, den sie an Gott und die Naturgesetze hatte, und jedem gerechten Lauf der Dinge zuwiderlief. Mütter sind von Gott auserwählte Mütter, und nichts auf der Welt kann diese Tatsache ändern. »Man könnte vielleicht sagen, ich hatte zu viele Kinder. Ich haßte meinen ersten Mann und hätte nie drei Kinder von ihm haben sollen. Und dann die anderen drei. Aber hier sind sie nun, lauter gesunde, erwachsene Menschen, die ihr eigenes Leben leben. Irgend etwas in mir sagt mir, sie sollten geboren werden, sollten ein Leben haben. Es ist mir alles ein Rätsel. Wo wären sie, wenn ich ihnen nicht das Leben geschenkt hätte? Darüber muß ich oft nachdenken, aber ich weiß keine Antwort.«

Als sie dann endlich die Papiere unterzeichnete und sich mit dem Ehepaar, mit dem sie sich getroffen hatte, einverstanden erklärte, bat sie die Barnado-Leute, ab und zu schreiben zu dürfen, um zu erfahren, wie es ihrem kleinen Mädchen ging. »Die Barnado-Leute versprachen, mich auf dem laufenden zu halten. Sie sagten, die Familie habe versprochen, ihnen Berichte zu schicken, und sie würden mich dann informieren. Das war sehr wichtig für mich.«

Die freundliche Sozialarbeiterin, mit der sie in dem Heim immer zu tun gehabt hatte, informierte sie auch eine Zeitlang. Man schickte ihr ein Foto von Judy als Kleinkind und noch eins als Sechsjährige während des Ferienaufenthaltes in Pegwell Bay vor einem großen nachgebauten Wikingerschiff. »Aber dann änderte sich das. Ich glaube, diese Dame aus dem Barnado-Heim ging weg, und nun änderten sie ihre Einstellung. Als ich das nächste Mal schrieb, antworteten sie, sie hätten die Familie aus den Augen verloren, da sie umgezogen sei, und mehr könnten sie dazu nicht sagen. Ich war überzeugt, daß das eine Lüge war, und mir gefiel der Ton des Briefes nicht, es klang, als ob ich kein Recht hätte zu fragen. Ich schrieb noch einmal, aber die Antwort kam wieder von der gleichen Oberin. Dieses Mal schrieb sie mir: ›Sie scheinen nicht begriffen zu haben, was Adoption bedeutet, Frau Hayes.‹ Sie sagte auch, daß es ganz sinnlos sei, zu schreiben, ich hätte kein Recht auf irgendwelche Auskünfte oder Kontaktaufnahmen. Das war's dann. Sie stritten ab, mir jemals versprochen zu haben, mich auf dem laufenden zu halten. Aber damals, als ich die Papiere unterschrieb, hatten sie es mir versprochen. Die Oberin sagte, ich hätte die Papiere unterzeichnet, und das sei endgültig.«

Aber Rosie hat sich nie mit dieser endgültigen Regelung abfinden können. Sie hatte das Gefühl, von den Barnado-Leuten, mit denen sie mündliche Absprachen getroffen hatte, hintergangen worden zu sein. Sie erwartete ja nicht, ihr Kind sehen zu dürfen, aber einige Auskünfte und ein paar Fotos wären ein großer Trost gewesen. Viele werden einwenden, vielleicht hätte das alles noch schlimmer gemacht. Diejenigen, die den totalen Abbruch der Beziehungen befürworten, meinen vielleicht, es sei besser für die leibliche Mutter, möglichst wenig zu haben, das die Erinnerung an ihr Kind wachhält. Aber selbst dann, wenn nichts vorhanden ist, scheinen diese Mütter weiter über ihr verlorenes Kind nachzudenken und unter dem Verlust zu leiden.

»Als das neue Gesetz kam, war ich ganz aufgeregt. Viele sagten damals, man müsse die Mütter vor dem Auftauchen der Kinder schützen. Schützen? Ich mußte immer an sie denken und wartete sehnsüchtig darauf, daß sie an meine Tür klopfen würde. Ich dachte, jedes meiner Kinder, jedes Kind unserer Familie müßte den Wunsch haben, sich Gewißheit zu verschaffen. Ich dachte, sie müßte einfach das gleiche Zusammengehörigkeitsgefühl haben wie wir alle. Meine größte Angst war, daß sie uns ablehnen könnte. Sie könnte uns für arme Leute halten, die nur in einer Sozialwohnung lebten, während sie wohlhabend war, und sie würde sich nicht die Mühe machen, herzukommen und uns kennenzulernen.«

Eine inzwischen aufgelöste Organisation mit Namen ›Jigsaw‹, die Nachforschungen betrieb, erhielt vor einiger Zeit viel Publicity, und Rosie beantragte sofort die Mitgliedschaft in der Hoffnung, sie könnten Joanne für sie finden. Ungefähr zu dieser Zeit reiste sie dann nach London, um zu einem Jigsaw-Treffen zu gehen, aber sie verlor die Adresse und irrte zwei Tage lang durch die Straßen, allein und verlassen. Von dieser Reise gab Judy allerdings eine ziemlich andere Darstellung, danach hatte ihre Mutter wie in Trance in Geschäften und auf den Straßen unter den achtzehnjährigen Mädchen nach ihr gesucht. Vielleicht hatte Judy sich eine etwas romantischere Version ausgedacht, vielleicht hatte ihre Mutter ihr das aber auch so erzählt.

»Ich dachte daran, ins Barnado-Heim nach Barkingside zu gehen und noch einmal mit ihnen zu sprechen. Ich wollte die Konfrontation mit ihnen. Sie hatten mir versprochen, den Kontakt zu der Adoptivfamilie aufrechtzuerhalten. Vielleicht gab es dort ja jemanden, der Mitleid mit mir hatte und mir einen Wink geben würde – aber diese Oberin hielt mich dann doch davon ab.«

Aber dann las sie zufällig einen Artikel über John Stroud von den Hertfordshire-Sozialdiensten, er erschien ihr so verständnisvoll und aufgeschlossen, daß sie an ihn schrieb. Er half ihr, weil sie so alt war und an Angina litt und offenbar so verzweifelt nach ihrem Kind suchte, das sie vor ihrem Tod noch einmal zu sehen wünschte. Als Insider gelang es ihm, Informationen von den Barnado-Leuten zu beschaffen, die Rosie direkt nie bekommen hätte – auf diese Weise fand er die vorletzte Adresse von Judys Adoptiveltern heraus.

»Wir schrieben diese Briefe und schickten sie an ihn in der verzweifelten Hoffnung, daß Joanne sie erhalten würde und daß sie uns aufsuchen wollte. Es war nicht einfach, diese Briefe zu schreiben. Was sollte man nach all den Jahren sagen? Wie kann man alles sagen? Und wir wollten sie auch nicht erschrecken.«

Monate später, mit einiger Verzögerung, kam der Telefonanruf von Judy. »Ich habe sie immer geliebt, ich habe nie aufgehört, sie zu lieben. Ich wollte, daß sie erfährt, daß ich sie nicht weggegeben hatte, weil sie nicht geliebt wurde. Ich wollte, daß sie erfährt, daß nicht ein Tag vergangen ist, an dem ich nicht an sie gedacht habe. Sie sollte wissen, wie verzweifelt ich nach ihr gesucht hatte. Auch den Zwillingen hatte sie sehr gefehlt. Immer wenn sie sich das Foto von Judy in Pegwell Bay anschauten, sagten sie: ›Sie sieht so unglücklich aus, Mum, unsere kleine Schwester. Sie sieht aus, als würde sie gleich weinen‹, und dann mußten sie selbst weinen, als sie noch klein waren.«

Inzwischen hat Judy sie besucht, sogar schon mehrere Male, und sie war vierzehn Tage bei ihnen zu Gast. Rosie sagt: »Es kommt mir so vor, als ob es die Zeit dazwischen nie gegeben hätte. Aber ich hätte sie gerne heranwachsen sehen. Es wäre schön, wenn sie immer hier bei mir sein könnte anstatt in London – aber sie hat einen Mann.« Sie dachte eine Weile nach. »Er ist ein netter Mensch, ein guter Mensch, aber, nun, sechsundzwanzig Jahre älter. Ich würde sagen, sie hat den Vater in ihm gesucht. Wenn ich sie großgezogen hätte, hätte sie keinen Vater gehabt, dann hätten die Leute mich wahrscheinlich dafür verantwortlich gemacht. Sie hätten gesagt, deshalb hat sie einen so viel älteren Mann geheiratet ...«

Die Tatsache, daß sie Judy gefunden hat, scheint sie noch religiöser gemacht zu haben. »Ich betete. Ich faßte den Entschluß, sie in Gottes Hand zu geben. Er weiß, daß ich es schweren Herzens und unter Qualen getan hatte. Er wußte, wo mein Kind war, auch wenn ich es nicht wußte. Ich war immer überzeugt, Er würde sie eines Tages zu mir zurückbringen. Obwohl ich oft betete: ›Wie lange noch, Herr, wie lange?‹ Das Leben mancher Menschen ist ganz falsch vorbestimmt, und manchmal ist es schwer, zu begreifen warum. Aber daß ich meine Joanne wiederfand, hat mir gezeigt, daß Gott mir meine Fehler verziehen hat. Joanne hat mich akzeptiert, sie liebt mich, und damit ist alle Schuld von mir genommen.«

5 Georgina

Es war keine richtige Adoption, nicht im offiziellen Sinne. Es war eine ungewöhnliche Situation, und wie sie genau entstanden ist, wird heute niemand mehr feststellen können, weder Georgina noch sonst irgend jemand. Die überzeugendste Version ist, daß ihr Vater sie mehr oder weniger aus der Wohnung ihrer Mutter entführte, aber es machte ihrer Mutter damals nicht viel aus, und vielleicht war sie sogar erleichtert.

Ihre Mutter war Hostess und Geschäftsführerin eines Night-Clubs, sie hatte eine Wohnung über dem Club. Ihr Mann war eine ganz andere Art von Mensch, ein Zahnarzt aus Warrington in Cheshire. Sie hatten sich kennengelernt, als er eines Abends in ihren Club kam. Bald stellte sich heraus, daß er ein hoffnungsloser Alkoholiker war, und die Ehe hielt nicht lange. Sie hatte schon ein Kind, einen zwölfjährigen Jungen, als Georgina zur Welt kam. Zur Zeit von Georginas Geburt machte ihr Vater gerade eine Entziehungskur. Er schrieb einen kurzen Brief an die Mutter und schlug vor, Georgina zur Adoption freizugeben, aber das geschah nicht. Die meiste Zeit kümmerte sich die Großmutter um die beiden Kinder, da die Arbeitszeit in einem Night-Club sich kaum mit der Erziehung von Kindern vereinbaren läßt.

Georgina glaubt, sich an kleine Episoden aus jener Zeit erinnern zu können. »Meine Mutter war temperamentvoll, strahlend und duftete hinreißend. Sie liebte mich sehr. Daran kann ich mich erinnern. Ich weiß noch, wie sie mich mit einem Löffel fütterte. Sie lachte und sagte, ich solle den Löffel nicht verschlucken.« Als ihr Vater kam und sie entführte, war sie erst zweieinhalb Jahre alt, trotzdem kann sie sich an diesen Vorfall erinnern. Sie fuhren zusammen mit dem Bus und dann mit dem Zug, und er sagte, sie führen in die Ferien. Ihre neuen Eltern holten sie in einer ihr damals riesig erscheinenden schwarzen Limousine ab. Sie wunderte sich, daß ihre Mutter nicht da war, aber sie fragte nicht nach ihr. Tatsächlich hat sie nie wieder nach ihr gefragt. Ihre Mutter existierte als ein unausgesprochener Gedanke, von niemandem jemals erwähnt, eine Erinnerung, heimlich von einem Kind bewahrt, das genau spürte, irgendwelche Fragen oder Andeutungen waren in dem neuen Zuhause ganz und gar unerwünscht.

Ihr Vater brachte sie in das Haus von Freunden in Warrington, nette, großzügige Menschen, die Frau Zahnärztin, der Mann Tierarzt. Sie hatten keine eigenen Kinder, obwohl sie so gerne welche gehabt hätten. Vater und Tochter zogen bei ihnen ein, und Georgina schlief viele Jahre lang auf einem Notbett im Zimmer ihres Vaters. Aber er war unheilbar alkoholabhängig. Sie erinnert sich, wie sie steif in ihrem Bett lag, wenn er jede Nacht hereingestolpert kam, torkelnd und vollkommen betrunken. Sie erinnert sich an die vielen Ginflaschen im Schlafzimmer, und bis heute hat sie einen Ekel vor dem Geruch von Gin. Betrunkensein hat etwas Erschreckendes für Kinder, besonders wenn es sich um ihre Eltern handelt. Ein geliebter und vernünftiger Mensch, den man respektiert, wird plötzlich, wie durch einen bösen Zauber, zu einem Ungeheuer, wild, unberechenbar, übelriechend, eine Parodie seiner selbst.

Ganz zu Anfang wollte das Ehepaar Georgina adoptieren, aber ihre Mutter weigerte sich, ihre Zustimmung zu geben. Andererseits scheint sie sich nie ernsthaft bemüht zu haben, ihr Kind zurückzubekommen. Obwohl Georgina ihrer Mutter weggenommen worden war, konnte man sie nicht als Streitobjekt bezeichnen. Ihre Mutter liebte sie zwar genug, um eine offizielle, legale Adoption abzulehnen, aber nicht genug, um für ihre Rückkehr zu kämpfen oder auch nur ernsthaft darum zu bitten. Aber vielleicht wußte sie auch, daß ein solcher Kampf keine Aussicht auf Erfolg haben würde. Denn welches Gericht würde schon einem vergnügungssüchtigen Amüsiermädchen in London das Sorgerecht zusprechen angesichts der Geborgenheit einer Mittelstandsfamilie, bei ihrem Vater und unter dem Schutz eines Tierarztes und einer Zahnärztin? Aber vielleicht wollte sie ihr Kind auch gar nicht zurückhaben? Das Ehepaar erzählte Georgina später, die Mutter habe die Adoption gewünscht, aber Georginas Tante – die Schwester ihrer Mutter – schwört, daß es genau umgekehrt war.

Abgesehen von der Angst und Anspannung, die er ihr verursachte, hat der Vater in Georginas Leben keine große Rolle gespielt. Warum schlief sie in seinem Zimmer? Sie weiß es nicht genau, glaubt aber, daß sie es so wollte. Irgendwie fühlte sie sich wohl geborgener bei einem leiblichen Elternteil, obwohl sie sich erinnert, wenig Liebe und viel Angst empfunden zu haben. Rückblickend findet man diese Regelung unverständlich. Das Ehepaar wurde später das, was Georgina heute ihre Stiefeltern nennt. Aber in Wirklichkeit waren sie ihre Adoptiveltern, und ihr Vater war eine Zugabe, schwer zu akzeptieren, aber unmöglich abzuweisen. Sie müssen außergewöhnlich gute Menschen gewesen sein. Ein hübsches und entzückendes kleines Mädchen wie sein eigenes aufzunehmen ist eine Sache, aber die Verantwortung für ihren betrunkenen und problematischen Vater zu übernehmen eine ganz andere. Und trotzdem darf man vermuten, daß der Übergang von einem Leben in das andere durch die Anwesenheit von Georginas Vater erleichtert wurde. Sie wurde nicht irgendwelchen fremden Leuten übergeben und dann im Stich gelassen. Obgleich sie glaubte, ihrer Mutter entrissen worden zu sein, gab es zumindest noch eine Spur von Kontinuität. Jedenfalls wußte sie immer ungefähr, wer sie war, denn sie hatte einen Vater, wie immer er auch gewesen sein mag.

Georgina war ein außergewöhnlich hübsches Kind. Heute, in den Dreißigern, ist sie eine sehr schöne Frau, in Aussehen und Benehmen allerdings ziemlich kindlich. Ihr Gesicht ist ihr Vermögen, und sie ist immer noch Mannequin. Ihr eleganter Körper hat die schlanke, schlaksige Form, ideal, um ihn mit Kleidung zu umhüllen. Sie war ein bezauberndes Kind gewesen, das Entzücken ihrer kinderlosen Adoptiveltern in mittleren Jahren.

Als sie acht war, gab es zwei wichtige Ereignisse in ihrem Leben. Erstens starb ihr Vater. Man sagte ihr, er sei bei einem Unfall ums Leben gekommen. Insgeheim empfand sie es als Erleichterung. »Jetzt würde er nie mehr nachts betrunken nach Hause kommen. Ich war froh. Ich glaube, das ist alles, was ich seinetwegen empfunden habe«, sagt sie.

Als sie erwachsen war, fand sie heraus, daß es sich nicht um einen Unfall gehandelt hatte. Er hatte sich mit dem Gürtel seines Morgenmantels in einem Hotel in Jersey erhängt. Er hatte seinen Posten im staatlichen Gesundheitsdienst wegen der Alkoholsucht verloren. Als Zahnarzt konnte er nicht praktizieren, weil er an Psoriasis litt, und man konnte von Patienten nicht erwarten, daß sie sich von schuppigen Händen berühren und behandeln ließen. Er hatte überhaupt kein Geld mehr, es reichte nicht einmal, um die Hotelrechnung zu bezahlen. »Darum nahm er sich das Leben, wegen der Rechnung«, sagt sie und schüttelt den Kopf. Aber sie betont noch einmal, traurig war sie damals nicht. »Vielleicht wäre er ein guter Mensch gewesen, wenn er nicht das Alkoholproblem gehabt hätte.«

Sie erinnert sich an die Beerdigung, das Frösteln und das dumpfe Gefühl, die Leute schwarz gekleidet. »Als wir zu Hause ankamen, wandte sich meine Mutter – ich meine natürlich meine Stiefmutter, so bezeichne ich sie jedenfalls, genannt habe ich sie allerdings immer Mummy. Also, sie wandte sich mir zu und sagte: ›Onkel Peter (ihr Mann) wird von nun an dein Daddy sein. Du kannst ihn also jetzt ruhig Daddy nennen.‹ Georgina war entsetzt über diese Idee. Sie hatte doch schon einen Daddy, der, den sie gerade in einer Kiste in die Erde getan hatten. Ohne darüber nachzudenken, aber weil sie das Problem irgendwie lösen mußte, sagte sie einfach: »Ich werde ihn Boom nennen.« Und dabei blieb es dann auch. »Es war ein Name, der mir unversehens auf die Lippen kam, aber Daddy konnte ich ihn nicht nennen.«

In all den Jahren hatte sie oft und heimlich über ihre Mutter nachgedacht. »Ich glaubte immer, daß ich sie eines Tages sehen würde. Aber ein anderer Teil von mir glaubte, sie sei bei einem Autounfall umgekommen, und deshalb sprach man nicht darüber. Manchmal träumte ich von ihr. Ich hatte immer wieder einen ganz bestimmten Traum. Ich ging an der Hand meiner Mutter eine Straße entlang. Und ein Mann auf einem Dach schoß auf sie, tötete sie.« Dieser Traum paßt zu gut ins Bild, um reiner Zufall zu sein. Hatte sie den Traum vielleicht später? Kleine Kinder bekommen mehr mit, als Erwachsene glauben – hingeworfene Sätze, halbgehörtes Geflüster, aufgefangene Fetzen der Unterhaltung von Erwachsenen, all das hinterläßt schließlich einen ziemlich genauen Eindruck.

Vielleicht hat ihr achtjähriges Bewußtsein geahnt, aber nicht ertragen, was wirklich mit ihrer Mutter geschehen war. Ihre Mutter blieb halb Tatsache, halb Phantasie, eine blonde Frau, eine geliebte Frau, die eines Tages kommen und sie holen würde – oder sie war tot, warum sonst sollte sie noch nicht gekommen sein? Sie empfand keinen Groll gegen sie, nur Liebe und ein wenig Sehnsucht – alles insgeheim. Niemand im Haus, weder ihr Vater noch ihre Adoptiveltern, erwähnte jemals das Wort Mutter, sprach von der Vergangenheit oder sagte ein Wort über ihren Halbbruder, an den Georgina sich aus ihrer frühesten Kindheit genau erinnern konnte. Niemand sagte ihr, sie sei adoptiert – sagte ihr, warum sie dort war oder woher sie kam.

Sie war acht Jahre alt, als sie eines Tages die Schublade öffnete, in der ihre Stiefmutter ihre Unterwäsche aufbewahrte, ein Ort, an dem sie eigentlich nichts zu suchen hatte. Die natürliche sexuelle Neugierde eines Kindes ließ sie in der Schublade herumschnüffeln, vielleicht nur, weil es ein geheimnisvoller Ort war, ein Ort, an dem allerlei intime Dinge aufbewahrt wurden. Frauen haben ihre persönlichsten Sachen in dieser Schublade, weil sie glauben, jeder, sogar ein Einbrecher, wird diesen intimen Bereich respektieren. Aber jeder Einbrecher mit ein bißchen Verstand wird gerade auf diese Schublade losgehen. Er weiß, das ist der Ort, an dem die meisten Frauen ihre wertvollen Gegenstände zuallererst verstecken, Schmuck, Ringe, Briefe, geheimnisvolle Dinge verborgen zwischen Büstenhaltern und Slips, Hüftgürteln, Verhütungsmittel und alles, was nicht für die Öffentlichkeit bestimmt ist. Kinder kennen dieses Geheimnis auch. Welches Kind hat noch nicht in den Schubladen der Mutter herumgeschnüffelt?

In dieser Schublade, verborgen zwischen Unterwäsche und anderen Dingen, entdeckte Georgina ein Geheimnis, das nicht ihre Adoptivmutter betraf. Sie entdeckte ihr eigenes Geheimnis, die Antwort auf sich selbst und darauf, daß ihre Mutter nie gekommen war, um sie zu holen. Sie fand mehrere vergilbte Zeitungsausschnitte mit Fotos und anderen Abbildungen.

Diese Ausschnitte erzählten die Geschichte der Ruth Ellis, der letzten Frau, die man in Großbritannien hängte, die zum Galgen ging, als Georgina dreieinhalb Jahre alt war. Georginas Name war Ellis. Ihre neuen Eltern hatten den Namen nicht geändert. Als sie die Zeitungsausschnitte sah, wußte sie sofort, das war ihre Mutter. Sie konnte sich ganz schwach an sie erinnern, ein verschwommenes Bild, sorgfältig bewahrt und idealisiert. Das war sie. Diese Ruth Ellis war ihre Ruth Ellis, ihre verlorengegangene und langersehnte Mutter.

Sie saß auf dem Boden des Schlafzimmers und las. Mit ihrer achtjährigen Lesefähigkeit und ihrem achtjährigen Weltverständnis versuchte sie zu begreifen, was die Menschheit ihrer Mutter angetan hatte. »Als ich ihr Gesicht auf den Fotos sah, erinnerte ich mich wieder an das Haus, in dem sie gelebt hatte, zumindest an einen Teil davon.« Sie empfand, so sagt sie, nur tiefe Traurigkeit. Arme Frau, arme Mutter. Sie quälte sich durch die schwierigen Wörter. ›Gaol‹ * – das Wort ergab keinen Sinn. Heutzutage wird es ›jail‹ buchstabiert, viel einfacher. Zuerst dachte sie, es habe etwas zu tun mit de Gaulle, ein Name, den sie irgendwo aufgeschnappt hatte, aber sie sah keinen Zusammenhang. ›Mörderin‹ stand da und ›gehängt‹. Die wesentlichen Punkte der Geschichte prägten sich ihr ein. Ihre Mutter hatte eine Waffe genommen und ihren Liebhaber erschossen. Jetzt hatten sie, der Staat, der Henker, einen Strick genommen und ihre Mutter aufgehängt. Sie würde sie niemals wiedersehen. Sie hatte keine Mutter mehr. Es gab für sie niemanden auf der Welt, außer ihren Adoptiveltern.

Etwas anderes konnte sie sich jetzt, nachdem sie die Geschichte gelesen und die Bilder gesehen hatte, auch erklären. Sie erinnerte sich an einen Zwischenfall, als sie vier war oder fast vier, er hatte sich in ihr Gedächtnis eingegraben, weil sie damals so erschrocken gewesen war über die Schärfe und die Angst in der Stimme ihrer Stiefmutter. Sie sollte zu einer Party gehen, ein kleines Mädchen im Unterhemdchen, das darauf wartete, für eine Geburtstagsfeier angezogen zu werden. Ihr Haar war fest mit Stoffstreifen umwickelt, um es lockig zu machen. Draußen auf der Straße stand ein Auto, vielleicht auch mehrere, und eine Gruppe von Männern. Einige von ihnen hatten Kameras. Sie lief zum Fenster, um sich das außergewöhnliche Spektakel anzusehen, und sofort waren alle Kameras auf sie gerichtet. Ihre Mutter schrie sie an: »Komm zurück, weg vom Fenster, daß niemand dich sieht!« Sie sprang zurück, ganz erschrocken über die Panik in der Stimme ihrer Mutter. Jetzt hatte sie eine Erklärung dafür. Damals dachte sie, daß sie sich vielleicht nicht im Hemdchen und in Lockenwicklern zeigen sollte. Aber jetzt wußte sie, daß die Kameraleute ein Foto von der Tochter der Mörderin haben wollten. Sie hatten sie am Tag der Hinrichtung aufgespürt, und ein Foto des verlassenen, traurigen kleinen Mädchens würde ihre Story noch menschlicher, noch ergreifender machen, als sie es ohnehin schon war.

Hatte das den Verlauf von Georginas Leben beeinflußt? Schwer zu sa-

* gaol oder jail = Gefängnis

gen, aber logisch, anzunehmen, daß es so war. Sie wirft ihre lange blonde Mähne zurück. Nein, das glaubt sie nicht. Es war zwar traurig, aber nicht zu ändern. Das war nun einmal so. Nichts Besonderes. Keine traumatische Erfahrung. Sie nimmt die Welt, so wie sie ist, gibt auf sich acht, ist ihr eigener Herr, schuldet niemandem etwas, macht niemanden verantwortlich. Ein freier Geist, unabhängig. So, sagt sie, sieht sie sich und ihr Leben.

Aber wenn eine Achtjährige eine derart ungeheuerliche Entdeckung machen kann, ohne daß es Spuren bei ihr hinterläßt, warum geben wir uns dann eigentlich solche Mühe, unsere Kinder vor allem möglichen zu beschützen? Gibt es etwas Schlimmeres, was ein Kind über seine Mutter und damit über sich selbst erfahren kann? Viele Jahre lang sprach sie mit niemandem über ihre Entdeckung. Sie hatte zu große Angst vor dem Ärger, den sie bekommen würde, weil sie in die Unterwäscheschublade geschaut hatte. Durch das Herumschnüffeln in der Schublade hatte sie ein sexuelles Tabu verletzt und dazu noch das Verbrechen ihrer Mutter entdeckt – und das Verbrechen der Menschheit an ihrer Mutter.

Von all den Menschen, die ich für dieses Buch interviewt habe, war Georgina diejenige, die am wenigsten bereit war, ihre Gefühle zu analysieren, Rückschau zu halten und ein Portrait von sich und ihren Gefühlen als Kind zu entwerfen. Sie ist fest davon überzeugt, daß Menschen so, wie sie sind, geboren werden. Ihr Charakter wird nicht durch Kindheitserfahrungen geprägt. Die fertige Persönlichkeit entspringt dem Mutterleib, jede anders, jede nur für sich selbst verantwortlich. Keine Ursachen und keine Wirkungen. Nicht einmal Gene. Gene auf keinen Fall.

All die adoptierten Kinder, mit denen ich sprach, überbewerteten den Einfluß von genetischen Faktoren auf ihren Charakter. Musikalisches Talent von einem Großvater, geschickte Hände von einem Großonkel. Aber nicht Georgina. Bei ihr war nichts vererbt, sie verdankte niemandem etwas, verfolgte keine Spuren zurück. Vielleicht, weil es sie zu sehr geschmerzt hätte, von einer hingerichteten Mörderin etwas geerbt zu haben.

Danach hat sie, während ihrer Kindheit, viel aushalten müssen. Sie litt lange Zeit ernsthaft an einer Blasenentzündung, eine ungewöhnliche Krankheit für ein Kind. Es ging ihr nie so richtig gut, und sie hatte unerträgliche Schmerzen. »Das überschattete meine ganze Kindheit«, sagt sie. Sie glaubt, daß ihre Krankheit möglicherweise doch etwas mit ihren Gedanken und Ängsten zu tun haben könnte. Sie zuckt die Schultern und meint, Krankheit komme oft aus dem Seelischen – aber sie kann sich an seelische Qualen nicht erinnern, nur an körperliche.

Als junger Teenager, im Internat, verriet sie ihr Geheimnis schließlich ihrer besten Freundin, die sie sehr mochte und der sie vertraute, aber die es sofort weitererzählte. Welches Kind kann schon eine solch sensationelle Enthüllung lange für sich behalten? Oder welcher Erwachsene? Bald wußte die ganze Schule davon. »Das änderte alles. Die Haltung der anderen mir gegenüber wandelte sich über Nacht. Ich war plötzlich interessant, aber niemand, mit dem man gern etwas zu tun haben wollte. Ich wußte immer, daß es einmal so kommen würde. Ich hatte es vorher niemandem erzählt, weil ich genau wußte, sie würden schlecht über mich denken. Die Tochter einer Mörderin zu sein, das war ganz und gar nicht gut.«

Danach wurde sie ein äußerst schwieriges Kind, ein unmöglicher, rebellischer Teenager. Die hochgesteckten Erwartungen ihrer Adoptiveltern wurden zutiefst enttäuscht. Sie wünschten, daß sie einmal Ärztin werde, aber sie wollte mit Schule und Lernen nichts mehr zu tun haben. Sie wollte Amüsement, Geld, Männer, Autos, Kleider – kaum die Dinge, die in ihrer bisherigen Erziehung an erster Stelle kamen. Ihre Adoptiveltern waren damals schon Ende Fünfzig, und ihr Verständnis für dieses wilde und eigenwillige Mädchen, das sich Hals über Kopf in die Jugendkultur der sechziger Jahre stürzte, wurde bis zum äußersten strapaziert.

Sie zögert, aber rückblickend gibt sie zu, daß die Tatsache, daß alle wußten, wessen Tochter sie war, Vorurteile weckte, alle waren allzuschnell bereit, das Schlimmste von ihr anzunehmen. Und vielleicht war sie allzuschnell bereit, sich schlimm zu verhalten und das Gemeine und Böse bei sich anzunehmen.

Etwa mit dreizehn Jahren, bei einem heftigen Streit mit ihren Adoptiveltern, kam es dann heraus. »Ich wette, meine richtige Mutter hätte es mir erlaubt!« Sie schrie und schlug wild um sich und suchte nach einem Gegenstand, um sie anzugreifen, genau wie manches andere adoptierte Kind im gleichen Alter. Der erwartete Schock blieb nicht aus. Bis zu diesem Zeitpunkt war niemals gesagt worden, wer sie war oder was ihr genauer Status in der Familie war. Sie liebte diese Eltern, steht ihnen auch jetzt immer noch nahe und mag sie, trotz des vielen Kummers, den sie mit ihr hatten. Doch gleichzeitig bemerkt sie, daß sie niemals ganz das Gefühl gehabt hätte, dort zu Hause zu sein, nicht so wie andere Kinder. Sie sehnte sich nach einem eigenen Zuhause, als ob sie in das Haus, in dem sie groß geworden war, nicht hineingehörte.

Nachdem das Schweigen nun auf brutale Art gebrochen war, fand ihre Stiefmutter sich ab und zu bereit, etwas über ihre Mutter zu erzählen. »Aber was sie sagte, gefiel mir nicht, oder vielmehr, wie sie es sagte. Zum Beispiel: ›Sie soll eine Prostituierte gewesen sein, aber wir glauben das eigentlich nicht.‹ Aber die Art und Weise, in der sie das sagten, zeigte ganz deutlich, was sie dachten. Sie sagten nie etwas Gutes über sie. Es war immer Verachtung und Ablehnung. Sie gaben mir ein Buch über sie aus der Bibliothek, aber es war entsetzlich, sie wurde als eine schreckliche Person dargestellt. Es war ohne jedes Mitgefühl, genau wie sie. Ich wußte, sie war auch gut gewesen, jedenfalls wollte und mußte ich nichts über diese bösen Dinge hören.«

Als sie sechzehn war, packte sie ihre Sachen und lief mit einem Mann davon. Mit siebzehn heiratete sie ihn. Ein ganzes Jahr lang ließ sie nichts mehr von sich hören und ließ ihre unglücklichen Eltern voller Sorgen und Klagen über das, was aus ihr geworden war, zurück.

Mit ihrem auffallenden Aussehen, ihrem Puppengesicht, ganz im Geschmack der späten sechziger Jahre, hatte sie alle Chancen. Sie sieht immer noch wie ein Kind aus und spricht wie ein Kind mit einer hellen, etwas heiseren Stimme. Sie ging zu einer Modellagentur und wurde sofort engagiert. Sie hatte Liebesaffären mit Richard Harris und George Best – beide berühmt für aufsehenerregende Skandale, Trouble, Probleme. Falls dies nicht ein Versuch war, die katastrophale Vergangenheit ihrer Mutter zu bewältigen, sind gewisse Parallelen verblüffend. »Ich wußte immer, was ich wollte, von Anfang an. Ich wollte London, Glamour und Modell sein. Ich wollte schnelle Autos, Filmstars, Fußballstars, Rennfahrer. Dieses Leben liebe ich. Das war genau das richtige für mich, und meine Adoptiveltern konnten mich nicht daran hindern. Ich bin fortgelaufen, um genau das zu bekommen, und ich habe es bekommen.«

Inzwischen ist sie zum drittenmal verheiratet. Sie hat vier Kinder im Alter zwischen zwölf und zwei, und sie wohnt in einem Doppelhaus aus den zwanziger Jahren in einem Vorort von Manchester. Ihr Mann kämpft darum, sich ein kleines eigenes Unternehmen aufzubauen, und sie arbeitet noch als Fotomodell, um ein wenig hinzuzuverdienen.

Vor zehn Jahren wurde sie von einer Zeitung entdeckt, die eine schauerliche Version über ihr Leben und das ihrer Mutter schrieb. »Ich hatte Angst, das könne meiner Karriere als Fotomodell schaden. Ich dachte, Klienten würden es vielleicht ablehnen, ihr Produkt durch ein Gesicht präsentieren zu lassen, das bekanntlich der Tochter einer Mörderin gehörte.« Aber das war gar nicht der Fall. Tatsächlich hat die Geschichte ihr seitdem viel Publicity und Interviews eingebracht.

Jetzt schreibt sie an ihrer eigenen Lebensgeschichte. Während sie daran arbeitet, hat sie begonnen, nach ihrer Familie zu forschen, um mehr herauszubekommen. Das meiste hat sie von ihrer Tante, der Schwester ihrer Mutter, erfahren. Ihre Großmutter ist tot, aber sie kann sich an sie noch aus ihrer frühesten Kindheit erinnern. »Manchmal hätte ich ihr gerne geschrieben, aber meine Stiefmutter redete mir das immer aus und sagte: ›An deiner Stelle würde ich es lassen‹ oder ›Tu das jetzt lieber nicht‹. Darum tat ich es auch nicht.« Vermutlich befürchteten die Adoptiveltern, daß durch die Korrespondenz die Hinrichtung ihrer Mutter zur Sprache kommen würde.

Allerdings fand sie ihren Halbbruder. Oder er fand sie. Durch die Tante wußte sie schon einiges über ihn. Er litt unter Depressionen und war abhängig von Psychopharmaka. Sie hat ihn nur einmal gesehen. »Er war ein Penner«, sagt sie mit Abscheu. »Wir hatten überhaupt nichts gemeinsam.« Sie saßen und redeten ein wenig miteinander, aber es waren lauter Belanglosigkeiten. Er sagte, ich hätte all die Stärken von Ruth und er all die Schwächen geerbt. Aber daran glaube ich nicht.«

Ihr Bruder brachte sich vor zwei Jahren um. Wenn sie jetzt ihre Familie betrachtet, bietet sich ihr ein trostloses Bild. Die Mutter gehängt, der Vater und der Bruder Selbstmörder. Außerdem starb die jüngste Schwester ihrer Mutter kurz nach der Hinrichtung, angeblich an gebrochenem Herzen. Aber da steht Georgina: groß, schön, zäh, entschlossen. Niemand, so sagt sie, wird jemals ihr Leben bestimmen. Niemand wird sie jemals beherrschen, so wie ihre Mutter von ihrem Liebhaber beherrscht worden ist. »Da draußen gibt es Millionen von Männern, nicht einer von ihnen könnte mir jemals so viel bedeuten. Ich würde niemals aus Liebe töten – so wichtig ist sie nicht.« Sie ist die einzige Überlebende einer tragischen Familie, und sie kämpft wie ein Überlebender.

Diese Zähigkeit half ihr, ihre Kindheit und die turbulenten Teenagerjahre durchzustehen. Aber durch diese Zähigkeit scheint auch manches in ihr verlorengegangen zu sein. Sie behauptet zwar, sie sei ganz gewöhnlich, das alles habe sie nicht berührt. Nur hier und da kommt es durch ein achtlos hingeworfenes Wort oder durch einen Satz an die Oberfläche, daß es da auch noch andere Gedanken und Empfindungen geben könnte.

Nein, so sagt sie, sie glaubt nicht, daß Familienangelegenheiten eine Bedeutung haben. Sie betrachtet ihre vier Kinder und bezweifelt, daß sie den geringsten Einfluß auf ihren Charakter oder ihr Temperament ausüben könne. Sie sind, wie sie sind. Kinder werden nicht durch ihre Eltern oder ihre Erziehung geprägt. Genaugenommen, behauptet sie, erziehen sie sich selbst. »Ich weiß genau, wer ich bin. Ich habe es nicht nötig, zu wissen, wer meine Eltern sind und all das.« Aber kaum hat sie das gesagt, da beginnt sie von den umfangreichen Nachforschungen für ihr Buch zu erzählen, einschließlich dem Aufspüren von Geschichten über ihre Großeltern, Tanten und anderen Verwandten. Einiges davon ist ihr sehr wohl wichtig, anderes will sie nicht zur Kenntnis nehmen. Durch jahrelanges Üben hat sie sich suggeriert, daß es ganz unwichtig sei, wer ihre Mutter ist. Es ist wichtig, und es ist wiederum auch nicht wichtig. Es hat ihr Leben geprägt, und es hat sie vollkommen unberührt gelassen. Die eine Botschaft, die sie immer wieder verkündet, ist, daß sie nicht an Vererbung von Charaktereigenschaften glaubt. Ich sagte, sie sei ganz anders als alle anderen Adoptivkinder, mit denen ich bisher gesprochen habe. Selbst dann, wenn die Kenntnisse über ihre leiblichen Eltern traurig, unbefriedigend, unzulänglich waren, selbst wenn die Mutter nicht dem romantischen Bild entsprach, das sie sich während der Kindheit von ihr gemacht hatten, glaubten diese Menschen, daß irgendwo in den verborgenen Tiefen und Nischen ihrer Mutter das Geheimnis ihrer eigenen Persönlichkeit lag, die Antwort auf die Frage nach ihrer eigenen Identität. – Aber nicht so bei Georgina.

6 Tom O'Mara

Niemand kann den verzweifelten Zwang leugnen, dem adoptierte Kinder auf der Suche nach ihren unbekannten Eltern manchmal unterliegen. Das kann zu einer quälenden Besessenheit werden, zu etwas, das sie Tag und Nacht nicht losläßt und das sie über jedes vernünftige Maß hinaus antreibt. Es kann dazu führen, daß ihre Familie verwirrt, besorgt und sogar ärgerlich auf diese fanatische Entschlossenheit, die auf nichts und niemanden Rücksicht nimmt, reagiert.

Tom O'Mara hatte immer die Absicht gehabt, eines Tages nach seiner Mutter zu suchen, aber zu einer Notwendigkeit wurde es für ihn erst, als er in den Vierzigern war und glücklich verheiratet, mit zwei Kindern. Nachdem er sich einmal entschlossen hatte, auf die Suche zu gehen, konnte ihn nichts auf der Welt mehr davon abhalten. Er opferte ihr jede freie Minute, er konnte Tag und Nacht an nichts anderes denken. Alles Geld, das er erübrigen konnte, gab er dafür aus. Jede Zurückweisung, jeder Rückschlag spornte ihn nur noch mehr an. Und als ihn am Ende das Desaster traf und seine Mutter sich weigerte, ihn zu sehen, konnte selbst das seine Entschlossenheit, seine Familie kennenzulernen, nicht stoppen. Er lauerte ihr auf. Er nahm Kontakt zu Menschen in ihrer Umgebung auf, und er beobachtete sie heimlich, anonym, unerkannt. Er lauerte auch seinem Halbbruder auf, und gleichzeitig wandte er sich der Suche nach seinem Vater zu.

Tom wohnt mit seiner Familie in einem eigenen Häuschen in den Außenbezirken von London. Er arbeitet als Bankangestellter und wünscht, er hätte eine bessere Schulbildung. Im vorderen Zimmer seines Hauses hat er einen Riesenhaufen von Büchern und Mappen, in denen alles über die Nachforschungen nach seiner Familie festgehalten ist. Er hat jeden Fetzen Papier, Kopien von jedem Brief, den er geschrieben oder erhalten hat, Fotos und alle möglichen Sachen, die irgend etwas mit seiner unbekannten Familie zu tun haben, sorgfältig aufbewahrt.

Es gibt auch Tagebücher mit langen, zusammenhanglosen Eintragungen. »Ich mußte einfach alles niederschreiben. Es half mir, meine Gedanken zu ordnen und mit all dem, was mit mir geschah, ins reine zu kommen. Ich mußte mir alles von der Seele schreiben. Manchmal blieb ich auf bis spät in die Nacht hinein und schrieb und schrieb.« Als ich ihn das erste Mal traf, war er gerade dabei, an die Südküste zu fahren, um einen Mann aufzusuchen, der irgendwann einmal an der gleichen Schule wie sein

Halbbruder gelehrt hatte und der vielleicht ein altes Foto von ihm besaß oder irgend etwas über ihn berichten konnte. Vielleicht konnte er ihm sogar einen Hinweis auf den jetzigen Aufenthaltsort seines Halbbruders geben. Aber es war vergebens, die ganzen Nachforschungen waren ja bis jetzt eine Folge von falschen Fährten gewesen und hatten zu keinem Ziel geführt. Er hatte sich schon daran gewöhnt.

Seine Frau Barbara ist tolerant. Bis zu dem Tag, an dem er seine Mutter, die nichts von ihm wissen wollte, fand, hatte er ihre volle Unterstützung. »Ich dachte, damit ist die Angelegenheit nun erledigt. Ich kann diese Frau nicht verstehen. Sie muß ein schrecklicher Mensch sein, nicht wie eine Mutter. Darum bat ich ihn, jetzt damit aufzuhören. Aber es ging immer weiter. Im Augenblick ist es ein klein wenig besser. Er verbringt nicht mehr ganz so viel Zeit damit.« Trotz allem, wenn man bedenkt, daß er in eine Sackgasse geraten ist, ist er noch ziemlich hartnäckig – obwohl er jetzt weiß, daß diese Gasse niemals zu dem ersehnten Ziel führen wird: seine Mutter.

Tom wurde 1939 geboren als Sohn eines irischen Mädchens, Edna O'Mara, die in Folkestone lebte und dort als Hausangestellte arbeitete. Sein Vater war auch Ire und lebte in dem gleichen Dorf, er arbeitete als Landarbeiter außerhalb von Folkestone und wohnte in einer Pension. Die beiden waren seit vier Jahren ›miteinander gegangen‹, als Edna schwanger wurde. Thomas, ihr Geliebter, erkannte die Vaterschaft nicht an und verschwand spurlos. Edna schickte man zu einer katholischen Adoptionsgesellschaft, die auch ein Waisenhaus betrieb. Nachdem das Baby zur Welt gekommen war, wurde es vorübergehend einem Ehepaar in Folkestone für zwei Jahre in Pflege gegeben, und Edna besuchte es hin und wieder. Eine Fürsorgerin der Gesellschaft wurde Patin des Babys. Danach wurde der Junge von dem Waisenhaus zurückgefordert und in einem ihrer Heime für Knaben in London untergebracht, das war so üblich.

Aus den Briefen und Unterlagen geht nicht klar hervor, warum man ihn nicht zur Adoption freigegeben hatte. Gelegentlich bat die Gesellschaft, Edna möge doch die Papiere unterzeichnen, aber sie wurde nicht unter Druck gesetzt. Sie meinten sogar, es sei schwierig, für einen kleinen Jungen eine Familie zu finden, die Leute würden kleine Mädchen bevorzugen. Edna blieb mit der Gesellschaft in Verbindung, aber nicht mit Tom. Sie mußte für seine Unterbringung zahlen, zuerst an die Pflegeeltern und später an das Waisenhaus. Er sagt, in den Unterlagen gibt es Briefe, in denen sie darum bat, weniger oder gar nichts bezahlen zu müssen. Sie war mit ihren Zahlungen ein Jahr im Rückstand. Selbst wenn sie gewünscht hätte, den Kontakt zu ihrem Kind aufrechtzuerhalten, hätte die Gesellschaft es ihr schwergemacht, da er von einem Ort zum anderen gebracht wurde, zuerst in ein großes Waisenhaus nach Rugby, und später wurde er in ein riesengroßes Heim nach Devon evakuiert. Edna arbeitete bei der NAAFI * in Kettering.

»Sehr geehrter Pater,
ich kann nicht bezahlen. Möge Gott ihn beschützen und behüten. Ich bin froh, daß Klein-Tom gut versorgt und glücklich ist, und ich bin der Gesellschaft sehr dankbar. Aber es ist für mich unmöglich, die 5 Schillinge pro Woche zu zahlen, da ich nur 10 Schillinge verdiene. Ich hoffe, Sie werden jemanden finden, der ihn adoptiert, ich selbst werde auch jemanden suchen, natürlich eine gute katholische Familie.«

In den Akten gab es noch viele Briefe in diesem Stil, bis einer eintraf, in dem sie ihre Absicht zu heiraten ankündigte, sie könne nicht länger bezahlen, da ihr Verlobter von der Existenz des Kindes nichts wisse. Die Fürsorgerin der Gesellschaft und der Pater schrieben einen klugen und verständnisvollen Brief zurück. »Wir meinen, es würde ein großer Fehler sein, ihrem Verlobten nicht von Thomas zu erzählen. Viele Männer entschließen sich zur Adoption eines Kindes, wenn sie von dessen Existenz erfahren... Die Last dieses Geheimnisses könnte sich im Laufe der Jahre unheilvoll auswirken... Es könnte auf eine unglückliche Art ans Tageslicht kommen, dann wäre der Schock um so größer... Aber er ist ein sehr netter kleiner Junge, und ich hoffe, es wird sich nicht als zu schwierig erweisen, ihn adoptieren zu lassen.«

Sie schrieb zurück: »Es tut mir leid, Pater, aber ich bin ein Feigling. Ich könnte ihm das niemals erzählen. Lieber würde ich ledig bleiben, als ihm von Thomas zu erzählen. Er wird jetzt katholisch. Es würde mir sehr schwerfallen, auf ihn zu verzichten, da ich ihn so sehr liebe. Ich werde alles tun, was in meinen Kräften steht, um Ihre Katholische Gesellschaft zu unterstützen.«

Der Priester war bereit, sie von allen Unterhaltspflichten für Thomas zu befreien, unter der Bedingung, daß sie in einer katholischen Kirche heiraten würde. Danach riß der Kontakt zu der Gesellschaft ab. Sie holte keine weiteren Erkundigungen über ihren Sohn mehr ein, und sie hinterließ auch keine Adresse. Tom sieht das so: »Ich wurde dort einfach stehengelassen wie ein Gepäckstück, und nachdem sie einmal verheiratet war, unternahm sie nie mehr den Versuch, herauszufinden, was aus mir geworden war.«

In bezug auf die Adoption geschah nichts mehr. In den Akten, so Tom, gibt es einen Briefwechsel, aus dem hervorgeht, daß ein Ehepaar aus Südafrika sich für ihn interessierte, aber bevor sie Gelegenheit hatten, ihn zu sehen, sahen sie einen anderen kleinen Jungen und entschieden sich für

* Navy, Army and Airforce Institutes: Kantinen für die Streitkräfte

den. Es gibt keinen weiteren Hinweis, daß die Gesellschaft den Versuch unternahm, ihn adoptieren zu lassen oder in Pflege zu geben oder die Verbindung zu seiner Mutter aufrechtzuerhalten. Er wurde einfach in das Sammelbecken mit 200 Jungen jeden Alters und jeder Größe geworfen, eine große anonyme Ansammlung von Waisenkindern – und wurde vergessen.

Dem Waisenhaus, das von Nonnen geleitet wurde, war eine Schule angeschlossen, so daß die Kinder kaum Kontakt zur Außenwelt hatten. »Man hielt uns sauber, satt und ordentlich. Das war so ungefähr alles, das lebensnotwendige Maximum, keine wirkliche Fürsorge und überhaupt keine Liebe. Ich hatte Glück, daß ich für mein Alter so klein war, darum wurde ich von den größeren Jungen verhätschelt, sogar ein wenig von den Nonnen. Es fiel mir leicht, Freunde zu gewinnen. Es gab eine Menge Schikane, aber man ließ den Jungen freien Lauf. Die Nonnen taten so, als ob sie nichts bemerkten. Aber ich war scheinbar davor gefeit, weil man mich mochte, und ich war so winzig.«

Er ist immer noch ein kleiner Mann mit einem Elfengesicht, dünn und jungenhaft, mit viel Charme, fast als wäre er niemals ganz erwachsen geworden. Man kann sich gut vorstellen, daß er ein verletzbares Kind gewesen war, dessen Charme und Schlagfertigkeit ihn aber vor den Quälereien bewahrten, denen viele der anderen Kinder ausgesetzt waren. Unglückliche, einsame, kontaktarme Kinder sind meist diejenigen, die andere tyrannisieren, und Waisenhäuser wie dieses wurden zu rücksichtslosen kleinen ›Lord of the Flies‹*-Gemeinwesen, unbeaufsichtigt durch Erwachsene, unbeeinflußt durch liebende Eltern.

Sie waren alle gleich gekleidet, graue Flanellhosen, graue Hemden, graue Socken und Stiefel mit Nägeln unter den Sohlen. Im Sommer trugen sie khakifarbene Shorts und Sandalen. Sie schliefen in Schlafsälen mit je dreißig Betten. »Zwischen den Betten stand ein kleiner Nachttisch, in dem man seinen ›Kram‹ aufbewahren konnte – so nannten wir unsere paar persönlichen Sachen.« Er erinnert sich, daß das Gebäude riesig war, mit viktorianischen Türmen und Zinnen. Es ist schon seit langem abgerissen. »Wir mußten alle schwer arbeiten und um das Gebäude herum alles sauberhalten. Ich bekam allerdings eine leichte Arbeit, ich mußte die Sakristei in Ordnung halten – das war ein bequemer Job.«

Es war, so sagt er, ein Regime der Angst. Die Älteren schlugen die Jüngeren und Schwächeren regelmäßig mit ihren Cricketstöcken. »Je mehr du schriest, desto mehr schlugen sie auf dich ein, und die Nonnen taten immer so, als wüßten sie nichts davon. Ein großer Junge hat mich immer geohrfeigt, er haute auf meine beiden Ohren und quetschte mei-

* ein Roman von William Golding, dt. »Herr der Fliegen« (Fischer Taschenbuch 1462)

nen Kopf wie ein Sandwich zusammen. Ich kann nicht besonders gut hören, und manchmal glaube ich, das kommt von den vielen Schlägen auf meine Ohren.«

Mit dreizehn kamen sie für die letzten zwei Jahre auf die örtliche Schule. »Man kann sagen, daß wir uns auf dieser Schule privilegiert vorkamen. Zumindest hatten wir dort das Sagen, weil wir als Gruppe gegen alle anderen zusammenhielten, und wir beschützten uns gegenseitig. Für uns waren sie alle Schwächlinge, die von ihren Eltern verhätschelt wurden. Außerdem befand sich die Schule in einer sehr armen Gegend, und wir waren im allgemeinen besser gekleidet und ernährt als die anderen.« Aber man lernte dort nicht sehr viel. »Als wir die Schule mit fünfzehn verließen, konnten wir kaum lesen und schreiben. Für viel waren wir nicht zu gebrauchen. Aber obwohl ich ein ziemlich hoffnungsloser Fall war, hatte ich es mir in den Kopf gesetzt, in einem Büro zu arbeiten.«

Nachdem er aus der RAF* entlassen worden war, fand er eine Ausbildungsstelle, die ihn zum Supermarktleiter qualifizierte, danach einen Job als Vertreter für eine Ingenieurfirma. Als er Barbara heiratete, nahm er eine Stelle in einer Bank an wegen der günstigen Hypotheken für Bankangestellte, dort arbeitet er immer noch.

»Ich habe immer an meine Mutter gedacht. Wenn die Jungen volljährig wurden und das Waisenhaus verlassen mußten, tauchten oft ihre Mütter auf, um sie nach Hause zu holen. Darüber waren manche Jungen sauer, weil sie glaubten, jetzt, wo sie Geld verdienen konnten, erinnerten sich ihre Mütter an sie. Wir alle dachten, wenn wir einmal draußen wären, würden wir einen Haufen Geld verdienen. Wir ahnten nicht, wie niedrig unser Einkommen sein würde. Wenn ich jetzt darüber nachdenke, glaube ich schon, daß viele Mütter ihre Söhne jetzt holten, weil sie sie wirklich vorher nicht unterhalten konnten und warten mußten, bis sie eigenes Geld verdienten. Ich bezweifle, daß sie wirklich nur hinter dem Geld her waren.« Wenn seine Mutter gekommen wäre, um ihn mit fünfzehn fortzuholen, wäre er begeistert gewesen. Er wartete und hoffte auf eine Nachricht von ihr, aber es kam nichts.

»Von Zeit zu Zeit versuchte ich immer wieder, von den Nonnen etwas über meine Mutter zu erfahren. Aber sie wichen uns aus. Ich habe meine Zweifel, daß sie über uns als Individuen überhaupt im Bilde waren. Unsere Akten verwahrte die Gesellschaft, und die Nonnen hatten mit diesen Dingen nichts zu tun. Vielleicht hatte die Mutter Oberin vage Kenntnisse über den einzelnen, aber wenn das so war, behielt sie es für sich.« Den Nonnen war es unangenehm, wenn die Kinder Fragen stellten. Sie hatten ihre eigene Antwort parat, die unbeirrt verbreitet wurde und

* Royal Airforce: Britische Luftwaffe

die das Identitätsproblem eines jeden Kindes lösen sollte. Sie sagten immer: »Ihr seid ganz besondere Kinder. Ihr seid ganz besonders glücklich dran und gesegnet, weil eure Mutter im Himmel ist. Die Mutter Gottes nimmt sich besonders der Waisen an, und Sie müßt ihr als eure Mutter betrachten.«

Einige Kinder folgerten daraus, daß ihre Mutter tot sei. Andere wußten ganz genau, wo ihre Mütter waren, weil sie mit ihnen in Verbindung standen. Aber den meisten ging es so wie Tom – sie konnten ungehindert über ihre richtige Mutter träumen, die eines Tages kommen und sie aus diesem trostlosen Waisenhaus fortholen würde. »Ich wußte, meine Mutter war am Leben. Für mich war sie jung, schön, bezaubernd und liebevoll.«

Bevor er das Waisenhaus verließ, hatte er eine Abschlußbesprechung mit dem Priester, der der Gesellschaft vorstand. »Er hatte einen Aktenordner auf seinem Schreibtisch liegen, der alles enthielt, was ich gerne gewußt hätte, aber er hatte ganz bestimmt nicht die Absicht, es mir zu zeigen. Das machte mich sehr ärgerlich. Ich hatte das Bedürfnis, alles zu erfahren, was es gab. Aber von ihm bekam ich nur eine spärliche, vage Auskunft. Er sagte, meine Mutter könne nicht für mich aufkommen und wünsche meine Adoption.«

Die Gesellschaft betrieb eine Organisation zur Betreuung von Kindern, die das Waisenhaus verließen. Es fand sich eine katholische Familie, die bereit war, ihn als zahlenden Gast aufzunehmen und sich um ihn zu kümmern. »Die Reillys waren sehr nette Leute, aber sie waren sehr intellektuell, ich wollte, ich hätte besser zu ihnen gepaßt. Ich war eifersüchtig auf ihren Sohn, der in allem gut war, er bekam zum Beispiel ein Stipendium am Oriel College in Oxford. Die Mutter sagte zu mir, nenne mich einfach so wie die anderen, aber sie sagte nicht wie – Mum oder Tante oder sonstwie, darum redete ich sie nie mit Namen an.« Er fand heraus, daß das winzige Gehalt, das er in dem Büro verdiente, in dem er als Botenjunge arbeitete, nicht ausreichte, um die Kosten für seinen Unterhalt zu decken. Die Gesellschaft gab den Reillys einen Zuschuß. »Das hat mich wirklich getroffen. Ich glaubte, ein erwachsener, unabhängiger Mensch zu sein, der seinen eigenen Lebensunterhalt verdient, und dann erfuhr ich das!« Es motivierte ihn, nach einer besser bezahlten Arbeit Ausschau zu halten, um ihnen mehr bezahlen zu können.

Er wuchs tief beschämt über seine Herkunft, seine Wurzellosigkeit auf. »Wenn andere über ihre Mum oder über ihren Dad sprachen, behauptete ich einfach, meine Eltern seien tot. Ich wollte nicht, daß man erfuhr, daß ich aus dem Waisenhaus kam. Es war beschämend, und ich wollte kein Mitleid.« Als er bei der RAF seinen Wehrdienst ableistete, erzählte er nur einem guten Freund etwas über seine Herkunft. »Eigentlich wollte ich es ihm nicht sagen, aber er bedrängte mich und meinte, ich hätte noch nicht ein Wort über meine Familie fallenlassen. Ich bat ihn, mir zu versprechen, es nicht weiterzusagen.« Jeder, außer ihm, bekam Briefe, er bekam nicht einen, und er versuchte das vor den anderen zu vertuschen. »Ich wollte kein Außenseiter sein.«

Das Gesetz von 1975 hat Tom nicht direkt betroffen. Er war ja nicht adoptiert. Er hatte seinen ursprünglichen Namen, und seine Geburtsurkunde war niemals geändert worden. Einmal während seines Wehrdienstes, als er Urlaub hatte, fuhr er hinunter nach Folkestone zu der Adresse, die seine Mutter auf der Geburtsurkunde angegeben hatte. Er kannte ihren Namen, aber niemand in dem Haus hatte jemals etwas von ihr gehört. Es waren inzwischen fast zwanzig Jahre vergangen, und sie war vor langer Zeit weggezogen, ohne eine Spur zu hinterlassen. Damals gab er auf, aber er war immer noch fest davon überzeugt, daß er sie eines Tages finden würde, dann würde es eine große Wiedervereinigung geben, zur beiderseitigen Freude. »Mein ganzes Leben lang hat der Gedanke an meine Mutter mich beschäftigt.«

Viel später in seinem Leben führte eine Kette von Ereignissen dazu, daß er ernsthaft begann, nach seiner Mutter zu suchen. Wenn es zunächst eine ganz rationale Entscheidung war, so wurde es bald zu einer selbstzerstörerischen Besessenheit.

»Ich wurde in unsere Zentrale versetzt und hatte viel mehr freie Zeit. Ich verdiente auch mehr. Fünf Monate vorher war mein Sohn mit einer Krankheit zur Welt gekommen – einer allergischen Reaktion auf Getreideprodukte, er wäre fast daran gestorben. Dann wurde ich krank, und die Diagnose war dieselbe. Es ist erblich. Darum hätte ich gerne gewußt, ob meine Mutter vielleicht auch an dieser Krankheit litt. Ich hatte damals einen lukrativen Nebenjob, abends verkaufte ich Austauschfenster, und es ging uns finanziell recht gut. Ungefähr zu der Zeit mußte ich mir vom St. Catherine's House eine Kopie meiner Geburtsurkunde besorgen, die brauchte ich für eine Bewerbung. Die ganze Familie kam mit, wir wollten unsere Namen heraussuchen und die Eintragungen über uns lesen, das hat großen Spaß gemacht.« – Hier hörte der Spaß auf. Als er auf seine Geburtsurkunde schaute mit dem geheimnisvollen Namen seiner Mutter und dem Wohnort, an dem niemand sie kannte, wurde er von dem verzweifelten Verlangen ergriffen, um jeden Preis herauszubekommen, wer er wirklich war.

Er hatte noch einmal, etwa zu der Zeit, als er zu dieser Adresse gegangen war, an die Gesellschaft geschrieben, um zu versuchen, ihnen mehr Informationen zu entlocken. Aber er bekam nur eine kurze und vage Antwort, in der die Heirat der Mutter mit einem Soldaten erwähnt wurde und die Tatsache, daß ihr letzter bekannter Arbeitsplatz bei der NAAFI in Kettering gewesen sei. Der Ton des Briefes war knapp und unpersönlich und gab ihm zu verstehen, daß der Versuch, eine Mutter zu finden, die einen weggegeben hatte, eine Unverschämtheit und Aufdringlichkeit sei. Das entsprach der allgemeinen Auffassung vor Inkrafttreten des Gesetzes von 1975. Kinder hatten kein Recht auf Auskünfte und schon gar kein Recht, sich in das Privatleben ihrer Mutter hineinzudrängen. Obwohl die Gesetzesänderung Tom nicht direkt betraf, da er nicht adoptiert war, konnte er, wie viele andere auch, nach Inkrafttreten ein beachtliches Umdenken in der offiziellen Einstellung feststellen.

Jetzt begann er noch entschlossener mit seinen Nachforschungen. Er setzte sich noch einmal mit der Gesellschaft in Verbindung – dieses Mal öffneten sich ihm Tür und Tor, und es wurde ihm sofort Akteneinsicht gewährt. Aber nicht nur das, man begrüßte seine Initiative, man half ihm und ermutigte ihn. Sie nahmen seinen Fall auf und unterstützten ihn auf jede erdenkliche Weise.

Er ging ganz systematisch vor, das zeigen die peinlich genau geführten Aufzeichnungen und Tagebücher. Er ging noch einmal zum St. Catherine's House und suchte so lange, bis er die Heiratsurkunde seiner Mutter gefunden hatte. Ihren jetzigen Namen und das etwaige Datum ihrer Eheschließung kannte er ja schon aus den Akten der Gesellschaft. Es war ein langwieriger Prozeß, und er nahm sich die Zeit, jeden Tag in der Mittagspause eine halbe Stunde zwischen den Aktenordnern zu verbringen. Nachdem er auf den Namen ihres Ehemannes gestoßen war, ging er die Kartei im Kriegsministerium durch, und da fand er ihn – Alfred Carson. Er hatte den Krieg überlebt und war in Nottingham aus der Armee entlassen worden.

Das war vor dreißig Jahren, und es war nicht einfach, diese Spur weiterzuverfolgen. Ein Brief an die Adresse in Nottingham kam zurück mit dem Vermerk ›unbekannt‹. Er fuhr hinauf nach Nottingham, um die Wählerlisten durchzusehen. Dann schrieb er noch einmal an die Bewohner des Hauses und fügte einen Geldschein für ihre Bemühungen bei. Er erklärte ihnen, warum er nach Herrn und Frau Carson suchte, die bis 1949 in dem Haus gewohnt hatten. Würden sie freundlicherweise versuchen, etwas über den Namen und den Verbleib der früheren Hauseigentümer herauszufinden, und könnten sie sagen, wie deren neue Adresse lautete, als sie den Kaufvertrag unterschrieben?

Er hatte Glück, die Adresse war bekannt, und zwar wohnten sie in Folkestone. Die Carsons waren an den Ort zurückgekehrt, an dem er geboren wurde und seine Mutter als Hausangestellte gearbeitet hatte. Er überprüfte die Wählerlisten in Folkestone, und sie wohnten noch da.

Zuerst ging er zu dem Sozialarbeiter der Gesellschaft, der ihn davor warnte, unbedacht vorzugehen, da seine Mutter wahrscheinlich auf diesen Schock nicht vorbereitet sein würde.

Er war sehr ungeduldig und wäre am liebsten sofort zu seiner Mutter geeilt, aber er beschloß, vorsichtshalber erst einmal Erkundigungen einzuholen. Er spürte Herrn Carson in Folkestone auf und fand heraus, daß er als Abteilungsleiter in einem großen Warenhaus arbeitete. Er beschloß, seine Mutter während der Abwesenheit ihres Mannes aufzusuchen, um sie auf keinen Fall in Verlegenheit zu bringen.

Eine Freundin seiner Frau, die ein winziges Baby hatte, wollte er vorschicken. Irgendwie glaubte er, der Anblick eines Babys würde ihr Herz zum Schmelzen bringen. Sie parkten das Auto am Ende der Straße etwas von dem Haus entfernt. Die Freundin stieg aus und ging mit dem Baby auf dem Arm zu dem Haus. Zu seinem Kummer konnte Tom vom Auto aus nicht viel sehen. Als sich die Tür öffnete, sah er nur den unteren Teil des Armes seiner Mutter.

»Frau Carson?« sagte die Freundin.

»Ja?« antwortete seine Mutter.

»Ich würde gerne mit Ihnen in einer persönlichen Angelegenheit sprechen.«

Daraufhin seufzte seine Mutter und hielt die Hand vors Gesicht.

Auf eine solche Bitte von einem vollkommen fremden Menschen würden die meisten wohl mit Bestürzung oder Verwunderung reagieren, aber Frau Carson schien zu ahnen, um was es hier ging. Es war das Klopfen an der Tür, auf das sie immer gewartet und vor dem sie sich seit vierzig Jahren gefürchtet hatte, seit ihrer Heirat. Es war das Klopfen an der Tür, von dem sie immer gewußt hatte, eines Tages würde es kommen, ihr Herz war voller katholischer Schuldgefühle. Ihre dunkle Vergangenheit hatte sie eingeholt.

»Ach, du meine Güte. Im Augenblick paßt es mir aber gar nicht«, sagte sie und schaute sich dabei verstohlen um.

»Das macht gar nichts, ich komme später wieder«, antwortete die Freundin mit fester Stimme.

»Um was handelt es sich denn?« fragte Frau Carson, zu spät, denn jetzt merkte man ganz deutlich, daß sie es nur zu gut wußte. Sie war nämlich schnell herausgekommen und hatte die Tür halb hinter sich geschlossen.

»Sie haben einen Sohn mit Namen Tom, der möchte Sie gerne sehen«, sagte die junge Frau und drückte das Baby an sich, um ihrer Behauptung Nachdruck zu verleihen.

»Ich kann nicht. Es geht wirklich nicht. Sagen Sie ihm, er soll nicht herkommen! Ich habe meine eigene Familie, und sie wissen nichts von alledem. Ich kann es ihnen auf gar keinen Fall sagen. Sagen Sie ihm, das würde mein Leben ruinieren!« Sie verschwand zurück ins Haus und schloß die Tür.

Toms Bekannte ging langsam zum Auto zurück, sie wußte nicht so recht, wie sie es ihm beibringen sollte. »Sie dachte, es würde mich vollkommen niederschmettern, aber ich sagte, es sei schon in Ordnung. Ich hatte schon halb damit gerechnet, im tiefsten Innern, trotz all meiner Erwartungen.«

Er bat seine Bekannte, ihm alles in allen Einzelheiten zu schildern, was sie vom Eingang aus in dem Haus gesehen hatte. Sie sprach von vielen Bildern, auf denen Priester, Nonnen und Heilige zu sehen waren, ein Bild war da mit einem Priester ganz in Weiß, das war wahrscheinlich der Papst. Das brachte ihn auf eine Idee. Vielleicht konnte er über die Kirche den Zugang zu ihrem Leben erzwingen. Er bat den Priester der Gesellschaft, jetzt ein Monsignor, in seinem Namen als Vermittler aufzutreten. Aber der Priester war von dem Geist des neuen Gesetzes bedeutend weniger beeindruckt als der Sozialarbeiter, der so hilfsbereit gewesen war. Er ließ sich viel Zeit und zögerte, den inneren Frieden dieser Frau zu stören. Schließlich konnte man ihn dazu bewegen, einen Brief an Frau Carsons Gemeindepriester zu schreiben mit der Bitte, ihn persönlich bei ihr abzugeben, wenn ihr Mann gerade nicht daheim wäre. In diesem Brief wurde sie ausdrücklich auf die Folgen hingewiesen, die eine endgültige Weigerung, ihren Sohn zu treffen, haben könnte, er könnte eines Tages ganz plötzlich vor ihrer Tür stehen, da er sich verzweifelt danach sehnte, sie zu sehen. Dieser Brief blieb ohne Wirkung. Vielleicht war der Gemeindepriester nicht energisch genug gewesen. Vielleicht hatte er den Brief auch nur schnell ausgehändigt und war davongeeilt.

Deshalb beschloß der großartige Sozialarbeiter der Gesellschaft, in Toms Namen zu intervenieren. Er sah, wie verzweifelt Tom war, und er wußte aus Erfahrung, daß es oft großer Überredungskunst bedurfte, um die Mütter zu überzeugen, aber wenn sie einmal den ersten Schock überwunden hatten, waren sie fast immer über die Begegnung sehr glücklich.

Frau Carson erklärte sich bereit, sich außerhalb ihres Hauses mit dem Sozialarbeiter zu treffen, vorausgesetzt, daß sie sich dadurch nicht verpflichtete, Tom zu sehen. Sie wählte als Treffpunkt das Haus eines Bekannten, ihres früheren Arbeitgebers aus der Zeit, als sie Hausangestellte war und schwanger wurde. Das Gespräch hatte sich als quälend und schwierig erwiesen, so daß der Sozialarbeiter Tom leider berichten mußte, er glaube, nicht viel erreicht zu haben.

Tom preßte jede kleinste Information, jeden Eindruck, jede Nuance in den Worten seiner Mutter aus ihm heraus. Je mehr er über sie erfuhr, desto größer schien sein Bedürfnis zu sein, sie kennenzulernen.

»So wie der Sozialarbeiter sie beschrieb, mußte sie eine Frau sein, die voller Selbstmitleid war. Sie sprach von dem schweren Leben, das sie gehabt hatte. Sie hatte einen Sohn. Sie hatte ihn doch tatsächlich Thomas genannt. Ist das nicht ein merkwürdiges Verhalten? Wenn man bedenkt, daß ich nach meinem Vater benannt wurde. Jetzt hat sie zwei Söhne, die Thomas heißen! Sie glaubte, mich in ihrem Gedächtnis auslöschen zu können, indem sie ihm meinen Namen gab. Sie hat bei mir eine geistige Abtreibung vorgenommen und alles meinem Bruder gegeben – alles, sogar meinen Namen. Sie sagte, sie habe für ihren Thomas große Opfer gebracht, er sei zur Universität gegangen und Lehrer geworden, sie sei sehr stolz auf ihn. Sie sagte, für mich habe man gut gesorgt, ich sei gut ernährt und gut erzogen worden in meinem Waisenhaus, und ich sei derjenige, der Glück gehabt hätte, nicht sie. Als sie ihren Mann heiratete, liebte sie ihn, aber er entpuppte sich als ein intoleranter Mensch mit rigorosen Ansichten, er habe ihr das Leben schwergemacht. Nur wegen der Religion habe sie ihn nicht schon vor langer Zeit verlassen.«

Bei diesem schwierigen Gespräch redete sie die meiste Zeit über sich selbst und versuchte, ihren Entschluß zu rechtfertigen, Thomas niemals treffen zu können.

Sie zeigte sehr wenig Interesse oder Mitgefühl für ihn. Der Sozialarbeiter erzählte ihr, daß Tom glücklich verheiratet sei, und er habe zwei entzückende Kinder, er sei ein liebenswerter und guter Mensch, der seine Mutter lediglich sehen und ihr keinesfalls Kummer bereiten wolle. Er habe nicht die Absicht, ihr Vorwürfe zu machen, nur den Wunsch, sie kennenzulernen. »Wenn er wirklich so gut ist, wie Sie behaupten«, sagte sie, »dann bitten Sie ihn, diese Begegnung nicht zu erzwingen. Wenn er es darauf ankommen läßt – sagen Sie ihm das bitte –, dann wäre ich vielleicht gezwungen, eine Dummheit zu begehen. Ich kann ihn nicht treffen, niemals! Ich habe ihm nichts zu bieten. Sagen Sie ihm, daß ich froh bin, daß er im Leben so gut zurechtgekommen ist, was ich von mir leider nicht sagen kann.« Nichts konnte sie bewegen, ihren Entschluß zu ändern.

An diesem Punkt, rieten ihm seine Freunde und seine Familie, insbesondere seine Frau, solle er Schluß machen. Vielleicht würde seine Mutter ihre Meinung ja irgendwann einmal ändern. Vielleicht würden sich die äußeren Umstände ändern. Aber, so meinten sie, im Augenblick könne man nichts mehr tun. Seine große Suche war am Ende angelangt und hatte zu einer unmißverständlichen Ablehnung geführt. Bis zu diesem Zeitpunkt hatte Barbara ihn mit großem Eifer unterstützt. Aber von jetzt an erschrak sie jedesmal, wenn sie feststellte, daß sein Drang, mehr zu erfahren, unvermindert anhielt.

Zunächst schrieb er an seine Mutter und schickte den Brief zur Weiterleitung an den Sozialarbeiter.

»Meine liebe Mutter«, begann er mutig. »Der Sozialarbeiter hat mir Deinen Entschluß, mich nicht zu sehen, mitgeteilt. Aber es ist ein Verlangen, das ich, seitdem ich bewußt denken kann, in all den Jahren empfunden habe. Es tut mir leid, daß Du meinetwegen so schwere Jahre durchmachen mußtest, und es tut mir leid, daß Dein Versuch, ein wenig Glück zu ergattern, vergebens war. Ich kann mir sehr gut vorstellen, wie schwer das gewesen sein muß, ein junges Mädchen in den unsicheren Kriegsjahren, auf bessere Zeiten hoffend, ihrem Verlobten die Wahrheit über ihr Kind vorenthaltend. Es tut mir leid, daß es Dir gesundheitlich nicht besonders gut geht, und ich bin mir des Gefühls, das dieser Brief auslösen könnte, wohl bewußt. Ich habe eine Bitte, die für mich äußerst wichtig ist. Ich hätte gerne drei Fotos, eines von Dir zur Zeit Deiner Heirat, eines von Deiner Familie und eines von Dir jetzt. Ich verspreche Dir, sie zurückzuschicken, aber diese Fotos zu sehen ist für mich von allergrößter Bedeutung.« Dann beschrieb er seine und seines Sohnes Krankheitssymptome und fragte, ob sie möglicherweise an den gleichen Beschwerden leide, aber vielleicht hätten die Ärzte es bei ihr noch nicht diagnostiziert. Es handele sich um eine Krankheit, die bei Iren besonders häufig vorkommen soll. Er legte Fotos von seiner Frau und den beiden Kindern dazu, aber keines von sich selbst, in der Hoffnung, sie neugierig zu machen.

Er schilderte diesen Brief an seine Mutter mit einem verschmitzten Lächeln. »Es war ein ziemlich berechnender Brief, nicht gerade von Herzen kommend. Wenn sie eine Frau voller Selbstmitleid war, dann gefiel ihr vielleicht ein Brief, in dem Mitgefühl zum Ausdruck kam. Ein Brief, in dem ich meine eigene schwere Kindheit und dergleichen beschrieben hätte, hätte bei ihr wohl kaum Anklang gefunden.«

Seine Mutter antwortete ihm nicht direkt. »Sie hat mir noch nie geschrieben. Sie läßt mir über andere Nachricht zukommen. Ich glaube, einer der Gründe ist, daß sie mich nicht direkt anreden will, entweder mit ›Lieber Sohn‹ oder ›Lieber Thomas‹, zumal es schon einen Thomas gibt.« Seine Mutter schickte die Antwort an den Sozialarbeiter.

Sie schrieb: »Vielen Dank für den Brief. Ich bin froh, daß Sie nicht versucht haben, mich einzuschüchtern. Tom scheint immer noch fest entschlossen zu sein, mich zu treffen, aber er nimmt gar keine Rücksicht auf meine Gefühle, mein Alter und meine nervliche Verfassung. Er muß mehr Verständnis für meinen seelischen Zustand aufbringen. Ich kann nicht in direkten Kontakt mit ihm treten. Vielen Dank auch für die Fotos von seinen Kindern, ich freue mich, daß sein Sohn wieder ganz gesund ist. Was seine Sorge um meine Gesundheit anbetrifft, so kann ich nur sagen, das kommt alles von den schweren kummervollen Jahren. Gott sei Dank habe ich einen sehr guten und verständnisvollen Arzt.«

»Ich weiß, daß Tom sich darüber im klaren ist, daß ich mich vor vierzig Jahren mit einem richtigen Taugenichts eingelassen habe, schon das Nennen seines Namens wäre eine Beleidigung für Tom. Aber er ist schon lange tot. Seit wir hier wohnen, habe ich mir wirklich alle Mühe gegeben, um Leib und Seele beieinanderzuhalten. Wenn Tom das Gefühl haben sollte, daß das Leben ihm etwas schuldig geblieben ist, so ist das bei mir nicht anders.«

Sie schrieb noch, daß sie durch die freundliche Hilfe eines Nichtkatholiken ihr Haus bekommen habe, in dem sie und ihr Mann jetzt wohnten, sie mußten von einer kleinen Rente leben, da er wegen seines schlechten Gesundheitszustandes vorzeitig in den Ruhestand gegangen sei. Sie hatte während des Krieges innerhalb eines Jahres ihren Vater und ihre Mutter verloren, das war ein schwerer Schlag gewesen. Sie behauptete, es gäbe nur noch wenige lebende Verwandte, sie seien über ganz Irland verstreut, aber sie erwähnte nicht, wo.

»Ich kann nur hoffen, daß Tom meinen Wunsch, ihn nicht zu sehen, respektieren wird. Ich weiß gar nicht, was er eigentlich von mir will.« Der Brief endete: »Was er tut, wenn ich einmal nicht mehr bin, ist seine Sache. Ich hoffe, er wird mich nicht zu streng beurteilen, aber zum Schluß zählt nur das Jüngste Gericht. Wenn ich jünger wäre, würde ich vielleicht mit allem besser fertig werden. Falls ich überhaupt die Möglichkeit bekomme, dann werden wir uns vielleicht eines Tages sehen.« Sie fügte ein Foto von sich bei. Es zeigte eine gutaussehende Frau in den Sechzigern, gepflegt gekleidet mit einer roten Strickjacke und sorgfältig frisiert, die in einem Garten saß.

Tom war fest entschlossen, sie zu sehen. Er machte sich auf den Weg nach Folkestone und lauerte ihr an einem Sonntagmorgen vor ihrem Haus auf. Er hatte Glück, daß Herr und Frau Carson zu verschiedenen Zeiten in die Kirche gingen. Er beobachtete sie, als sie aus dem Haus trat. »Sie ging an mir vorbei, sie schaute mich einen Augenblick an. Sie hat mich nicht erkannt.« Er folgte ihr in die Kirche. »Ich war erstaunt, daß sie so agil ist. Sie sauste da entlang, ziemlich munter für jemanden, der behauptet, derart krank zu sein.« Er redet über diesen allerersten Blick auf sie mit solch einer merkwürdigen Mischung von widersprüchlichen Gefühlen, daß es schwerfällt zu sagen, was er genau empfand.

Wie sah sie aus? »Überhaupt nicht attraktiv. Nicht so ansprechend wie auf dem Foto, das sie mir geschickt hatte. Man sah ihr wirklich an, daß sie ein schweres Leben gehabt hat, sie sah ganz verhärmt aus. Wie eine typische Putzfrau, in einem weiten Mantel, die dünnen Beine in schrecklichen, knöchelhohen Stiefeln. Sie trug ein Kopftuch, so wie es die ärmeren Iren oft tragen. Nur die Aristokraten und die Armen tragen Kopftücher. Sie hatte ein kleines Gesicht, eingesunkene Augen und scharfe Gesichtszüge.« War das eine Enttäuschung? »Es war wundervoll. Da saß ich in der Kirche, nur einen Sitz von ihr entfernt. Ich habe sie die ganze Zeit betrachtet, während des ganzen Gottesdienstes. Ich starrte sie an und konnte nicht eine Minute meinen Blick von ihr wenden. Ich war magisch angezogen. Ich fühlte mich ihr sehr nahe. Es ging mir durch und durch.

Meine Mutter! Ich spürte es bis in die Knochen. Ich glaube, ich hätte sie überall erkannt, da war eine solch starke Affinität.« Er verstummte und schüttelte traurig den Kopf, »Man kann das Gefühl schlecht beschreiben, aber es war wirklich sehr stark.«

Er kam dorthin zurück, sechs-, siebenmal oder sogar noch öfter, und er wartete und beobachtete, und manchmal begleitete er sie heimlich in die Kirche. Er belagerte sie – »wie ein Liebhaber«, sagt er, noch immer verwundert über die Intensität seiner Gefühle und verwirrt über ihren unerklärlichen Ursprung. »Ich weiß, was für eine Art Mensch sie ist, und ich mag sie nicht. Sie ist eigennützig, egozentrisch, willensschwach und herzlos. Aber so ist das nun mal – sie ist auch meine Mutter.« Es geht ihm wie einem Mann, der einem bösen Zauber verfallen ist.

Plötzlich sah er eines Tages zu seinem Entsetzen ein Schild mit der Aufschrift ›Zum Verkauf‹ an dem Haus der Carsons. Er lief sofort zu dem Makler, um sich zu erkundigen. Er erfuhr, daß das Haus seiner Mutter gehörte und nicht, wie sie behauptet hatte, ihrem früheren Arbeitgeber. Er fand auch heraus, daß der Arzt ihr einen Klimawechsel empfohlen hatte. Er glaubte aber, daß sein Auftauchen etwas damit zu tun hatte. Als sie auszog, war er gerade da und beobachtete sie und sah die Möbelwagen hin- und herfahren. Sie hinterließ niemandem eine Adresse, weder den Nachbarn noch dem Priester, noch dem Makler. Fünfundvierzig Jahre hatte sie dort gewohnt, und nun verschwand sie einfach, spurlos. Ihre Freunde und Nachbarn konnten sich das nicht erklären. Tom war entrüstet. »Sie hatte versprochen, den Sozialarbeiter zu benachrichtigen, falls sich ihre Adresse jemals ändern sollte, aber das hat sie natürlich nicht getan. Ich glaube, sie wollte ohnehin wegziehen, aber durch mein Aufkreuzen hat sie ihren Plan sicher schneller realisiert.« Hatte sie vielleicht doch bemerkt, daß sie von ihm beobachtet wurde? Hatte sie das erschreckt? Tom ist ganz sicher, daß sie keine Ahnung davon hatte. Jedenfalls schenkte sie dem Mann, der sich so oft in ihrer Nähe herumtrieb, keinerlei Beachtung.

Aufgrund einer Bemerkung, die jemand machte, vermutete er, daß sie nach Irland zurückgekehrt war, wahrscheinlich in das Gebiet, in dem sie zur Welt gekommen war und ihre Kindheit verbracht hatte. Er fuhr bis nach Dublin, um im Zollhaus, dort sind alle Iren registriert, nach ihrer Geburtsurkunde zu suchen. Das dauerte eine ganze Weile, aber schließlich fand er sie, das Dorf, aus dem sie kam, war deutlich angegeben. Er fuhr mit dem Bus in das fünfzig Meilen von Dublin entfernte Dorf und hielt Ausschau nach einem Haus, in das gerade jemand eingezogen war. »Ich hatte nicht sehr viel Zeit, da nur ein Bus am Tag zurückfuhr. Aus Versehen war ich in die falsche Richtung gegangen. Als der Bus kam, betrat ich gerade das Postamt, um mich nach den Carsons zu erkundigen. Ja, sagte die Postangestellte, die Carsons ziehen gerade in ihren neuen

Bungalow am Ende des Dorfes. Wie sein Name sei. Er gab seinen Namen mit Reilly an und sprang auf den Bus. Er hoffte, seine Mutter würde erraten, daß er dort gewesen war und sie gefunden hatte.

Der Gedanke, daß sie erfahren würde, daß sie ihm nicht entkommen war und niemals entkommen würde, erfüllte ihn mit einer gewissen Befriedigung. Es bereitete ihm teuflisches Vergnügen, sich vorzustellen, wie entnervt sie sein würde, wenn sie merkte, daß er sie bis nach Irland verfolgt hatte, obwohl sie sich dort sicher glaubte. Während seiner Nachforschungen in der Dubliner Kartei hatte er auch ihre Familienangehörigen überprüft und kannte jetzt all ihre Namen, ihr Alter und hatte festgestellt, daß sie noch am Leben waren und in dem gleichen Dorf wohnten. Sie würde entsetzliche Angst haben, daß ihr Geheimnis ausgerechnet hier aufgedeckt werden könnte, vor den Augen ihrer ganzen Verwandtschaft.

Dann wandte er seine Aufmerksamkeit anderen Familienmitgliedern zu. Zuerst wollte er seinen Bruder Thomas kennenlernen. Er war krankhaft eifersüchtig auf ihn. Dieser Bruder, dieser Usurpator, er hatte seinen Namen, die Liebe der Mutter, ihr Geld und ihre Kraft für sich beansprucht. Er hatte die allerbeste Ausbildung, die größten Chancen, hatte eine Familie gehabt, kurzum alles, was Tom vorenthalten worden war. Und dennoch, vor seinem geistigen Auge sah er sie beide auch als die besten Freunde, die nach langer Zeit wiedervereinten Brüder.

Der Gemeindepriester der Carsons verriet Tom, daß sein Bruder Thomas Lehrer an einer Privatschule für Jungen in der Nähe von Folkestone war. Daraufhin rief er alle Privatschulen in dieser Gegend an und fragte nach einem Thomas Carson. »Ich wollte erreichen, daß mir jemand schildert, wie er aussieht. Ich hatte ja keine Ahnung. Danach wollte ich ihn mir dann persönlich angucken.« Schließlich fand er die richtige Schule. Ja, beim Lehrpersonal gab es einen Thomas Carson. Tom erklärte der Schulsekretärin, daß er ein alter Kommilitone sei und versuche, ihn aufzuspüren. »Könnten Sie mir bitte sagen, wie er aussieht?« fragte er. »Ich möchte ganz sicher gehen, daß es sich um den gleichen Thomas Carson handelt, mit dem ich früher befreundet war.« Die Sekretärin war bereit, ihn zu beschreiben – groß, dunkles Haar, Stirnglatze, trägt eine Brille.

Tom beschloß, hinzufahren und zu versuchen, einen Blick auf seinen Halbbruder zu werfen. »Es war erstaunlich einfach, hineinzukommen. Ich gab mich als Vater eines zukünftigen Schülers aus und bekam eine Broschüre über die Schule ausgehändigt. Sie enthielt eine Liste aller Lehrer und deren Qualifikationen, und ich stellte fest, daß er einen MA * vom Worcester College in Oxford in Physik und Chemie hatte. Dann ging ich in eine Bibliothek und schlug in einem Oxford-Jahrbuch nach, wann er

* Master of Arts – Universitätsgrad

seinen akademischen Grad erworben hatte. Danach schrieb ich an das Worcester College und bat um ein Foto von ihm aus dem betreffenden Jahr. Aber der Sekretär sagte, er habe keine Zeit, es herauszusuchen, das brachte mich also nicht weiter.« Er fand dann heraus, daß die Schule im Juli eine Fete veranstalten wollte. Er fuhr noch einmal dorthin und hoffte, bei der Gelegenheit seinen Bruder zu sehen. »Aber als ich dort ankam, war er schon weg. Ich bat jemanden, mir Herrn Carson zu zeigen, aber man sagte mir, er sei gerade gegangen, darum habe ich ihn niemals zu Gesicht bekommen.«

Er machte Aufzeichnungen über seinen Bruder und rief während der Ferienzeit, weil er dann nicht da war, in der Schule an, um nachzufragen, ob er noch zum Lehrpersonal gehörte. Er hätte ihm am liebsten geschrieben oder wäre ihm gegenübergetreten, aber er fühlte sich verpflichtet, den Wunsch seiner Mutter zu respektieren, niemandem von ihrer Familie etwas von seiner Existenz zu sagen. »Sie kann von Glück reden, daß ihr Sohn ein so anständiger und verläßlicher Mensch ist«, meint Barbara, Toms Frau, und sie hat natürlich recht. Mancher Adoptierte, wütend und verärgert über eine zweite Ablehnung, hätte sich vielleicht aus purer Rache der Familie seiner Mutter aufgedrängt. Aber nicht Tom. »Es gab Zeiten, da geriet ich wirklich in Versuchung. Aber da sie mich gebeten hatte, es nicht zu tun, brachte ich es einfach nicht fertig. Ich mußte mir immer wieder vor Augen führen: ›Warum mache ich das alles?‹ Ich mußte mich auf mein wirkliches Ziel konzentrieren – und das war, meine Mutter kennenzulernen und mich mit ihr anzufreunden. Ihre Wünsche zu sabotieren würde mir da nicht weiterhelfen.«

Dann machte die Schule seines Bruders plötzlich Pleite und wurde geschlossen. Aber kurz bevor das geschah, ging ein Freund von Tom, der die Spannung nicht länger ertragen konnte, eines Tages auf seinen Bruder zu und erzählte ihm alles. »Dieser Freund wußte, daß mir die Hände gebunden waren, aber er meinte, für ihn gelte das nicht. Darum appellierte er in meinem Namen an meinen Bruder, sich mit mir zu treffen. Er wußte, wie sehr ich mir wünschte, ihn zu sehen.« Sein Bruder, was nicht verwunderlich ist, reagierte mit Erschrecken und Erstaunen, als er hörte, daß er einen älteren Bruder habe, der in einem Waisenhaus aufgewachsen war. Er sagte, er brauche Zeit, um darüber nachzudenken. Und er sagte, er würde bestimmt nicht mit seinen Eltern darüber sprechen, auf gar keinen Fall mit seinem Vater. Er versprach, in Verbindung zu bleiben. Aber dann verschwand er, und weder Tom noch sein Freund haben je wieder etwas von ihm gehört.

Tom schrieb an den ehemaligen Direktor der geschlossenen Schule, dessen neue Adresse er ausfindig machen konnte, und bat ihn, einen Brief an seinen Bruder nachzusenden. Aber der Direktor leitete den Brief an

Thomas' Mutter in Irland weiter. Tom hatte den Brief vorsichtshalber mit Tom Reilly unterschrieben. Wenn irgend jemand in dem Dorf O'Mara gelesen hätte, wäre das Geheimnis seiner Mutter vielleicht herausgekommen. Der Brief wurde prompt an den ehemaligen Direktor zurückgeschickt mit einer Notiz, daß Thomas Carsons Aufenthaltsort nicht genannt werden könne. Er suche gerade eine neue Anstellung als Lehrer, und mehr könne darüber nicht gesagt werden. Der Zettel mit diesen paar knappen Worten war unterzeichnet mit S. Phillips. Aber Tom ließ sich nicht täuschen, er erkannte sofort die Handschrift seiner Mutter. Natürlich hatte sie sich denken können, daß dieser Tom Reilly ihr Sohn Tom O'Mara war, und sie wollte ihm die Adresse ihres jüngeren Sohnes Thomas nicht preisgeben. Aber Tom suchte weiter nach seinem Halbbruder, er wußte nur nicht genau, was er nun unternehmen sollte. Bei seinen hartnäckigen Detektivmethoden wird es jedoch wohl nicht allzulange dauern, bis er den Aufenthaltsort seines Bruders entdeckt. Allerdings fragt man sich, warum ist es so wichtig, ihn zu finden, wenn sein Bruder ihn nicht sehen will.

Nachdem er von seiner Mutter und seinem Bruder zurückgewiesen worden war, wandte Tom nun seine ganze Aufmerksamkeit seinem Vater zu. In den Originalbriefen und Dokumenten, die sich in den Akten der Gesellschaft befanden, hatte Edna O'Mara gezwungenermaßen Einzelheiten über den Vater ihres Kindes nennen müssen. Sein Name war dort mit Thomas Flanagan angegeben. Tom hatte bisher nichts unternommen, um nach seinem Vater zu forschen, da seine Mutter ganz klar gesagt hatte, er sei tot. Aber selbst dann, wenn sein Vater tot war, wollte Tom Näheres über ihn herausfinden. Er wollte wissen, ob er geheiratet hatte, in diesem Fall könnte er einige Halbbrüder und Halbschwestern haben – dieser Gedanke machte ihm neue Hoffnung.

Er wußte, daß sein Vater Ire war, das bedeutete eine erneute Reise nach Dublin zum Zollhaus, um die Kartei einzusehen. Den Namen und die Adresse fand er dort auch. Daraufhin ging er zu einem Archivar in Folkestone, um in den Wählerlisten nach einer Spur von ihm zu suchen. Vergebens! Dann ging er noch einmal zum St. Catherine's House und suchte stundenlang nach einem Thomas Flanagan, der irgendwann ungefähr in den vergangenen zwanzig Jahren gestorben war. Es war eine lange, mühsame Arbeit, es gab so viele Thomas Flanagans, und er kannte das Todesdatum nicht. Schließlich stieß er auf einen, der es sein konnte. Ein Thomas Flanagan, vor kurzem gestorben, Landarbeiter und zur Zeit von Toms Geburt ledig. Allerdings starb er in Newcastle. Tom suchte nach der Heiratsurkunde. Ja, er war verheiratet gewesen, und er hatte eine Tochter. Die Adressen waren auch auf den Heirats-, Geburts- und Sterbeurkunden, das würde ihn sicherlich auf die Spur der Familie seines Vaters führen. Dann konzentrierte er sich auf seine Halbschwester. Er fand ihre

Heiratsurkunde und somit ihre Adresse. Er fand sogar die Geburtsurkunden ihrer Kinder. Er beschloß, sich an sie zu wenden, und er schrieb ihr einen langen Brief, in dem er alles erklärte. Er sagte, er sei ziemlich sicher, daß ihr Vater auch sein Vater sei und sie deshalb Halbgeschwister seien. Zu seiner großen Freude rief sie ihn sofort an. »Sie war der gütigste und hilfsbereiteste Mensch. Sie war genauso begeistert wie ich, daß sie einen Bruder gefunden hatte. Wir redeten und redeten. Sie sagte, sie könne sich zwar nicht so recht vorstellen, daß ihr Vater so etwas Schreckliches getan habe – eine langjährige Freundin schwanger machen und dann einfach verschwinden. Ihr sei auch nicht bekannt, daß ihr Vater jemals an der Südküste gelebt habe. Mit ihnen hatte er immer nur über Newcastle und Irland gesprochen.«

Es entwickelte sich bald eine Freundschaft. Seine Halbschwester kam nach London, um sie zu besuchen, und Tom machte mit seiner Familie einen Gegenbesuch im Norden. Er nahm alles, was mit ihrem Vater zusammenhing, begierig in sich auf, jede Anekdote, jedes Detail seiner Lebensgeschichte und seines Charakters.

Schließlich fand seine neue Schwester den Mut, die ganze Geschichte ihrer Mutter gegenüber zu erwähnen. »Natürlich war ihre Mutter ganz entsetzt und wurde wegen dieses Verdachts sehr ärgerlich. Sie sagte, sie wisse genau, daß ihr verstorbener Mann nicht mein Vater sein könne. Er sei einfach nicht diese Sorte Mann. Sie war sich auch ganz sicher, daß er niemals an der Südküste gewesen war. Sie lehnte es ganz entschieden ab, mich zu treffen, und sagte, das würde sie niemals tun, da sie nicht glaube, daß ich einen Anspruch auf einen Platz in ihrer Familie habe. Ich hätte gerne mehr über ihren Mann, meinen Vater, gewußt, aber sie wollte mich nicht sehen.«

Seine Nachforschungen über seine Familie gingen in alle Richtungen weiter. Im Laufe eines dritten Besuchs im Zollhaus von Dublin stieß er auf noch einen Thomas Flanagan, der aus demselben Dorf stammte wie seine Mutter, Edna O'Mara, und dieser Thomas Flanagan war noch quicklebendig. Das gab ihm großen Auftrieb. Es wurde ihm klar, das mußte sein richtiger Vater sein! Das paßte alles viel besser ins Bild. Seine Mutter hatte ihm nur gesagt, daß sein Vater tot sei, um ihn irrezuführen, vielleicht auch, weil sie sich das so wünschte. Es war allerdings etwas merkwürdig, daß seine Mutter mit ihrem Ehemann ausgerechnet in das Dorf zurückgekehrt war, in dem auch ihr früherer Liebhaber lebte. Die Gefahr einer Enthüllung war beträchtlich – und dennoch, sie schien es trotzdem getan zu haben. Das Bedürfnis, an die Stätte ihrer Kindheit zurückzukehren, war stärker gewesen als die Furcht vor einer möglichen Begegnung mit Thomas Flanagan.

Jetzt stand Tom vor der unangenehmen Aufgabe, der Familie Flanagan in Newcastle gestehen zu müssen, daß alles ein großer Irrtum war. Aber bis er wieder Verbindung mit ihnen aufnehmen konnte, war Frau Flanagan gestorben. Er hatte die Befürchtung, daß seine angeblichen Enthüllungen über ihren Mann ihr Ende beschleunigt haben könnten. Jedoch ihre Tochter war freundlich und verständnisvoll wie immer. Sie war zutiefst enttäuscht, daß Tom nun doch nicht ihr Bruder war, aber sie sind trotz allem gute Freunde geblieben, und sie verfolgt die weitere Entwicklung seiner Nachforschungen mit großem Interesse. Aber dieses Vorkommnis sollte allen Familien ein warnendes Beispiel sein für die möglichen Gefahren, die entstehen können durch unbedachtes Handeln bei der Suche nach dem verlorenen Kind und durch das Verlangen, ihre Elternschaft irgendeinem Kind aufzuzwingen, das einigermaßen ins Bild paßt. Tom hat gegenüber Frau Flanagan ein starkes Schuldgefühl wegen des Kummers und des Ärgers, den er ihr zugefügt hat, und er hat sich fest vorgenommen, in Zukunft vorsichtiger vorzugehen.

Als er herausfand, daß seine Mutter ihn in bezug auf den Tod seines Vaters belogen hatte, sah er sich in einem Anflug von Ärger nach jemandem um, der bereit war, für ihn bei der Mutter zu vermitteln. Das war jedenfalls der angebliche Grund. Wahrscheinlich war es der Wunsch, ihren Bekannten zu verstehen zu geben, wie enttäuscht er über ihr Verhalten ihm gegenüber war. Sie hatte versprochen, die Verbindung aufrechtzuerhalten. Sie hatte am Schluß ihres letzten Briefes sogar angedeutet, daß sie sich vielleicht irgendwann einmal treffen würden. Doch dann war sie einfach abgehauen, entwischt, untergetaucht, ohne ein Wort zu sagen. Wie konnte sie es wagen, ihm das anzutun! Ihm, der nichts anderes auf der Welt wollte als seine Mutter. Seine Gefühle waren jetzt eine Mischung aus Zorn und Gekränktsein. Die eine Hälfte in ihm liebte sie, die andere sann auf Rache.

Er schrieb an Frau Forbes, eine alte Bekannte und ehemalige Arbeitgeberin seiner Mutter in Folkestone, an die auch alle Briefe von der Gesellschaft und dem Priester adressiert worden waren, um zu verhindern, daß sie Herrn Carson in die Hände fielen. Diese alte Bekannte war wahrscheinlich der einzige Mensch im Leben seiner Mutter, der über Toms Geburt Bescheid wußte, da Edna damals bei ihr beschäftigt war. Tom schrieb an Frau Forbes und bat sie, in seinem Namen zu vermitteln. Aber er machte in dem Brief auch seinem Ärger Luft.

Er schrieb sehr ausführlich. Er nannte es »pervers, wenn eine Mutter ihr Kind zurückstößt«. Er bedauerte es, sich verpflichtet zu haben, keinen Kontakt zu ihrer Familie aufzunehmen und ihr Geheimnis nicht zu verraten. »Ich habe einen Bruder, und ich habe ein Recht darauf, ihn kennenzulernen.« Er berichtete auch von der verhängnisvollen Begegnung mit den Flanagans in Newcastle. Er beschuldigte seine Mutter, ihn belogen zu haben, und machte sie für diesen Zwischenfall verantwortlich. »Meine Mutter ist Ihre Freundin, aber ich habe sie vierzig Jahre lang entbehren müssen. Und als ich sie endlich fand, lief sie davon. Sie ist mein eigen Fleisch und Blut. Genauso wie mein Vater, den ich ganz bestimmt auch finden werde. Ich bin auf der Suche nach meinen Wurzeln.«

Es war seine Absicht, seiner Mutter einen Schrecken einzujagen. »Von meiner Mutter erwarte ich keine Ehrlichkeit mehr, nachdem sie mir fälschlicherweise gesagt hat, daß mein Vater tot sei. Ich möchte meinen Vater unbedingt kennenlernen, aber ich möchte nicht den gleichen Fehler noch einmal machen. Soviel ich weiß, lebt er in seinem Heimatdorf Tregarn, und falls ich von meiner Mutter oder Ihnen nichts höre, beabsichtige ich, ihn dort aufzusuchen.« Er wußte genau, daß die Drohung, nach Tregarn zu gehen und nach seinem Vater zu fragen, Panik auslösen würde. Er verriet in dem Brief nicht, daß er bereits wußte, daß seine Mutter auch dort wohnte. Aber sie konnten es sich vielleicht denken. »Nur die Wahrheit über ihn kann mich daran hindern, in fremde Familien hineinzuplatzen. Falls ich in der nächsten Zeit nichts von Ihnen höre, werde ich nach Tregarn fahren.«

Von all seinen Briefen war dieser der wütendste. Der Ton des Briefes, den er darauf von Frau Forbes erhielt, gefiel ihm gar nicht, und sie ging auch nicht auf irgendeine seiner Fragen ein. Es schien, als habe sie den Brief gar nicht an seine Mutter weitergeleitet, und über den Aufenthaltsort seines Vaters erwähnte sie auch nichts.

»Sehr geehrter Herr Flanagan«, schrieb Frau Forbes, »erlauben Sie mir, die Fakten so darzustellen, wie sie mir bekannt sind. Die Empfängnis Ihrer Mutter war ein großes medizinisches Wunder. Sie war zu dem Zeitpunkt Ihrer Geburt eine ›virgo intacta‹, ein äußerst seltener und unglücklicher Umstand.« Tom glaubt nicht daran, außerdem ist die Behauptung von der unbefleckten Empfängnis seiner Mutter für ihn ganz ohne Bedeutung. »Sie war damals sehr jung und unerfahren, sie und ihr Freund kannten sich schon ziemlich lange. Sie war noch keine neunzehn, als Sie geboren wurden. Und da stand sie nun, sehr jung, ohne Geld und ohne ein Zuhause. Zurückzugehen nach Irland war ganz unmöglich. Ihr Vater benahm sich schändlich, als sie ihm von der Schwangerschaft erzählte, wollte er nichts mehr von ihr wissen. Er war ein schlechter Mensch und ohne jedes Verantwortungsgefühl. Bei ihrem geringen Lohn« – hier lacht Thomas spöttisch, da Frau Forbes selbst damals die Arbeitgeberin seiner Mutter war – »hätte sie Sie niemals behalten können. Adoption wäre die beste Lösung gewesen. Ihre Mutter hat erhöhten Blutdruck und muß Medikamente für ihr Herz einnehmen. Ihr Mann ist ein äußerst schwieriger Mensch, und falls er etwas über Sie erfahren sollte, könnte das die Ehe ernsthaft gefährden. Wenn Sie nur die geringste Achtung vor Ihrer Mutter haben, dann lassen Sie sie in Ruhe, ich bitte Sie darum. Seien Sie glücklich und zufrieden mit Ihrer eigenen Familie. Mit freundlichen Grüßen, Ihre Celia Forbes.«

Er schrieb sofort an Frau Forbes zurück. »Meine Mutter hat mir gegenüber keinerlei Entgegenkommen gezeigt. Man hat ihr sowohl durch die Gesellschaft als auch durch den Priester ein Treffen vorgeschlagen und ihr absolute Diskretion zugesichert. Niemand hätte davon erfahren. Außerdem hat sie mir ihr Wort gegeben, mich über ihren Aufenthaltsort auf dem laufenden zu halten, trotzdem verschwand sie, ohne eine Spur zu hinterlassen. Ich möchte nur einmal in meinem Leben eine ganz normale Unterhaltung mit meiner Mutter führen, so wie unter guten Freunden. Haben Sie Dank für Ihren Brief, ich habe nicht die Absicht, mit meiner Mutter direkt zu korrespondieren, da ich befürchten müßte, dadurch ihr Geheimnis zu verraten. Aber ich bin nicht bereit, auf mein Geburtsrecht, etwas über meine Familie zu erfahren, zu verzichten. Ich werde meinen Bruder und ich werde meinen Vater finden, und wenn er tot sein sollte, dann werde ich sein Grab finden.« Er fragte sie noch, ob sie vielleicht Fotos von seiner Mutter und besonders von seinem Bruder habe.

Auf diesen Brief erhielt er nur eine knappe Antwort. Offenbar wünschte Frau Forbes, diese Korrespondenz schnell zu beenden. Sie sagte, seine Mutter sei verärgert, daß er an ihre Bekannte (Frau Forbes) überhaupt geschrieben habe, er habe dadurch, ihrer Auffassung nach, die getroffenen Absprachen nicht eingehalten. Frau Forbes fügte noch hinzu, daß sie selbst für einige Zeit im Ausland sein werde, es habe also keinen Zweck, ihr noch einmal zu schreiben. Das war's dann.

Die genaue Anschrift seines Vaters kannte er zwar nicht, aber er war ziemlich sicher, daß er ihn noch in Tregarn, seinem Heimatdorf, antreffen würde. Er hatte tatsächlich recht. Thomas Flanagan war damals, als er vor Edna floh, nach Hause nach Irland zurückgekehrt und hatte sie alleine, schwanger und ohne Freunde zurückgelassen. Aber Tom, wie so viele Kinder, die auf der Suche nach ihren Eltern sind, dachte nicht daran, seinem Vater Vorhaltungen zu machen oder sich an ihm zu rächen. Wäre sein Vater ein anständiger Mensch gewesen, dann wäre Toms Leben ganz anders verlaufen. Und trotzdem war sein Verlangen nach der Liebe und Kameradschaft eines richtigen Vaters stärker als der Gedanke an das Leid, das sein Vater ihm und seiner Mutter in der Vergangenheit zugefügt hatte.

Er nahm mit derselben Frau im Postamt des Dorfes Kontakt auf, die ihm auch die Adresse seiner Mutter verraten hatte. Er schrieb ihr und gab sich als ein älterer Mann mit Namen Thomas Reilly aus, der nach seinen Vorfahren forschte. Er sagte, er suche einen Thomas Flanagan, mit dem er während des Krieges in Folkestone befreundet gewesen sei. Er bat sie, ihm dessen Anschrift mitzuteilen und einen Kontakt zu seinem alten Freund herzustellen. Die Postangestellte antwortete ihm prompt und sagte, sie habe mit Thomas Flanagan gesprochen. Er könne sich an seinen alten Freund Thomas Reilly gut erinnern, und er würde sich sehr freuen, ihn wiederzusehen! Offensichtlich hatte Tom mit der Wahl seines Pseudonyms großes Glück gehabt, auf diesen Namen war er durch seine Pflegeeltern gekommen, bei denen er im Alter von fünfzehn Jahren gelebt hatte. Thomas Flanagan ging sogar noch weiter. Er lud seinen guten alten Freund ein, zu Besuch nach Irland zu kommen und bei ihm zu wohnen.

Tom war hoch erfreut. Mit soviel Glück hatte er nicht gerechnet. Er beantwortete den Brief sofort, aber unterschrieb ihn vorsichtshalber noch mit Thomas Reilly. Er bedankte sich für die freundliche Einladung und versprach, in der allernächsten Zeit davon Gebrauch zu machen.

Tom bekam keine Antwort. Aber unbeirrt schrieb er noch einmal. Diesmal begann er, ihn behutsam auszuhorchen und einige Fragen zu stellen. War er wirklich der gleiche Thomas Flanagan, der 1939 in einer Pension in Folkestone gewohnt hatte? Hatte er eine gewisse Edna O'Mara gekannt? Aber auch auf diesen Brief bekam er keine Antwort. Dann schrieb er noch einmal, und diesmal kamen alle seine Briefe zurück. Eine kurze Notiz von einer Nachbarin besagte, daß Thomas Flanagan wegen einer Hüftoperation im Krankenhaus sei, aus diesem Grunde hatte die Post ihn nicht erreicht.

Tom setzte sich sofort mit dem Krankenhaus in Verbindung, er hatte Angst, sein Vater könne sterben, noch ehe er die Möglichkeit bekam, ihn zu sehen. In seiner Sorge führte er ein langes Gespräch mit der Stationsschwester, einer Nonne – »Und wie alle Nonnen war sie schrecklich neugierig und mischte sich gerne ein. Aber von meiner Geschichte war sie richtig begeistert, und sie versprach, alles zu tun, um mir zu helfen.« Die Nonne sprach ausführlich mit Thomas Flanagan, der hilflos im Bett lag, und erklärte ihm alles. Als Tom dann am nächsten Tag anrief, teilte sie ihm mit, daß sein Vater bereit sei, ihn zu empfangen, falls er ihn besuchen wolle.

Tom ließ alles stehen und liegen und fuhr sofort nach Irland. Am Neujahrstag kam er in dem Krankenhaus an. »Ich kann nicht behaupten, daß ich die gleiche Vorfreude und das gleiche Vergnügen empfand, meinen Vater zu treffen, wie das bei meiner Mutter der Fall gewesen wäre. Hier handelte es sich mehr um Neugierde und nicht so sehr um tiefe Gefühle. Ich wollte alles über ihn wissen und mich mit ihm anfreunden, aber es war nicht annähernd so wichtig für mich, wie ein Treffen mit meiner Mutter gewesen wäre.«

Sein Vater, ein alter kranker Mann, sah sich seinen Sohn genau an, als dieser das Krankenzimmer betrat. Tom setzte sich an sein Bett und wartete gebannt auf ein Zeichen. Sein Vater begann unverzüglich zu sprechen. »Ich wollte dich sofort sehen«, sagte er. »Es ist dringend nötig, diese Angelegenheit sofort richtigzustellen. Ich bin nicht dein Vater. Ich bin ganz und gar nicht dein Vater. Ja, es stimmt, ich bin etwa vier Jahre mit Edna O'Mara gegangen, bevor sie schwanger wurde. Aber ich war es nicht. So etwas hätte ich nie getan. Sie ging damals auch noch mit anderen Männern, und ich bin sicher, einer von denen war es.« Tom war enttäuscht, daß sein Vater nicht ehrlicher war. »Wie ich sehe, bist du ein sehr netter Kerl«, fuhr sein Vater fort, »aber ich kann auch sehen, daß du nicht mein Sohn bist. Ich habe keinen Sohn. Erst einmal bist du viel größer als ich, schau dich doch mal an.« Tom wandte ein, daß er als Kind immer außergewöhnlich klein gewesen sei und auch jetzt sei er keineswegs groß. Seine Mutter ist ziemlich groß, darum betrachtet Tom seine Größe als noch einen Beweis dafür, daß Thomas Flanagan sein richtiger Vater ist. Er sträubte sich auch dagegen zu glauben, daß seine Mutter viele Männerbekanntschaften gehabt hatte. Das war ganz unwahrscheinlich, und es entsprach auch nicht ihrem Charakter. Viel wahrscheinlicher war es, daß sie nach vier Jahren damit gerechnet hatte, daß Thomas Flanagan sie heiraten würde, aber der änderte seine Meinung.

»Ich saß den ganzen Tag bei ihm im Krankenhaus. Ich glaube, er hatte nicht viele Freunde. Er lebte ganz alleine auf seinem bißchen Land und hat nie geheiratet. Den ganzen Tag machte er meine Mutter und die O'Mara-Familie schlecht. Ich denke, im Laufe der Jahre begann er an seine Version der Geschichte selber zu glauben. Er mußte sie einfach glauben, um mit dem, was er angerichtet hatte, fertig zu werden. Ich vermute, damals war er sich gar nicht im klaren darüber, daß er log. Die ganze Sache hatte ihn ziemlich mitgenommen, aber nicht genug, um die Wahrheit zu bekennen. Es brachte ihn völlig aus der Fassung, als ich ihn darauf hinwies, daß die Unterlagen der Gesellschaft bewiesen, daß er die Vaterschaft damals gar nicht abgestritten hatte. Er sagte immer wieder: ›Jetzt kann ich nicht mehr Vater sein, nicht in meinem Alter. Ich weiß, du bist ein netter Kerl, aber Dad von irgend jemandem könnte ich nicht sein, jetzt nicht mehr.‹«

Tom verbrachte den ganzen Tag mit ihm. »Ich genoß seine Gesellschaft. Es war ein langer Tag, ich versuchte, ihm Geschichten zu entlokken über seine Familie, die ja auch meine Familie war. Aber natürlich konnte diese Begegnung nicht das ersetzen, was ich ein Leben lang entbehrt hatte. Seine Geschichte nahm ich ihm sowieso nicht ab. Frauen wissen genau, wer der Vater ihres Kindes ist.«

Als er nach England zurückgekehrt war, schrieb er seinem Vater sofort einen Brief und legte Fotos von seiner Frau und den Kindern dazu.

»Lieber Dad«, schrieb er in der Hoffnung, die nötigen väterlichen Gefühle zu wecken. Auf jeden Fall bewirkte er damit, daß sein Vater ihm postwendend antwortete. Sein Brief ist hingekritzelt, unleserlich und unverständlich, Wörter und Sätze oft ohne Zusammenhang und ohne Sinn. Er erklärte, daß im allgemeinen jemand das Schreiben für ihn übernähme, aber diese Person sei im Augenblick nicht da. Trotzdem gelang es ihm, eines klarzumachen: »Ich bin nicht dein Vater«, aber er sagte auch, daß er ihm jederzeit willkommen sei – als Freund, nicht als Sohn.

Aber er hatte ein entzückendes Foto von sich und Edna in Folkestone beigefügt, eine sorgfältig gestellte Studioaufnahme für die Angehörigen zu Hause. »Ich war gerührt, daß er dieses hübsche Foto so lange aufbewahrt hatte. Man sah daran, daß es ihm etwas bedeutete, auch wenn er damals zum Schluß davonlief«, sagt Tom und schaut liebevoll auf das verblaßte braune Foto mit den beiden jungen irischen Liebenden im Sonntagsstaat, erstarrt in einer steifen Fotopose. Eine echte Fotografie seiner Eltern, die man anderen Leuten zeigen kann, ist für Tom eine große Kostbarkeit. In seinem ganzen bisherigen Leben hatte er niemanden, von dem er erzählen konnte, kein Foto zum Vorzeigen, jetzt hatte er zumindest etwas. »Ich fühle mich nicht mehr ausgeschlossen, wenn Leute von ihrer Mum und ihrem Dad sprechen. Jetzt kann ich mitreden.«

Er schrieb zurück, um sich bei seinem Vater für das Foto zu bedanken, und sagte, daß er ihn bald wieder besuchen würde. »Wir werden dann ein Bier zusammen trinken.« Dieser Brief, in dem er ihn wieder mit ›Lieber Dad‹ angeredet hatte, kam geöffnet zurück mit dem Vermerk ›Verstorben‹. Der Brief war der Schwester des Vaters bis nach Kanada nachgesandt worden, die hatte sicher einen kleinen Schrecken bekommen, als sie las ›Lieber Dad‹.

Der Tod seines Vaters war zuerst ein Schock, aber allzu großen Kummer hat er ihm nicht bereitet. »Es war nicht viel schlimmer, als wenn man einen Zahn gezogen bekommt«, meint er. »Er hat ja niemals zugegeben, mein Vater zu sein. Er war ein netter alter Mann, aber ich kann nicht sagen, daß wir vieles gemeinsam hatten. Ich wollte wissen, wie er gestorben ist. Deshalb rief ich die freundliche Nonne vom Krankenhaus an. Sie fand für mich heraus, daß er bei einem Autounfall ums Leben gekommen war, ganz in der Nähe seines Dorfes, und damit war diese Geschichte für mich beendet. Das Ende dieser Spur.«

Es sieht so aus, als ob damit alle Spuren endeten. Er weiß, wo seine Mutter sich aufhält, aber sie will nichts von ihm wissen, und er fühlt sich moralisch verpflichtet, ihr nicht zu schreiben. Er weiß nicht, wo sein Halbbruder sein könnte, aber er hat immer noch die Absicht, ihn aufzuspüren. Da Toms Halbbruder seine Existenz bekannt war, er ihm aber aus dem Wege ging, wird auch das wahrscheinlich zu nichts führen. »Vielleicht glaubt er, ich bin hinter meinem Anteil am Geld meiner Mutter her. Das bin ich natürlich nicht, und das würde ich ihm auch sagen.« Aber die

Suche und die Nachforschungen gehen weiter. »Er ist wie besessen«, sagt Barbara. »Irgendwann wird hoffentlich Schluß damit sein.«

Hat sich das alles wirklich gelohnt? Oder wünscht Tom, er hätte sich niemals darauf eingelassen, niemals diese zweite Ablehnung durch seine Mutter erfahren? »Merkwürdigerweise hat es mir großen Spaß gemacht«, sagt er mit einem schuldbewußten Gesicht. »Es beschäftigt mich immer noch tagtäglich. Ich träume sogar davon. Ich denke über sie nach und frage mich, warum? Ich plane meinen nächsten Schritt. Ich versuche, das Problem zu lösen, als ob es einen Zauberschlüssel gäbe, der mir alle Türen öffnen würde, könnte ich ihn nur finden.« Er macht eine Pause und denkt noch einmal darüber nach. »Wenn man kein Waisenkind ist, kann man sich da nicht hineindenken. Ich kann es nicht beschreiben, aber Sie können es mir wirklich glauben. Es ist wichtig. Meine Mutter ist ein Teil von mir. Vielleicht ein schrecklicher Teil von mir. Es ist wie ein schmerzendes Bein, man läßt es auch nicht amputieren, nur weil es schmerzt, oder? Meine Mutter ist vielleicht kein guter Mensch, egoistisch und grausam, aber sie ist trotzdem meine Mutter. Sie ist trotzdem mein Bein, und ich will nicht, daß es abgehackt wird.«

In dieser zwiespältigen Aussage ist Liebe und Wut enthalten. Die Wunschmutter ist immer noch vorhanden, spukt noch in seinem Kopf herum. Vielleicht glaubt er, die magische Begegnung könne ihr Herz erweichen und die wahren Muttergefühle, die sie jetzt vor ihm verbarg, würden zum Vorschein kommen. Aber da ist auch Haß. »Sie hat mir die Rolle des Angreifers aufgezwungen. Aber das bin ich gar nicht. Jedenfalls möchte ich das auf keinen Fall sein. Ich will sie nicht bedrohen und kränken, auch wenn sie das so empfindet. Es ist nicht meine Schuld, daß sie mich geheimgehalten hat. Ich bin nicht ihr schlimmes Geheimnis. Ihr Geheimnis ist ihre Sache, ich bin ich, und sie ist meine Mutter. Manchmal finde ich, sie ist ein richtiges Ekel, kein angenehmer Mensch. Aber schließlich habe ich sie mir nicht ausgesucht. Ich habe mir nicht ausgesucht, geboren zu werden, oder? Ich habe mir nicht ausgesucht, in ein Waisenhaus gesteckt zu werden. Und trotzdem behandelt sie mich, als ob ich an allem schuld sei. Vielleicht identifiziert sie mich mit meinem Vater. Ich bin der falsche Fuffziger, ich bin die Verkörperung ihrer Schande und darum ein schändlicher Mensch, nur weil ich existiere.« Er schüttelt enttäuscht und zweifelnd den Kopf. »Ich habe immer wieder versucht, diese Frau, diese Mutter, zu verstehen, aber es will mir einfach nicht gelingen.«

7 Louise Cameron

Louise Cameron ist eine zierliche, lebhafte Frau. Im ersten Moment hält man sie für fröhlich und temperamentvoll. Doch dieser Eindruck schwindet, wenn sie beginnt, mit Bitterkeit und Resignation über ihr Leben zu sprechen. Wenn sie ab und zu ein wenig Glück und Zufriedenheit erfahren durfte, ist sie dafür dankbar, aber sie sieht sich als den geborenen Pechvogel. Man kann nicht genau sagen, ob sie von Natur aus diese düstere und pessimistische Lebenseinstellung hat oder ob sie durch die Schicksalsschläge so geworden ist. Einige Leute, sogar sehr viele, die ich für dieses Buch interviewt habe, scheinen solche Katastrophen erstaunlich gut zu überwinden, ohne ihre optimistische Haltung einzubüßen. Aber nicht Louise Cameron.

Sie wurde im Jahre 1937 in Newcastle geboren. Ihre Mutter war die Tochter streng puritanischer Eltern, die bei dem Gedanken an ein uneheliches Enkelkind entsetzt waren. Louises Vater war ein verheirateter Mann, der sich ganz schnell aus dem Staub machte. Louise wurde in einem christlichen Kinderheim in Gateshead untergebracht, es hieß Carol-Heim. Die zwanzig Kinder dort wurden in der Schule und der Nachbarschaft nur die Carols genannt. »Ich habe einige sehr schöne Erinnerungen an diesen Ort«, sagt Louise. »Meine Mutter hat mich nie geliebt, nie gewollt. Man hätte mich dort lassen sollen, dann wäre mein Leben vielleicht anders verlaufen. Ich kann mich nicht erinnern, daß sie mich jemals besucht hat, obwohl sie es wohl einige Male getan haben muß, denn ich habe ein Foto, auf dem sie mich als Dreijährige im Garten des Heims im Arm hält. Sie sieht sehr jung und hübsch und lebhaft aus. Ich kann mich erinnern, daß sie mich manchmal anrief. Die Oberin kam dann und sagte: ›Louise, deine Mami ist am Telefon.‹ Ich duckte mich dann immer, weil sie für mich nicht meine Mami war. Ich kannte sie ja kaum, sie war eine Fremde, eine fremde Stimme. Rückblickend kann ich eigentlich nicht sagen, warum ich das Carol-Heim so liebte, aber es war eben mein Zuhause, hier fühlte ich mich zu Hause. Das Personal war keineswegs besonders nett oder liebevoll. Wir hatten dauernd Kindergottesdienst, und in der Nachbarschaft hat man bestimmt auf uns herabgesehen.«

Sie betrachtet diesen Ort vielleicht nur deshalb mit solch verklärter Nostalgie, weil das, was folgte, noch schlimmer war. »Wenn ich nach Norden fahre, habe ich noch heute das Gefühl, nach Hause zu fahren, als wäre ich noch im Carol-Heim. Ich hoffe, meinen Lebensabend einmal in

Gateshead zu verbringen, weil dieser Ort mit so starken, schönen Erinnerungen für mich verbunden ist. Ich habe mich mein ganzes Leben lang unsicher und emotional unausgeglichen gefühlt, ich glaube, dort könnte ich auch heute noch meine innere Ruhe finden. Natürlich gibt es das Heim schon lange nicht mehr, es ist jetzt ein ganz gewöhnliches Einfamilienhaus. Wir waren dort damals alle uneheliche Kinder – darum hat man wahrscheinlich auch auf uns herabgesehen. Heutzutage würde man uneheliche Kinder nicht mehr in Heime stecken, oder? Ihre Mütter behalten sie, oder sie werden adoptiert.« Das bloße Wort ›adoptiert‹ läßt sie zusammenzucken und verstummen. Adoption, so wie sie es erlebt hat, glich eher einer gewaltsamen Entführung ihrer kleinen Tochter unter Vorspiegelung falscher Tatsachen, und zwar zu einer Zeit, in der sie zu schwach und hilflos war, um sich dagegen zu wehren.

Als sie sieben Jahre alt war, heiratete ihre Mutter, und sie und ihr Mann beschlossen, Louise zu sich zu nehmen. »Die Unterbringung im Heim kostete zehn Schillinge pro Woche, und mein Stiefvater sagte, er könne sich das nicht leisten, das war natürlich Quatsch.« Sie erinnert sich noch, wie sie während der Adoptionsverhandlung im Gerichtssaal stand. Ihre Mutter und deren Ehemann hatten die Adoption beantragt, um sie zu ›legalisieren‹ und diesem unehelichen Kind ihren Familiennamen zu geben.

»Als ich das Heim verlassen mußte, weinte und weinte ich. Ich wollte nicht mit diesen Leuten gehen, die Fremde für mich waren. Ich erinnere mich noch, daß meine Mutter sagte: ›Jetzt gib deinem neuen Vater einen Kuß‹, und daß er ein schrecklich rauhes, kratziges Gesicht hatte.« Der Stiefvater besaß einen kleinen Betrieb nahe Rugby in einem umgebauten Bauernhaus, mit der Fabrik im hinteren Teil. »Er war sehr erfolgreich und verdiente viel Geld.«

Sie wohnten über dem Betrieb, und Louises Mutter hatte noch zwei Kinder, zwei Jungen. »Ich war eifersüchtig auf sie und hatte immer das Gefühl, die arme Verwandte zu sein, die dort nicht hinpaßte.«

Hin und wieder durfte sie zurück ins Carol-Heim. »Dann war ich immer ganz glücklich. Ich ging so gerne dorthin zurück, und ich bettelte immer, dort bleiben zu dürfen. Aber sie wollten es nicht. Mit fünfzehn wurde ich an die Südküste auf eine Art Pensionat geschickt und danach auf eine Sekretärinnen-Schule nach Hampstead. Damals hätte ich in London bleiben sollen. Die Schule hatte mir als Jahresbeste eine Stellung angeboten. Aber mein Stiefvater verlangte von mir, bei ihm im Büro zu arbeiten. Ich war schwach. Warum war ich immer so schwach? Warum tat ich immer das, was andere von mir erwarteten?«

Ihr Stiefvater forderte harte Arbeit von ihr. »Er war ein ziemlich rücksichtsloser Geschäftsmann, auch zu Hause war er sehr streng. Ich durfte nie einen Freund haben. Meine Mutter war immer sehr mißtrauisch, sie durchsuchte sogar meine Wäscheschubladen.«

Als sie neunzehn war, erfuhr sie durch Freunde im Tischtennis-Club in Rugby von der Möglichkeit, in Norwegen zu arbeiten. Zusammen mit einer Freundin beschloß sie, dorthin zu gehen. »Es war eine wundervolle Zeit, die schönste in meinem ganzen Erwachsenenleben. Ich hätte dort bleiben sollen. Das hätte ich wirklich tun sollen. Warum habe ich das nicht getan?« Eigentlich wollte sie ja nur über die Weihnachtstage nach Hause fahren. Aber dann nahm sie eine zeitlich begrenzte Weihnachtsarbeit bei der Post an und lernte dort einen Mann kennen, in den sie sich verliebte. »Ich glaube, man verliebt sich nur einmal im Leben. Seitdem habe ich nie wieder jemanden geliebt. Ich ging jedenfalls nicht wieder nach Norwegen zurück, und es war der Beginn einer langanhaltenden Beziehung. Er sagte zwar nie, er würde seine Frau verlassen, aber auch nicht das Gegenteil. Er tat immer so, als ob seine Ehe für ihn keine große Bedeutung hätte, doch das stimmte gar nicht.« Sie war sechs Jahre lang mit ihm zusammen gewesen, als sie schwanger wurde. Sie sagt, sie habe diese Situation nicht absichtlich herbeigeführt. Aber dann hätte sie doch erwartet, daß er seine Frau verlassen würde. Er war zwar lieb und hilfsbereit in dieser Zeit – aber es war keine echte oder finanzielle Hilfe. »Er war schwach und rücksichtslos, aber er war der einzige Mensch auf der Welt, den ich wirklich liebte.«

Die Sozialdienste schickten sie in ein Mutter-und-Kind-Heim in Rugby, das zur Hälfte ein Altersheim war. »Ich hätte nicht im Traum daran gedacht, mein Baby adoptieren zu lassen. Das hatte ich nicht einmal in Erwägung gezogen. Ich glaubte, daß entweder der Vater des Kindes oder meine Mutter mir helfen würden. Meine Mutter besaß ein großes Haus und ausreichend Platz, um mich und mein Baby aufzunehmen. Ich wartete ab, was passieren würde.«

Das Baby kam zur Welt, eine Tochter, die sie Gillian nannte. »Sie war einmalig, bildhübsch, und ich liebte sie über alles.« Nach der Entbindung ging sie zurück ins Mutter-und-Kind-Heim, aber ihr Geliebter kam nicht ein einziges Mal, um sie und das Kind zu besuchen. Ihre Mutter kam nur einmal, um ihr klarzumachen, daß sie und ihr Stiefvater eine Adoption für das beste hielten. Ihr Stiefvater meinte: »Sie kann später noch Kinder haben.«

»Eine Frau aus dem Londoner Stadtteil Chiswick suchte mich auf«, sagt Louise. »Ich weiß nicht, wer sie dazu aufgefordert hatte. Vielleicht klapperte sie regelmäßig bestimmte Mutter-und-Kind-Heime ab. Sie hatte schon über 500 private Adoptionen vermittelt.« Louise findet diese Frau irgendwie unheimlich, wenn sie daran zurückdenkt. Diese mysteriösen privaten Adoptionsvermittler – damals waren private Adoptionen noch erlaubt – tauchen immer wieder in den Erzählungen der Frauen auf. Für diejenigen, die darüber sprechen, sind sie nicht viel besser als Kidnapper, die ausschließlich die Interessen des Ehepaares wahrnehmen, das ein Kind adoptieren möchte. Sie sind zwielichtige Typen, angetrieben von irgendeinem inneren Drang, ohne das geringste Mitgefühl für die Mutter, deren Kind sie haben wollen, und ohne auch nur einen Gedanken an das Wohl des Kindes zu verschwenden. »Sie hatte selbst vier Kinder durch Fehlgeburten verloren. Ich bin ganz sicher, daß das etwas mit ihrem Verhalten zu tun hatte«, sagt Louise.

Als der Aufenthalt im Mutter-und-Kind-Heim zu Ende war, brachte Louise ihr Baby zunächst einmal in einem Pflegeheim unter, um Zeit zum Überlegen zu gewinnen. Sie hoffte immer noch, daß entweder ihr Geliebter oder ihre Mutter ihr helfen würden, und sie hatte nicht die Absicht, Gillian adoptieren zu lassen. Die Frau aus Chiswick kam jedoch noch einige Male und bedrängte sie, das Kind freizugeben. »Sie sagte, da gäbe es ein Ehepaar im Londoner Stadtteil Southwark mit einem großen Haus und Garten, das Gillian gerne adoptieren möchte. Sie seien die nettesten Leute, sehr wohlhabend, und sie würden ihr alles bieten können, was man sich im Leben nur wünschen kann. Nun, ich kannte London nicht, und ich wußte nicht, was für eine Gegend Southwark ist, darum hatte ich keine Veranlassung, ihr das nicht zu glauben. In der Zwischenzeit hatte ich eingesehen, daß ich nicht mit Hilfe rechnen konnte. Ich besuchte mein Baby jeden Tag in dem Pflegeheim, aber meine Mutter und der Vater hielten sich von ihm fern. Sie zeigten nicht das geringste Interesse, so wurde es mir langsam klar, daß ich ganz auf mich alleine gestellt war. Ich war sehr deprimiert, und ich sah einfach keinen Ausweg mehr.«

Dann geschah noch etwas. Louise war so furchtbar verzweifelt, daß sie einen Knoten im Hals bekam, und sie redete sich ein, daß sie daran sterben würde. Sie konnte nicht schlucken und fühlte sich sehr elend. »Jetzt dachte ich, mein Baby würde sowieso keine Mutter haben, da ich sterben mußte, das gab schließlich den Ausschlag, daß ich bereit war, die Papiere zu unterzeichnen. Außerdem war Winter, und ich hatte keine Wohnung, keinen Ort, an den ich sie hätte bringen können. Ich hatte keine Wahl, obwohl ich genau wußte, daß ich es mein ganzes Leben lang bereuen würde.«

Sie gab dem permanenten Druck der Adoptionsvermittlerin aus Chiswick schließlich nach, die kam daraufhin und holte ihr Baby ab. Einige Monate später unterzeichnete sie die endgültigen Adoptionspapiere, aber da die Vermittlung nicht auf dem üblichen Wege durchgeführt worden war, gelang es ihr, kurz einen Blick auf die Papiere mit dem Namen und der Adresse der Leute in Southwark zu werfen. Über Jahre hatte sich das in ihr Gedächtnis eingegraben. Jetzt bedauert sie es, daß sie damals nicht darauf bestanden hatte, sich die Leute zuerst anzusehen. Heutzutage arrangieren einige der besseren Vermittlungsstellen ein solches Treffen – aber die Namen der Adoptiveltern werden immer geheimgehalten, um eine spätere Kontaktaufnahme unmöglich zu machen. Louise ist der Ansicht, man hat sie belogen und betrogen. Sie weiß nicht, warum die Frau aus Chiswick das tat, aber sie hat ihr über die Familie, die ihr Kind adoptieren wollte, nicht die Wahrheit gesagt. Jetzt glaubt sie, ob zu Recht oder zu Unrecht, wenn sie die Kraft gehabt hätte, weiterzukämpfen, hätte sie ihrer Tochter letzten Endes doch ein besseres Zuhause geben können.

Viele Jahre später, als sie nach ihrer Tochter suchte, beschrieb sie ihre traurigen Erfahrungen in einem Artikel für das Mitteilungsblatt der NORCAP – einer Selbsthilfeorganisation, die versucht, Mütter und adoptierte Kinder wieder zusammenzuführen:

»Ich habe den Verlust meines Babys nie verwunden und würde deshalb niemandem zur Adoption raten. Nichts kann die Liebe einer leiblichen Mutter ersetzen, und niemand sollte gezwungen sein, sich von seinem eigen Fleisch und Blut zu trennen. Wie kann man ›wieder von vorne anfangen‹ oder ›so tun, als sei nichts geschehen‹, wenn einem so etwas zugefügt worden ist, und was ist das für ein hoher Preis für die Liebe zu einem Mann.

Ich bin mehrere Male an die Stelle zurückgegangen, an der ich vor achtzehn Jahren mein Baby zum letzten Male auf dem Arm hielt, ich stand verloren herum und fragte mich, warum bin ich damals nicht mit meinem Baby davongelaufen, anstatt ein letztes Foto mit ihm machen zu lassen, ein Foto, das ich seitdem immer bei mir trage. In all den vielen Jahren war ich in Gedanken immer bei ihr, habe nach ihr Ausschau gehalten und sie überall gesehen. Am schlimmsten war es an ihren Geburtstagen und zu Weihnachten, für mich war es jedenfalls ein Alptraum, und daran hat sich bis heute nichts geändert.«

Nachdem das Baby fort war, kehrte Louise zu ihrem Geliebten zurück. »Ich war so unendlich traurig über den Verlust meines Babys, und er war der einzige Mensch in meinem Leben, der mir je Liebe gegeben hatte. Ich wußte, daß es hoffnungslos war und daß er mir niemals wirklich helfen oder mich unterstützen würde oder seine Frau verlassen, aber zumindest glaube ich, daß er mich wirklich liebte. Seine Ehe war in Ordnung, trotz allem. In der Zeit, in der ich diese Beziehung zu ihm hatte, bekam seine Frau drei Kinder von ihm.« Sie macht diese letzte Bemerkung nicht ohne Bitterkeit – die Kinder, die ihr Geliebter behalten konnte, während sie ihres fortgeben mußte.

Wollte sie, daß es noch einmal passierte? Man kann nicht so recht glauben, daß sie es nicht wollte. Es ist so typisch für Frauen, denen man ihr

Baby weggenommen hat, daß sie es ganz schnell durch ein anderes ersetzen wollen, darum war es wahrscheinlich auch kein Zufall. Louise ist eine außergewöhnlich intelligente Frau, auch wenn sie mit ihrem eigenen Leben nicht gut zurechtgekommen ist. »Ich dachte, es seien die Tage, in denen nichts passieren kann«, sagt sie etwas zögernd. Aber es gibt Hunderte von guten/schlechten Gründen, weshalb Frauen schwanger werden möchten, und deshalb ist es unwahrscheinlich, daß eine wesentlich verbesserte Sexualerziehung oder Aufklärungskampagnen der Gesundheitsdienste hier viel bewirken können. Ich bin vielen Frauen begegnet, die ihr Kind adoptieren ließen und kurz darauf wieder schwanger wurden. Das Verlangen, das leere Babybettchen wieder zu füllen, war übermächtig. Das könnte unter anderem auch ein Beweis dafür sein, daß Adoption für die Mütter selten eine gute Lösung ist.

Sobald sie feststellte, daß sie wieder schwanger war, entschloß sie sich, Rugby und ihr ganzes bisheriges Leben hinter sich zu lassen. Als ihre Mutter davon erfuhr, ging sie sofort zu der Ehefrau des Geliebten und erzählte ihr alles. »Ich kann nicht begreifen, warum sie das getan hat. Ich weiß nicht, warum ich sie überhaupt noch sehe. Aber irgendwie übt sie einen Einfluß auf mich aus.«

Sie floh, hinterließ einen Brief an ihre Mutter und einen an ihren Geliebten, den sie nie wieder gesehen hat. Ihre einzige Kontaktstelle in London war ironischerweise die Adoptionsvermittlerin in Chiswick, die natürlich erfreut war, sie wiederzusehen und daß sie erneut ein Baby erwartete, fällig für eine Adoption. Sie wohnte eine Weile bei ihr. »Sie war wirklich eine sehr merkwürdige Frau, sehr viktorianisch in ihren Anschauungen. Sie sprach viel von den Kindern, die sie verloren hatte, nicht bekommen konnte.« Sie meldete Louise in einem nahegelegenen Krankenhaus an und riet ihr, den Ärzten zu sagen, es sei ihr erstes Kind und der Vater sei nach Australien ausgewandert. Dann besorgte sie ihr eine Wohnung, die sie mit einem Mädchen teilte, das gerade sein Kind zur Adoption freigegeben hatte.

Louise bekam zusammen mit ihrer Zimmergenossin einen Job in einem Lokal. Hinter der Theke stand Henry, ein älterer Witwer, der sich mit ihr anfreundete. »Er war damals meine Rettung. Als er erfuhr, daß ich schwanger bin, kümmerte er sich um mich. Er fuhr mich immer in die Klinik zu den Vorsorgeuntersuchungen. Und er machte mir Mut, mich diesmal bedingungslos für das Baby zu entscheiden.«

Als ihr Sohn Simon zur Welt kam, brachte sie ihn erst einmal für einen Monat in einem Heim unter, inzwischen half Henry ihr, eine Wohnung zu finden und eine Kindertagesstätte, damit sie weiter arbeiten konnte. »Ich wußte nicht, daß es soziale Einrichtungen gibt, darum habe ich von dieser Seite auch keinerlei Hilfe bekommen. Es wäre mir nie in den Sinn gekommen, daß ich auf irgend etwas Anspruch haben könnte. Mein Leben war nicht einfach, nachdem ich Simon aus dem Heim geholt hatte, aber er war ein so süßes Baby, das half mir, mit allem fertig zu werden.«

Sie hat Henry niemals geliebt und war auch nicht seine Geliebte, aber er half ihr auch weiterhin. »Man kann es nicht gerade ein ›happy end‹ nennen«, sagt sie und verzieht das Gesicht. »Ich fühle mich ihm moralisch verpflichtet, und jetzt bleibt mir nichts anderes übrig, als mich um ihn zu kümmern, eigentlich will ich das ja gar nicht.« Er überredete sie, mit ihm nach Margate zu ziehen, dort lebte seine Mutter.

»Als wir London verließen, weinte ich. Ich hatte immer noch gehofft, Gillian dort zu finden, und nun hatte ich das Gefühl, sie im Stich zu lassen.« Später bekam sie dann für sich und Simon, der damals zehn war, eine Sozialwohnung, und auch Henry zog dort mit ein. »Er liebt ein bequemes Leben, ich koche und wasche für ihn. Wir schlafen in getrennten Zimmern, und er ist sehr unselbständig. Als seine Mutter starb und ihm ein großes Haus in Margate hinterließ, sagte er, er würde es von Grund auf renovieren, und dann würden wir alle dort einziehen. Jedenfalls wollte er dort einziehen und bei mir ausziehen. Aber es geschah nichts. Das Haus ist immer noch in dem Zustand, in dem es war, als seine Mutter starb. Jetzt beginnt es langsam zu verfallen, und ich bezweifle, daß er sich jemals aufrafft, etwas dagegen zu tun. Es überfordert ihn, auch nur daran zu denken. So bleibt also alles beim alten, und ich werde wohl mein ganzes Leben lang für ihn sorgen müssen. Ich bin zu weich. Er hat mich vor dieser Chiswick-Frau gerettet, und ohne ihn hätte ich vielleicht heute nicht meinen Simon. Aber wenn nicht die Sache mit Simon gewesen wäre, wäre ich nie in eine Situation hineingeraten, in der ich ihm zu solchem Dank verpflichtet bin. Ich wollte, er würde endlich gehen. Er ist ein Ärgernis, aber ledige Mütter mit Babys können eben nicht wählerisch sein, oder? Mein Gott, was für ein Chaos ich aus meinem Leben gemacht habe.«

In all den Jahren hatte sie nach ihrer verlorengegangenen Tochter Ausschau gehalten. »Ich fand Gillian, als sie drei war. Ich kannte ja den Namen und die Adresse ihrer Adoptiveltern, und ich schaute im Telefonbuch nach. Dann bot mir ein Bekannter an, mich nach Southwark hinüberzufahren, um das Haus, in dem sie lebte, anzuschauen. Ich blieb im Auto, während er hineinging. Es war keineswegs ein großes Haus mit einem Garten. Es war ein älterer großer Häuserblock mit Sozialwohnungen in einer sehr belebten Straße. Er fand die Familie im sechsten Stock. Und er sah ein kleines Mädchen im Alter von Gillian, das in den Fahrstühlen außerhalb der Wohnung herumtollte. Es war ein übelriechender, häßlicher Ort. Natürlich wußte er nicht genau, ob es Gillian war, aber sie hatte hellblonde Haare und sah aus wie eine Dreijährige. Ich war ganz entsetzt und sehr ärgerlich. Ich hatte mich immer damit getröstet, wenn ich auch unter dem Verlust meines Kindes litt, so hatte ich ihr durch die Adoption doch zu einem besseren Leben verholfen. Jetzt hatte ich den Eindruck, ich hatte sie einem schlechteren Leben ausgeliefert, und das war so unerträglich, so unfair. Mein Simon hatte ein besseres Leben, bessere Chancen, eine bessere Erziehung als die arme Gillian in Southwark. Ich kann es der Frau nicht verzeihen, daß sie mich so angelogen hat. Eine reiche Familie mit einem großen Haus! Oh, ich weiß, das darf man eigentlich nicht sagen, nicht einmal denken. Natürlich, auch Leute aus der Arbeiterklasse sollten das Recht haben, ein Kind zu adoptieren, aber wenn man mir die Wahrheit gesagt hätte – ein schäbiges Hochhaus –, ich hätte mein Baby niemals fortgegeben.«

»Nachdem ich einmal wußte, wo sie ist, behielt ich sie im Auge. Immer wenn ein neues Telefonbuch erschien, holte ich es mir ganz schnell, um nachzusehen, ob die Familie Jennings noch unter der gleichen Adresse verzeichnet war. Ich spürte immer noch, wie sehr ich meine Tochter liebte, obwohl ich sie als winziges Baby das letzte Mal gesehen hatte. Dann, als Gillian zehn Jahre alt war, verschwand der Name der Familie plötzlich aus dem Telefonbuch. Ich war verzweifelt. Ich dachte, jetzt hätte ich sie für immer aus den Augen verloren, und ich war ratlos. Ich wußte, bis zu ihrem achtzehnten Lebensjahr durfte ich nichts unternehmen, denn das Gesetz schreibt vor, daß ich warten muß, bis sie von sich aus versucht, Kontakt zu mir aufzunehmen. Andererseits kannte ich ja schon ihren Namen.«

An Gillians achtzehntem Geburtstag begann Louise ernsthaft nachzuforschen. Damals schrieb sie in dem NORCAP-Mitteilungsblatt: »Ich bin ganz aufgeregt, aber ich habe auch große Angst, die Nachforschungen sind in vollem Gange, und ich frage mich, was wird dabei herauskommen? Wird sie mich sehen wollen? Wird sie mir verzeihen? Wird sie mich verstehen? Andererseits quält mich der Gedanke, ob sie noch lebt? Geht es ihr gut? Ist sie glücklich?«

Nachdem der Name R. Jennings unter der alten Adresse aus dem Telefonbuch verschwunden war, wußte sie nicht, was sie nun weiter unternehmen sollte. Sie schrieb an die Stadtteilverwaltung und den GLC, die Verwaltung von Groß-London, und erkundigte sich nach ihrem Aufenthaltsort, aber ohne Erfolg. Dann las sie zufällig einen Zeitungsartikel über John Stroud von den Hertfordshire-Sozialdiensten, den Freund der betroffenen Mütter. Er gab ihr einige Ratschläge und bot ihr seine Hilfe an. Er verwies sie auf die Wählerlisten, die im St. Catherine's House in London aufbewahrt wurden. Louise vermutete zu Recht, daß die Familie wieder in einer Sozialwohnung im gleichen Stadtteil lebte. Die Listen für einen ganzen Londoner Stadtteil sind enorm umfangreich. »Die Straßen sind darin in alphabetischer Reihenfolge aufgelistet. Ich hatte großes Glück, daß die Familie in eine Straße gezogen war, die mit D begann – Dundee Road. Es war wie ein Wunder. Ich habe nur eine Viertelstunde benötigt, um es herauszufinden, es hätte auch viele Tage dauern können.«

Jetzt, da ihre Tochter achtzehn war, wurde sie, zusammen mit ihrem Geburtsdatum und dem Datum der offiziellen Eintragung, in den Wählerlisten geführt. Aber ihr Vorname war gar nicht Gillian. Das war ein Schock. Sie hieß jetzt Samantha – ein Name, der Louise nicht gefiel. Aber jeder andere Name hätte ihr wahrscheinlich ebensowenig gefallen. Es handelte sich ganz ohne Zweifel um ihre Gillian, denn das Geburtsdatum stimmte. Sie bemerkte noch etwas, der Name des Vaters fehlte. Hatte er die Familie verlassen? War er gestorben?

»Ich hätte sie am liebsten aufgesucht, aber ich traute mich nicht. Das Gesetz gibt den Müttern keinerlei Rechte, auch wenn das Kind schon achtzehn ist. Die meisten Organisationen und Sozialdienste sind nicht bereit, den Müttern zu helfen, weil das Gesetz in diesem Punkt ganz eindeutig ist. Darum wollte ich mich nicht einmischen. Statt dessen nahm ich mit John Stroud Verbindung auf, und er versprach, sich als Vermittler einzuschalten und sich mit Samantha in Verbindung zu setzen. Natürlich mußte ich mich dazu zwingen, sie als Samantha zu bezeichnen, daran konnte ich mich nach all diesen Jahren, in denen sie immer Gillian gewesen war und ich sie in meinem Tagebuch meine kleine Gilly genannt hatte, nicht so schnell gewöhnen.«

Louise blieb auch mit NORCAP in engem Kontakt und wählte aus deren Liste von Helfern eine Frau in Süd-London aus.

»Sie war wirklich sehr nett und hilfsbereit. Ich glaube nicht, daß die offizielle NORCAP-Organisation meinen Versuch billigte, mit meiner Tochter Kontakt aufzunehmen, aber diese Frau war eine große Stütze und tat alles, was in ihrer Macht stand, um mir weiterzuhelfen. Ich konnte nicht von Margate weg, deshalb sagte sie, sie würde für mich in die Dundee Road gehen und sich das Haus von außen ansehen. Nachdem sie dort gewesen war, berichtete sie mir, daß es eine hübsche Straße sei und daß sie dort ein Häuschen bewohnten, das sie von einer Wohnungsbaugesellschaft gemietet hatten. Ich war froh, daß es ein besserer Ort war als diese schrecklichen Mietwohnungen.«

Eines Tages fuhr Louise selbst nach London, und ihre neue Bekannte von NORCAP fuhr sie zur Dundee Road. Sie kamen mit einem Nachbarn ins Gespräch und erfuhren so einiges über die Familie. Er sagte, Samantha sei ein etwas pummeliges Mädchen mit schönen blonden Haaren, sie sei arbeitslos, habe aber davon gesprochen, eventuell in den Polizeidienst zu gehen. »Wir gingen ein paarmal auf und ab und bemühten uns, nicht aufzufallen. Wir hofften, sie herauskommen zu sehen oder sie sonst irgendwo zu sehen. Vergeblich. Aber ich starrte jedes junge Mädchen in dieser Gegend an und dachte die ganze Zeit, eine davon könnte meine Gillian sein – oder Samantha, so mußte ich sie jetzt ja nennen.« Sie fand auch heraus, daß Gillian noch eine jüngere adoptierte Schwester hatte, ein Mischlingsmädchen mit Namen Tracy.

Louise, die sich ihrer prekären gesetzlichen Lage bewußt war, wollte auf eine Vermittlung durch die Sozialdienste warten, aber es fiel ihr schwer, die nötige Geduld aufzubringen. Ihre neue Bekannte ermunterte sie und sagte, sie solle sich nicht mit Formalitäten aufhalten. Sie selbst wolle die Familie anrufen. Louise befürchtete, daß das zu Unannehmlichkeiten oder gar zu einer Ablehnung führen könne, aber schließlich ließ sie sich überzeugen.

Eines Abends rief ihre Bekannte die Jennings an. »Kann ich bitte mit Samantha sprechen?« fragte sie. Gillians Schwester Tracy war am Apparat und sagte, sie sei nicht zu Hause. »Würdest du ihr bitte sagen, daß Verwandte von ihr aus Rugby mit ihr Verbindung aufnehmen möchten? Wenn sie interessiert ist, soll sie diese Nummer anrufen.« Sie hinterließ ihre Telefonnummer. Sie erwähnte Rugby, weil dieser Ort auf Samanthas Geburtsurkunde stand – vielleicht sagte ihr das etwas. Es vergingen mehrere Tage, in denen Louises Nervosität fast an Verzweiflung grenzte. Es war ganz klar, Samantha wollte von ihrer Familie oder ihrer Mutter nichts wissen.

Dann, endlich, ein paar Tage später kam der Anruf. Samantha rief Louises Bekannte an und fragte vorsichtig, wer denn mit ihr Kontakt aufnehmen wolle. »Deine Mutter, deine leibliche Mutter«, bekam sie zur Antwort. Samantha sagte, das habe sie sich schon gedacht. »Wäre es dir recht, wenn deine Mutter dir schreiben würde?« Samantha war damit einverstanden und versprach, den Brief zu beantworten.

»Ich war überglücklich. Achtzehn Jahre lang hatte ich auf diesen Augenblick gewartet. Ich setzte mich sofort hin und schrieb.

Liebe Samantha,
es ist wundervoll zu erfahren, daß Du lebst und daß es Dir gut geht. Ich danke Dir, daß Du Dich gemeldet hast. Du sollst wissen, daß ich Dir keine Unannehmlichkeiten bereiten will, und es ist auch nicht meine Absicht, Deiner Familie Schwierigkeiten zu machen.«

Sie schrieb noch ein wenig über sich selbst. »Ich bin siebenundvierzig, 1,53 m groß und ein wenig rundlich.« Dann erzählte sie von ihrem Sohn Simon, Samanthas Bruder, der gerade noch einmal seine ›O levels‹ machte.

Über ihre Korrespondenz vereinbarten sie dann ein Treffen miteinander. Louise gibt die folgende Version von dieser ersten Begegnung. Für meinen Begriff klingt sie nicht ganz wahrheitsgemäß – oder zumindest werden darin andere, zwiespältige Gefühle unterschlagen. Diese Darstellung steht auch in auffallendem Widerspruch zu Louises eigentlichem Charakter, normalerweise ist das weder ihre Art zu reden noch zu denken. Sie sieht dieses ganze Ereignis nicht gar so rosig – sondern eher als eine Fortsetzung ihrer Tragödie. Sie schaut sich Samantha an, und obwohl sie das, was sie da sieht, mag, denkt sie auch an das, was hätte sein können – oder was Louise meint, es hätte sein können, wenn Samantha ein anderes Zuhause gehabt hätte. Und was zum Schluß die Dankbarkeit gegenüber Samanthas Adoptivmutter anbetrifft, so klingt das auch nicht so ganz ehrlich.

Dieses ist Louises Darstellung der Begegnung, die sie ›Mutterglück‹ nannte:

»Während meiner Bahnfahrt von Kent war mein Herz so voll von allem, was sich seit dem Tage ihrer Geburt ereignet hatte (es kommt mir vor, als sei es gestern gewesen), daß ich zu nichts anderem fähig war, als aus dem Fenster zu schauen, ohne wirklich etwas wahrzunehmen: nach all den Jahren des Schmerzes, des Kummers, der Reue und der Sorge sollte ich nun meine Tochter Samantha treffen...«

»Ich drehte mich plötzlich um, und da sah ich dieses wunderschöne lächelnde Gesicht auf mich zueilen, und ich wußte sofort – das ist meine Tochter... Ich konnte kaum fassen, daß dieser junge reizende Mensch meine Tochter war. Wir verbrachten den ganzen Tag miteinander, und die Zeit verging wie im Fluge. Es gab so viel zu sagen, aber alles blieb auf einer heiteren freundschaftlichen Basis. Samantha machte mich mehrmals auf Ähnlichkeiten zwischen uns aufmerksam, so zum Beispiel die Art, das Messer zu halten, oder daß wir den Scheitel auf der gleichen Seite trugen. Sie ist tatsächlich mein Spiegelbild – da kann es nicht den geringsten Zweifel geben, das ist meine Tochter.

Wenn ich gefragt werde, wie ich meine Tochter gefunden habe, kann ich nur eines antworten, durch Mutterliebe. Ich empfinde große Demut. Es gibt viele Arten der Liebe, und die Liebe einer Mutter zu ihren Kindern ist eine der allermächtigsten.«

Was sie hier nicht erwähnt, sind gewisse andere Gefühle, die sie in bezug auf Samantha auch empfindet. »Ihr Milieu«, sagt sie jetzt, »war zweifellos ziemlich gewöhnlich. Ich bin überzeugt, daß sie sehr intelligent ist, aber sie hat eine schlechte Erziehung gehabt, und sie verließ die Schule sobald wie möglich. Sie ist arbeitslos, das ist schade. Sie hat einen Freund, der in Bermondsey wohnt, er ist ebenfalls ohne Arbeit. Mit ihrer Schwester Tracy, die auch adoptiert ist, versteht sie sich nicht gut. Sie sagt, ihre Mutter würde Tracy vorziehen. Ich habe allerdings das Gefühl, daß ich bei ihr Dinge aussprechen kann, die eine Mutter unbedingt sagen sollte. Darum habe ich sie gefragt, ob sie die Pille nähme, denn offensichtlich haben sie und ihr Freund ein intimes Verhältnis. Ich möchte nicht, daß das, was mir passiert ist und davor meiner Mutter, Samantha auch passiert. Sie nimmt die Pille, Gott sei Dank!«

»Sie ist ein sympathisches Mädchen, lieb und aufgeweckt. Ich spüre, daß sie mein eigen Fleisch und Blut ist, ganz und gar meine Tochter. Aber sie raucht wie ein Schlot, genau wir ihr Freund und ihre ganze Familie. Wie sie sich das leisten können, ist mir ein Rätsel. Und sie trinken auch. Ich trinke und rauche nicht. In gewisser Hinsicht hat Samantha, glaube ich, ein sehr behütetes Leben geführt. Ich habe den Eindruck, daß sie noch nicht viel herumgekommen ist. Selbst in London hat sie Schwierigkeiten, sich zurechtzufinden, obwohl sie immer dort gelebt hat. Ihr Briefstil ist wirklich sehr gut. Ich glaube, sie hat Talent zum Schreiben. Ich habe ihr geraten, sich weiterzubilden, um sich zu qualifizieren und vielleicht einen guten Job zu bekommen. Aber ich fürchte, sie will nichts davon wissen. Na ja, ist egal. Ich bin schon glücklich, daß sie lebt und wohlauf ist. Sie spricht allerdings mit einem sehr starken Cockney-Akzent. Irgendwie war ich darauf nicht vorbereitet. Ich wollte, ich hätte jemanden mit Geld geheiratet, dann könnte ich ihr etwas schenken. Ein goldenes Armband mit Perlen habe ich ihr schon geschenkt, das liebt sie sehr. Aber ich möchte ihr gerne noch viel mehr schenken – schöne Kleidung und Bücher. Aber sie mag es nicht, wenn ich ihr zu viel gebe. Vielleicht ist es auch gut, daß ich kein Geld habe, dadurch haben wir uns zumindest auf diesem Gebiet nicht zu weit voneinander entfernt.«

Sie seufzt, wenn sie über ihr Leben spricht. »Immer wieder dieses ›hätte ich doch nur‹. Männer haben mich unglücklich gemacht. Ich war ein Versehen, und meine Mutter ist auch unglücklich gemacht worden. Meine Mutter hat mich nie geliebt. Ich kann mich nicht erinnern, daß sie mich jemals geküßt hätte. Neulich habe ich ihr von mir und Samantha ein Foto geschickt. Ich dachte, sie würde sich freuen, daß ich sie wiedergefunden habe. Aber statt dessen schickte sie es mir zurück und schrieb, sie wolle mit Samantha nichts zu tun haben. Ich habe nichts aus meinem Leben gemacht. Ich bin schwach gewesen und habe immer den anderen nachgegeben. Obwohl es wundervoll ist, Samantha wiedergefunden zu haben – und sie weiß, daß ich immer für sie dasein werde –, können diese achtzehn Jahre nie wieder gutgemacht werden. Sie ist immer noch meine Tochter, aber gleichzeitig ist sie es auch wiederum nicht.«

Inzwischen hat Louise sich fünfmal mit ihrer Tochter getroffen, aber sie haben noch nie über wichtige Dinge miteinander gesprochen. Samantha hat keine Fragen gestellt, und Louise hat ihr nichts über ihren Vater oder die Begleitumstände ihrer Geburt erzählt. »Ich hoffe, sie vergibt mir von ganzem Herzen, daß ich sie weggegeben habe. Ich hoffe, daß sie mich versteht und begreift, warum ich es getan habe. Ich weiß auch nicht, woran es liegt, daß wir nicht so richtig miteinander reden können. Sie legt zwar Wert darauf, mich zu sehen, aber andererseits sind Teenager sehr mit sich selbst beschäftigt. Sie können sich nicht vorstellen, was andere durchgemacht haben oder was für eine Art Leben andere gehabt haben. Aber ich hoffe, der Augenblick wird kommen, da wir richtig miteinander reden können.« Samantha hat nun auch Simon, ihren Bruder, kennengelernt. »Sie haben sich gegenseitig sehr interessiert angeschaut«, sagt Louise amüsiert.

Louise ist jetzt leidenschaftlich gegen jede Art von Adoption, außer unter ganz besonderen extremen Umständen. Sie ist der Meinung, daß man der natürlichen Bindung zwischen einer Mutter und ihrem Kind zu wenig Beachtung schenkt. Selbst dann, wenn man überzeugt ist, daß eine Adoption für das Kind das beste ist, unterschätzt man zu oft den lebenslangen Kummer, den man dadurch der Mutter zufügt. »Sie wiederzusehen, zu wissen, daß sie am anderen Ende der Telefonleitung ist, hat mir sehr geholfen. Es hat einen Teil der Wunde verheilen lassen. Aber trotz allem, ich bin um so vieles betrogen worden. Sie ist nicht das gleiche Kind, das sie gewesen wäre, wenn sie bei mir aufgewachsen wäre, und nichts kann die Lücke ausfüllen, die sie in meinem Leben hinterlassen hat.«

Als wir uns trennten, drehte sie sich noch einmal traurig lächelnd um und schüttelte den Kopf. »Ich weiß, ich bin nicht gerade ein fröhlicher Mensch. Aber ehrlich gesagt, abgesehen von der Freude an meinem Simon hat es in meinem Leben nicht viel gegeben, worüber ich glücklich sein könnte, oder? Man sagt, solche Dinge geschehen in Zyklen. Gebe Gott, daß so etwas niemals Samantha geschieht.«

8 Sandra

Sandra ist ein schlankes, schönes Mädchen mit einer braunen Lockenmähne und träumerischen Augen. Wenn sie in ihrem weichen Westengland-Tonfall über ihr Leben spricht, ist ihre Stimme voller Sehnsucht nach jemandem oder etwas, was unerreichbar ist.

Als ich sie das erste Mal traf, befand sie sich in einem Zustand äußerster Erregung. Die Worte sprudelten nur so aus ihr heraus. Ihre Stimmung schwankte ständig hin und her. Sie wechselte zwischen Verbitterung und einer Art wildromantischer Liebe zu einer Mutter, die sie nie gekannt hatte. Ihre Liebe und ihr Haß waren ausgeprägt, ihre Anklagen scharf, wenn auch nicht immer auf eine bestimmte Person gerichtet. Manchmal klang sie wie eine Heldin in einem besonders rachsüchtigen Schurkenstück. Sie sah sich selbst als gestört an, mit allen möglichen Problemen. Sie konnte sie alle auf ihre Kindheit zurückführen, konnte darüber reden, wie emotional unreif sie für ihre achtundzwanzig Jahre war. Sie wußte ganz genau, was der Mangel an Liebe bei ihrem Charakter und ihrem Schicksal angerichtet hatte. Aber all diese Selbsterkenntnis half ihr nicht, sich zu beruhigen. Sie war noch immer ein, zwar hochintelligentes, aber hilfloses und verwirrtes Kind, ein Opfer, das um sich schlug, wissend und unwissend zugleich.

Es war kaum verwunderlich, daß sie in einem solchen inneren Aufruhr war. In drei Tagen würde sie zum ersten Male ihre Mutter sehen, eine Begegnung, auf die sie immer gewartet, nach der sie sich immer gesehnt hatte. »Ich kann es nicht glauben. Ich kann es einfach nicht glauben«, sagt sie immer wieder und schüttelt den Kopf. »Ich werde auf ihre Tür zugehen. Ich werde sie sehen.«

Sandra lebt im Augenblick in einer schmucken, freundlichen Sozialwohnung in Epping, zusammen mit Mike, mit dem sie nicht verheiratet ist, und ihrem dreijährigen Sohn Darren. Sie sagt, daß sie sich so fühle wie immer, tief verunsichert. Sie wünschte, Mike würde sie nach all den gemeinsamen Jahren endlich heiraten. Er sagt einfach ›vielleicht‹ und beläßt es dann dabei. Sie wünschte, er würde seine Gefühle mehr zeigen, und sie weiß, daß ihr übertriebener Anspruch auf Liebe ihn überfordert. »Ich kann einfach nichts dagegen tun. Er sagt, er hat manchmal das Gefühl, daran zu ersticken, aber ich muß einfach von ihm hören, daß er mich liebt und ich ihm alles bedeute. Er sagt mir, ich sei zu abhängig, und das weiß ich selbst, aber was soll ich dagegen tun?« Sie gibt zu, immer so gewesen zu sein. Sie hat all ihre früheren Freunde auf die gleiche Weise unter Druck gesetzt und ihren ersten Mann auch. »Ich habe ihnen immer gleich gesagt, daß ich sie liebe, weil ich selber so viel Liebe brauchte, und natürlich konnte mir das keiner geben. Jedenfalls nicht die Art von Liebe, die ich suchte, die Elternliebe.«

Sandras Adoption war, so sagt sie, kein großer Erfolg. Es entnervt sie, nicht zu wissen, wann genau sie adoptiert wurde. Sie interessiert sich für jede kleinste Einzelheit aus ihrer frühen Kindheit, für Dinge, die andere für ganz unbedeutend halten würden – aber sie verfügt nur über wenige Informationen. Ihre Adoptivmutter weigert sich, mit ihr darüber zu sprechen, und wenn sie Sandra wirklich einmal etwas erzählt hat, entsprach das oft nicht der Wahrheit. Das hat Sandra skeptisch gemacht gegenüber allem, was mit ihrer Adoption zusammenhängt, und zweifellos war einiges, was ihre Adoption betraf, tatsächlich mysteriös.

Ihre Adoptivmutter hatte ihr immer erzählt, sie sei ein paar Wochen alt gewesen, als sie adoptiert wurde. Später fand sie heraus, daß sie zuerst in Pflege gegeben worden war, sie weiß aber nicht warum und wie lange. Höchstwahrscheinlich war sie ein Opfer der damals üblichen Adoptionspraktiken. Die Babys wurden berufsmäßigen Pflegeeltern übergeben, die es gewohnt waren, jedes Jahr Dutzende von ihnen während der ersten sechs Wochen zu versorgen.

Sandra erinnert sich immer wieder an eine bestimmte Szene, die ihr auch im Traum erscheint. Sie liegt in einem Babybettchen in einem schäbigen Zimmer, in dem sich noch viele andere Bettchen befinden. Irgendwo im Hintergrund steht ein Mann, der furchterregend aussieht. Ihre Adoptiveltern kommen, stehen an ihrem Bettchen und schauen auf sie herab. Sie schreit entsetzlich. Aber das kann ihre Adoptiveltern nicht abschrecken. »Wir nehmen dieses«, sagen sie. Sie ist sich nicht darüber im klaren, wie sie das deuten soll, gut oder schlecht, aber die Atmosphäre an diesem Ort und die Szene sind schrecklich.

Sandra ist jetzt überzeugt davon, daß das überhaupt keine wirkliche Erinnerung ist, sondern entweder ein ständig wiederkehrender Traum oder eine erfundene Erinnerung, die sie sich ausgedacht hat, um die ihr bekannten Fakten zu vervollständigen. Wie so viele andere hatten auch ihre Adoptiveltern in guter Absicht zu ihr gesagt: »Wir haben dich ausgewählt. Unter all den kleinen Babys, die es auf der Welt gibt, haben wir dich ausgewählt.« Es ist ein Gedanke, der im ersten Moment liebevoll klingt – als wäre das Kind etwas Besonderes, Auserwähltes. Aber, das haben inzwischen viele Adoptionsvermittlungsstellen erkannt, viel besser wäre es zu sagen: »Wir sind unter all den vielen Eltern, die sich ein Kind wünschten, ausgewählt worden, um für dich zu sorgen.« Das deutet an, daß das Baby etwas Einmaliges, Besonderes ist und nicht bloß eines, das aus einem Haufen unerwünschter Kinder herausgefischt wurde. Es bedeutet, daß die Eltern Glück hatten und nicht das Kind – und es kommt der Wahrheit auch viel näher. »Wir haben dich ausgewählt«, besagt verschlüsselt, »und du solltest dankbar sein, daß du so viel Glück hattest«. Viel besser ist es, die Eltern als diejenigen anzusehen, die Glück hatten und dankbar sein sollten.

Sie glaubt, daß sie wahrscheinlich erst mit elf Jahren von ihrer Adoption erfuhr. Ihre Adoptivmutter behauptet zwar, ihr immer davon erzählt zu haben. Aber Sandra kann sich nicht erinnern, es gewußt zu haben, und wenn sie es ›wußte‹, dann hatte das Wort für sie keine Bedeutung. Erst als Kinder in der Schule ihr die Bedeutung klarmachten, begriff sie. »Meine Mum hatte graue Haare, und sie legte keinen großen Wert auf ihre äußere Erscheinung. Verglichen mit ihr waren die anderen Mütter jung und attraktiv. Als sie mich adoptierte, muß sie Ende Dreißig gewesen sein. Die anderen Kinder sagten, sie sehe alt und fürchterlich aus. Dann sagten sie noch: ›Sie ist gar nicht deine richtige Mutter. Deine richtige Mutter wollte dich nicht haben, sie hat dich weggegeben.«

Sandra war, so sagt sie, für die anderen der Prügelknabe, der Schwächling auf dem Schulhof. »Sie haben mich immer verspottet. Sie sagten: ›Deine Mum und dein Dad schlafen nicht miteinander, darum können sie auch keine eigenen Kinder kriegen. Darum mußten sie dich jemandem wegnehmen.‹«

Bis sie vierzehn war, war sie ein chronischer Bettnässer – und, was noch schlimmer war, sie machte sich auch in der Schule naß und wurde deshalb bestraft. Sie war psychisch so gestört, daß sie kein Wort sprach, bis sie vier war und ihre Mutter mit ihr zu einem Spezialisten ging, um feststellen zu lassen, was ihr fehlte. Es gab in der Familie drei adoptierte Kinder – außer Sandra noch zwei Jungen, der eine jünger, der andere älter als sie. Sie hat zu keinem der beiden Brüder ein enges Verhältnis.

Ob das nun der Wahrheit entspricht oder nicht, Sandra ist fest davon überzeugt, daß ihre Mutter kalt und verschlossen war. Die Jungen wurden von ihr immer vorgezogen. Sandra hat das Gefühl, daß sie sich an ihr rächen wollte. Vielleicht glaubte sie, nur weil sie ein Mädchen war, daß all das angeblich Schlechte in ihrer leiblichen Mutter bei ihr zum Vorschein kommen mußte. Sandra wurde unter strenger Kontrolle gehalten, um zu verhindern, daß sich das schlechte Blut bemerkbar machte. Sandra zufolge hat die Mutter von Anfang an nicht viel Zuneigung für die Kinder empfunden. »Ich kann mich nicht erinnern, von meiner Mutter auch nur einmal geküßt oder in den Arm genommen worden zu sein«, sagt Sandra. »Sie war derart streng – und sie hatte Angst vor allem, was mit Sex oder Körperlichem zu tun hatte. Für sie war das alles ekelhaft und schmutzig.«

Sandra litt und leidet immer noch unter schweren, immer wiederkehrenden Alpträumen. Als Kind ist sie häufig im Schlaf umhergegangen und hat dabei beträchtlichen Schaden angerichtet, indem sie Vorhänge herunterriß und Sachen umwarf. Einmal wachte sie plötzlich im Zimmer ihres jüngeren Bruders auf und stellte entsetzt fest, daß sie die Hände um seinen Hals gelegt und ihn fast erdrosselt hatte, woraufhin er laut um Hilfe schrie. In ihrem Zimmer hat sie immer die Tapete von den Wänden gerissen und große Löcher in den Putz gebohrt, wie besessen mit ihren Fingern gestochert und gekratzt.

Ihr Vater mußte schwer arbeiten, um die Familie zu unterhalten. Vierzig Jahre lang hatte er nachts gearbeitet, nur um seinen drei adoptierten Kindern alles bieten zu können, was man mit Geld kaufen konnte. »Sie haben sich wirklich große Mühe gegeben. Ich hatte Ballettunterricht, Stepunterricht, Klavierunterricht. Ich hatte mein eigenes Zimmer, das mein Dad wunderschön für mich hergerichtet hatte. Er bastelte entzückende Sachen für mich, Spielzeug. Ich habe ihn wirklich gern gehabt. Ich habe ihn immer noch gern. Ich wollte, ich könnte ihm das sagen. Aber meine Mutter kam immer dazwischen. Immer wenn wir gerade zusammen spielten oder er mir eine Geschichte erzählte, rief sie mich oder forderte ihn auf, etwas zu tun. Sie nahm mich nie in den Arm, und sie erlaubte es auch ihm nicht. Ich weinte, ich machte ins Bett, aber ich bin nie in den Arm genommen worden. All dieser verdammte Unterricht, all dieses verdammte Spielzeug – aber niemals Schmusen, nicht ein einziges Mal.«

Wie so viele adoptierte Kinder entdeckte Sandra das Geheimnis ihrer Geburt erstaunlich leicht. In einem Karton unter dem Bett ihrer Eltern fand sie ihren Taufschein. Irgend jemand, nicht ihre Mutter, nicht ihre Adoptivmutter, hatte sie taufen lassen. Aber wer? Sie fand dort auch ihre Geburtsurkunde mit dem Namen ihrer Mutter – ein Name, den sie nie vergessen wird – Denise Mary Curtiss. »Da wurde mir klar, daß ich ein uneheliches Kind bin. Ich hatte mir das schon gedacht, aber meine Adoptiveltern hatten gesagt, meine richtigen Eltern seien verheiratet. Sie sagten mir nie, warum ich weggegeben worden war. Sie redeten nie darüber, bis ich selbst eines Tages davon anfing. Damals war ich elf, und ich war in der Schule von einigen Kindern so terrorisiert worden, daß ich mich weigerte, zur Schule zu gehen. Schließlich sagte ich ihnen, daß ich nicht gehen wollte, weil die Kinder behaupteten, ich sei adoptiert, darum fiel das Wort Adoption damals. Aber danach fast gar nicht mehr. Selbst heutzutage wollen sie mir keine Fragen beantworten und nicht mit mir darüber reden.«

Sie behielt es für sich, daß sie den Namen ihrer leiblichen Mutter kannte, aber sie dachte viel darüber nach. 1979 brauchte sie einen Paß für einen Urlaub in Spanien. Als sie ihre Geburtsurkunde anforderte, begann sie sich wieder mit ihrer Herkunft zu beschäftigen. Diesmal entschloß sie sich, nach ihrer Mutter zu suchen. Als Anschrift auf der Geburtsurkunde war eine Straße in Chatham angegeben – Jubilee Road. Sie überlegte, wie sie herausfinden konnte, ob ihre Mutter dort noch wohnte, und sie rief das Rathaus und eine Bibliothek in Chatham an. War ihre Mutter unter dieser Adresse noch in den Wählerlisten? Ihr wurde mitgeteilt, daß die Jubilee Road in den späten fünfziger Jahren abgerissen worden war. Der größte Teil der Straße war während des Krieges durch Bomben zerstört worden, und in dem Jahr ihrer Geburt war dieses Gebiet schon zum Abbruch bestimmt. Ohne Rat und ohne Hilfe, ohne ein ermutigendes Wort, ohne Erfahrungen und mit nur wenig Informationen gab sie die Suche schließlich auf, etwas traurig zwar, aber in dem festen Glauben, daß es irgendwie, irgendwann mit dem Wiedersehen klappen würde.

Nach der Geburt ihres Sohnes mußte sie erst einmal ein paar Stunden heulen. »Es war aus reiner Freude. Da war er nun, dieser kleine Kerl, und gehörte mir, der einzige Blutsverwandte auf der weiten Welt, der zu mir gehörte, mein Blut, ich selbst. Ich versuchte, Mike verständlich zu machen, was für ein Gefühl das ist, aber er konnte das natürlich nicht verstehen. Ich hatte entsetzliche Angst, daß Darren sterben könnte, weil ich mir nicht vorstellen konnte, jemanden auf der Welt zu haben, der zu mir gehörte. Ich weiß, ich bin übernervös. Das bin ich immer gewesen, aber ich empfinde diese Dinge eben sehr intensiv. Ich glaube nicht, daß ein Mensch, der Blutsverwandte hat, verstehen kann, was es heißt, keine zu haben. Die Geburt meines Sohnes hat mir das wieder bewußt gemacht.«

Als er noch ein ganz kleiner Junge war, wurde zuerst Mike und dann Darren ernsthaft krank. Mike bekam eine Virus-Enzephalitis, und Darren infizierte sich mit dem gleichen Virus, obwohl gottlob weniger ernsthaft. Sie mußten beide ins Krankenhaus, Mike für viele Wochen. Aus Mangel an Selbstvertrauen und Selbstachtung und voller Schuldgefühle brachte Sandra es fertig, sich selbst dafür verantwortlich zu machen. Sie redete sich ein, Träger dieses Erregers zu sein, sie hatte ihn auf ihren Sohn übertragen, und der hatte seinen Vater infiziert – ehrlich gesagt eine höchst unwahrscheinliche Kette von Auswirkungen, jedoch typisch für Sandras Schuldgefühle. Es war ihr vermeintlich ›schlechtes Blut‹, das bei ihrem Kind zum Vorschein kam.

Wenn sie zwischen den Besuchen im Krankenhaus alleine zu Hause saß, begann sie darüber nachzugrübeln. Sie dachte, sie habe vielleicht eine Erbkrankheit. Über ihre Rechte, als Adoptierte Auskunft zu verlangen, wußte sie wenig, und deshalb versuchte sie, auf Umwegen an Informationen über ihre leiblichen Eltern heranzukommen.

Sie rief die Vermittlungsstelle an, die ihre Adoption vor achtundzwanzig Jahren arrangiert hatte. Sie behauptete, eine Sozialarbeiterin des Krankenhauses zu sein, die nachprüfen müsse, ob in der Akte von Sandra

Hayes (Adoptivname), Sandra Curtiss (Geburtsname), irgend etwas angegeben war, das auf eine Erbkrankheit hinwies. Sie sprach mit einer Nonne, die sich sofort daranmachte, ihre Akte auszugraben. Vielleicht ahnte diese lebenserfahrene alte Nonne, daß es sich hier gar nicht um eine Sozialarbeiterin handelte. Wahrscheinlich bekommen die Vermittlungsstellen oft solche indirekten Anfragen von etwas ratlosen adoptierten Kindern, die die Lage peilen wollen. Auf jeden Fall versprach sie, die Unterlagen an eine katholische Vermittlungsstelle in London zu schicken, diese Sandra könne dann dort hingehen, sich beraten lassen und alles Nötige erfahren.

Eine Woche darauf erhielt sie einen Brief von einem gewissen Herrn Hall von der Londoner Vermittlungsstelle. Er sagte, er habe ihre Akte bekommen, und sie könne einen Termin mit ihm ausmachen, er würde dann die relevanten Angaben für sie heraussuchen. Da Sandra von Natur aus skeptisch ist, war es ihr nicht recht, daß jemand das ›heraussuchen‹ wollte, was ›relevant‹ war. Was für sie relevant war, konnte nur sie selbst beurteilen, und sie fand, sie habe das Recht, Akteneinsicht zu bekommen.

Nachdem Mike wieder gesund und aus dem Krankenhaus entlassen worden war, fuhr er Sandra und Darren zu der Londoner Vermittlungsstelle. Er wartete mit Darren vor dem Büro, während Sandra zu Herrn Hall hineinging. »Ich merkte an dem Vorgespräch, daß er mich erst einmal testen wollte, um dann zu entscheiden, was er mir mitteilen konnte.« Er sagte, die Akte enthalte nur wenige Angaben, aber er spannte sie auf die Folter und las ihr nur Auszüge daraus vor, wo sie doch so erpicht war auf jedes kleinste bißchen. Zufällig fiel ihr Blick auf einen Brief in der Handschrift ihrer Adoptivmutter, vermutlich der Adoptionsantrag, in dem sie ihre näheren Gründe angab. Sandra hätte ihn zu gerne gelesen, sie dachte, der Tenor dieses Briefes könne sie vielleicht innerlich berühren und sie mit ihrer Adoptivmutter aussöhnen.

Andererseits, hatte sie überhaupt das Recht, die private Korrespondenz ihrer leiblichen Mutter und ihrer Adoptiveltern, ohne deren Einverständnis, zu lesen? Zwar betraf es sie, aber es war keinesfalls an sie adressiert. Es könnte darin unter Umständen die Rede sein von Dingen, die Sandra nicht wissen sollte oder die so lange zurücklagen, daß sie heute nicht mehr opportun waren. Ich versuchte, Sandra das klarzumachen, aber sie war fest davon überzeugt, daß ihr das uneingeschränkte Recht zustand, alles über sich zu erfahren, angefangen bei der Empfängnis.

Herr Hall bat sie, alles zu notieren, was er ihr sagte. Adoptierte sind oft so aufgeregt, daß sie vieles von dem, was man ihnen erzählt, wieder vergessen. Wie sie bereits wußte, wurde sie geboren als Sandra Rosanne Curtiss. Ihre Mutter wohnte zum Zeitpunkt der Adoption zur Untermiete am anderen Ende von Chatham und nicht mehr in der Jubilee Road. Sandra wog bei ihrer Geburt 5 Pfund und 295 Gramm und war sechs Wochen zu früh auf die Welt gekommen. Sie hatte Blutgruppe D, Rhesus negativ. Denise Mary Curtiss, ihre Mutter, war zwanzig, Verkäuferin, abtrünnige Katholikin, hatte mit fünfzehn die Schule verlassen, hatte in einer Wäscherei und in einer Fabrik gearbeitet. Sie wurde in der damals üblichen herablassenden Terminologie dieser Adoptionsvermittlungsstellen beschrieben als ›ein ordentliches Mädchen aus einer ordentlichen Arbeiterfamilie‹. Sandra wurde zwei Wochen lang von ihrer Mutter gestillt und bekam danach Vollmilchpulver. Sandra interessierte sich für jede Kleinigkeit. Sie notierte sich sogar Vollmilchpulver und ließ nicht das geringste aus.

Dann kam der Schock. Der Name ihres Vaters war dort angegeben mit Norman Hayes, Alter vierundvierzig, Handelsvertreter. Norman Hayes! Sie war zugleich entsetzt und erfreut. Der Name ihrer Adoptiveltern war Hayes. Der Name ihres Adoptivvaters war Norman Hayes.

Das würde bedeuten, daß ihr Adoptivater in Wirklichkeit ihr richtiger Vater war – und sie hatte in all den Jahren davon keine Ahnung gehabt. Einen Augenblick lang war sie ganz euphorisch. Sie liebt ihren Vater von Herzen, obwohl es ihr schwerfällt, ihm das zu sagen oder überhaupt mit ihm zu reden. All die glücklichen Augenblicke in ihrer Kindheit hatte sie ihm zu verdanken. Er war derjenige, der immer für sie dagewesen, gut zu ihr gewesen war, und ihre Adoptivmutter diejenige, die störend im Wege gestanden hatte, ihn beschimpft und Sandra fortgeschickt hatte. Oder zumindest sieht Sandra das so. Als sie dann erfuhr, daß derselbe geliebte Norman Hayes auch ihr leiblicher Vater ist, war sie hoch erfreut, aber auch tief bestürzt.

Sie riß sich zusammen und provozierte Herrn Hall ganz bewußt. »Das muß doch ein Irrtum sein«, sagte sie. Sie durfte ja die Unterlagen nicht selbst einsehen. »Sie wollen doch nicht sagen, daß Norman Hayes mein richtiger Vater ist, sondern mein Adoptivvater.« Herr Hall überprüfte und überprüfte das immer wieder, aber so war es klar und deutlich in den Unterlagen angegeben. Auf den Formularen hatte Denise Mary Curtiss eine Erklärung abgegeben, daß sie Norman Hayes beim Tanzen kennengelernt habe, ein großer, dunkelhaariger, anständiger Mann mit guten Manieren, ein Handelsvertreter, aber er war nicht aus dem Ort. »Natürlich war er nicht aus dem Ort. Meine Adoptivfamilie, falls es sich um diesen Norman Hayes handelt, lebt in Bristol«, sagte Sandra, als ob das etwas beweisen würde.

Sie war ganz benommen, als sie das Büro verließ. Sie wußte immer noch nicht sehr viel über ihre Mutter, aber alles über ihren Vater – außer wie ausgerechnet er mit seinen ständigen Nachtschichten es fertiggebracht hatte, von Bristol nach Chatham zu kommen, dort ihre Mutter kennenzulernen, ein Kind zu zeugen und gleichzeitig in Bristol verheiratet zu sein und ein adoptiertes Kind zu haben. Das Komplexe, das Ungereimte an dieser Geschichte verwirrte sie.

Herr Hall versprach, jeden anzuschreiben, der unter dem Namen Curtiss – es gab sechs – im Telefonbuch von Chatham stand, um sich nach dem Aufenthaltsort von Denise Mary Curtiss zu erkundigen, die im Jahre 1956 in der Jubilee Road gewohnt hatte. Aber ohne Erfolg. Keiner dieser Leute war mit Denise verwandt oder hatte jemals von ihr gehört.

Jetzt nahm Sandra die Angelegenheit selbst in die Hand. Sie rief das Standesamt in Chatham an und erklärte ihr Anliegen. Ein Kind, das auf der Suche nach seiner Mutter ist, hat schon manches Beamtenherz zum Schmelzen gebracht. Der Standesbeamte versprach, ihr zu helfen und nachzuschauen, ob eine Denise Mary Curtiss irgendwann nach Sandras Geburt in der Stadt geheiratet hatte.

Kurz darauf rief er zurück, um ihr zu sagen, daß er eine Heiratsurkunde gefunden und daß er selbst die Trauung zwischen besagter Denise und einem Brian Brockley im Jahre 1960 vorgenommen hatte. Sandra begann zu weinen. »Ich war empört, daß sie so bald nach meiner Adoption geheiratet hatte. Ich war damals vier. Wie konnte sie einfach so mir nichts, dir nichts heiraten, als ob ich nie existiert hätte?« Ihre Reaktion erscheint unfair. Wie lange sollte eine Mutter denn um ihr adoptiertes Kind trauern?

Der Standesbeamte schickte ihr eine Kopie der Heiratsurkunde, und jetzt hatte sie noch einen Namen und eine Adresse, mit der sie etwas anfangen konnte. »Ich habe keine besonders gute Schulbildung, und so etwas hatte ich noch nie gemacht«, sagte Sandra. »Aber das Komische ist, wenn man unbedingt etwas herausfinden will, kommt man ganz von selbst auf alle möglichen Ideen. Man wird zum Detektiv, man wird raffiniert.«

Sie schrieb an die Adresse, die auf der Heiratsurkunde stand, aber die Brockleys wohnten schon seit langem nicht mehr dort und waren längst vergessen. Dann nahm sie sich das Telefonbuch von Chatham vor, rief systematisch alle Brockleys an und fragte nach Brian und Denise. Ohne Erfolg. Schließlich quälte sie sich durch die Wählerlisten, aber nach Brian und Denise Brockley suchte sie vergebens.

Sie sah sich noch einmal die Heiratsurkunde genau an. Plötzlich hatte sie eine Idee. Unten standen die Unterschriften der beiden Trauzeugen. Einer hieß Smith, den zu suchen war aussichtslos, aber die andere Unterschrift stammte von einer Frau mit dem ungewöhnlichen Namen Ruby Spiggott. Noch einmal blätterte Sandra das Telefonbuch von Chatham durch. Und dort fand sie den Namen Spiggott, R. Spiggott. Am gleichen Tag war sie in London im St. Catherine's House gewesen und hatte dort die Kartei durchgesehen – und sie entdeckte ihren Bruder Jason. »Na ja, eigentlich ist er ein

Halbbruder, aber das bedeutete mir trotzdem sehr viel. Ich war schrecklich aufgeregt. Es war phantastisch! Jemand, der zu mir gehörte. Ich hätte gleich seine Geburtsurkunde beantragen sollen, um sie mit nach Hause zu nehmen, aber leider hatte ich an dem Tag fast mein ganzes Geld ausgegeben, und nun reichte es nicht mehr, um die Gebühren zu bezahlen.«

Zu Hause angekommen, wartete sie bis zum Abend, um R. Spiggott anzurufen, vielleicht handelte es sich wirklich um die Trauzeugin von der Hochzeit ihrer Mutter. »Ist dort Ruby Spiggott?« fragte sie gespannt. Die Frau am Telefon hatte eine auffallend keuchende, krächzende Stimme, als ob sie keine Luft bekäme. Sie bejahte, Ruby Spiggott zu sein. »Ich suche jemanden, den ich vor langer Zeit gekannt habe, eine Denise, die einen Brian Brockley geheiratet hat. Ich dachte, Sie könnten mir vielleicht die Adresse geben?«

Ruby war freundlich und hilfsbereit, aber sie machte auf Sandra einen etwas merkwürdigen Eindruck. »Ich sagte mir immer wieder, diese Frau kennt meine Mutter! Diese Frau kennt meine Mutter! Und es fiel mir schwer, mich auf das Gespräch zu konzentrieren. Ich konnte es kaum fassen, daß ich tatsächlich mit der Frau sprach, deren Name auf der Heiratsurkunde stand.«

Ruby sagte, sie habe ihre alte Freundin schon seit mindestens fünf Jahren nicht mehr gesehen. Denise sei in eine Wohnsiedlung am anderen Ende der Stadt gezogen, und sie hätten sich aus den Augen verloren. Sie sagte, sie wohne jetzt in der Holmead Siedlung. Sie habe zwei Söhne, Jason und Barry, aber ihr Mann Brian sei schon vor vielen Jahren bei einem Lastwagenunfall ums Leben gekommen. Brian sei Lastwagenfahrer gewesen. Erst nachdem sie das alles gesagt hatte, schien es Ruby merkwürdig vorzukommen, daß diese junge Frau am Telefon, die von sich behauptete, eine gute Freundin von Denise zu sein, offensichtlich überhaupt nichts über sie wußte.

»Was haben Sie noch gesagt, wer Sie sind? Und warum wollen Sie Denise finden?« fragte sie etwas mißtrauisch mit ihrer eigenartigen, keuchenden Stimme. Sandra, die die augenblickliche Adresse ihrer Mutter immer noch nicht kannte, beschloß, Ruby ins Vertrauen zu ziehen. Es war ziemlich riskant. Vielleicht hatte ihre Mutter gute Gründe, Sandras Existenz geheimzuhalten. Das Geheimnis preiszugeben konnte ihr unter Umständen großen Schaden zufügen. Aber andererseits war Sandra so verzweifelt, sie konnte einfach nicht länger warten. Mit jedem Schritt, den sie unternahm, merkte sie mehr, daß sie ihre Mutter unbedingt finden mußte, und zwar bald. Erst wenn sie sie gefunden hatte, würde sie wieder ein normales Leben führen können. Darum erzählte sie Ruby die ganze lange Geschichte.

»Vor langer Zeit, ehe sie heiratete, bekam Denise ein kleines Mädchen.

Sie hat das Baby weggegeben. Das Baby ist inzwischen erwachsen. Es ist jetzt ein großes Mädchen, und das Mädchen bin ich. Ich bin das Baby, das Denise vor langer Zeit bekam.« Sandra hörte, wie sie tief Luft holte: »Oh, meine arme Kleine!« rief Ruby aus. Und Sandra wußte nicht genau, ob sie oder ihre Mutter damit gemeint war. »Ich hatte ja keine Ahnung. Ehrlich, ich hatte nicht die geringste Ahnung«, sagte Ruby. »Paß auf, ich werde dir helfen, so gut ich kann. Ich will versuchen, sie für dich ausfindig zu machen. Ich glaube, ich kenne Leute, die ihre Adresse haben. Ich werde zu ihr gehen und ihr von dir erzählen. Morgen rufe ich dich wieder an.«

Sandra hielt es bis zum nächsten Tag kaum noch aus. Sie konnte nicht schlafen. Sie irrte durchs Haus. Aber der Anruf kam nicht. Sie befürchtete schon das schlimmste. Ihre Mutter hatte sich geweigert, mit ihr zu sprechen. Oder Ruby war eine Lügnerin. Vielleicht war Ruby nicht ganz richtig im Kopf – merkwürdig angehört hatte sie sich jedenfalls. Einen Tag später rief Ruby dann doch an und sagte, sie wolle jetzt zur Gemeindeverwaltung gehen und Denises Adresse holen. Die Tage vergingen, ohne daß Sandra etwas von ihr hörte. Sie war mit ihrer Geduld fast am Ende. Sie schrie ihren kleinen Sohn und Mike an. Sie konnte an nichts anderes denken. Insgeheim verfluchte und beschimpfte sie Ruby. Wo blieb diese Frau? Warum hatte sie nicht angerufen? Was war passiert? Es verging wieder eine Woche, und ihre Beziehung zu Mike verschlechterte sich von Tag zu Tag. »Er fühlte sich vernachlässigt. Er konnte mich nicht verstehen. Ich weiß, ich war schwierig, aber das war doch verständlich. Würde das nicht jedem so gehen in dieser Situation?«

Dann, am Samstagnachmittag, kam endlich der Anruf von Ruby. Da war sie wieder, diese zerborstene Reibeisenstimme. Sandra war total angespannt und überdreht: Und Mike saß vor dem Fernseher und sah sich die Sportschau an, völlig phlegmatisch und unbeteiligt.

»Ich habe deine Mutter besucht«, krächzte die Stimme. »Ich habe ihr alles erzählt. Zuerst wollte sie es mir nicht glauben, konnte es einfach nicht glauben. Sie fragte nach deinem Namen. Ich sagte ›Sandra‹, und da wußte sie, daß ich die Wahrheit gesagt hatte. Sandra war der Name, den sie dir gegeben hatte, und die Leute, die dich adoptierten, hatten ihn offensichtlich nicht geändert. Deine Mutter brach in Tränen aus, und dann weinte sie eine ganze Weile. Wir haben lange über alles geredet. Sie war so glücklich, aber auch so traurig über das, was geschehen war. Sie ist ganz aus dem Häuschen deinetwegen, und sie will dich unbedingt sehen.«

Über die Tränen freute Sandra sich fast am allermeisten. »Sie weinte, sie hat tatsächlich meinetwegen geweint?« sagt sie. »Dann hatte sie darunter gelitten, genau wie ich. Sie hatte mich vermißt und mich nicht vollkommen vergessen. Das war sehr wichtig für mich.«

Ruby erzählte ihr noch mehr über das Gespräch. Sandras richtiger Vater war Denises verstorbener Mann, Brian Brockley. Als er eine Liebesaffäre mit Denise begann, war er schon älter und verheiratet. Aber als Denise schwanger wurde mit Sandra, geriet er in Panik und schlug ihr eine Abtreibung vor. Erst nachdem Sandra zur Adoption freigegeben worden war, kehrte er zu ihr zurück. Er verließ seine erste Frau und die Kinder und heiratete Denise. Sie hatten dann zusammen noch zwei weitere Kinder, zwei Söhne, aber niemand wußte etwas von der Tochter, die sie fremden Leuten überlassen hatten und die sie vermutlich nie wiedersehen würden. Brian starb vor einigen Jahren – aber Jason und Barry ging es gut.

Wenn Brian Brockley wirklich Sandras leiblicher Vater war, warum tauchte dann der Name Norman Hayes in den Akten als der ihres Vaters auf? Ruby hatte die gleiche Frage auch Denise gestellt. Sie behauptete, daß sie diesen Namen in einer plötzlichen Eingebung erfunden habe. Brian war ein verheirateter Mann, und sie wollte ihm keine Schwierigkeiten machen, indem sie auf der Vermittlungsstelle seinen Namen nannte. Sie dachte, sie würden dann möglicherweise Unterhaltszahlungen von ihm verlangen. Sie hatte sich den Namen Norman Hayes ausgedacht. Es war ein reiner Zufall, daß das Ehepaar, das Sandra adoptierte, auch Hayes hieß und der Ehemann Norman. Sie sagte, sie könne sich an diesen Namen, den sie für die Vermittlungsstelle erfunden habe, nicht einmal mehr erinnern, aber vorsichtshalber habe sie angegeben, er sei nicht aus der Gegend, und sie wisse seine Adresse nicht.

Sandra fand sich damit ab, daß Brian Brockley tatsächlich ihr Vater war. Sie mußte und wollte es glauben, denn dadurch bekam sie eine Familie, die fast legal war, und für ihre Mutter bedeutete das eine Ehrenrettung, und, was das allerwichtigste war – sie bekam dadurch zwei richtige Brüder und nicht nur Halbbrüder. Ruby erzählte ihr, Denise habe gesagt, die Ehe sei ein Fehlschlag gewesen. Er sei ein brutaler und tyrannischer Mensch gewesen. Schon als sie ihn heiratete, habe sie ihn nicht mehr geliebt. Sie sei damals wegen des Verlustes ihres Babys so durcheinander gewesen, außerdem habe sie es aus reiner Boshaftigkeit getan, um ihre Familie, die gegen ihn war, zu ärgern.

Andererseits stimmte es Sandra traurig, daß sie fortgegeben worden war, nur weil zwei Liebende sich gerade stritten. Nur weil ihr Vater in den Monaten, auf die es ankam, ihre Mutter im Stich gelassen hatte, war auch sie im Stich gelassen worden. Als sie dann schließlich heirateten, war es zu spät, ihr Kind zurückzufordern – eine bittere Erkenntnis. Dieses Gefühl der Bitterkeit überkommt Sandra immer wieder. »Da lebt meine eigene leibliche Familie einträchtig beieinander, meine Eltern mit noch zwei Kindern, und es gibt überhaupt keinen vernünftigen Grund, warum ich nicht auch mit ihnen hätte leben sollen! Aber ich war alleine und weit weg. Außer meinen Eltern wußte niemand, daß ich überhaupt existierte. Meinen Brüdern hatte man nie gesagt, daß es irgendwo eine ältere Schwester gab, die man weggegeben hatte. Vielleicht hätten sie das nicht begreifen können. Warum auch? Es war damals unbegreiflich, und das ist es auch heute noch, jedenfalls für mich.«

Aber Brian und Denise hatten ja erst vier Jahre nach Sandras Geburt geheiratet. Das ist eine ziemlich lange Zeit. War er überhaupt Sandras Vater? Man hat da seine Zweifel. Doch Sandra studiert das Foto ihres toten, angeblichen Vaters und sucht nach Ähnlichkeiten – ein Grübchen im Kinn zum Beispiel, das sie das ›Brockleykinn‹ nennt. Sie ist eifrig bemüht, dieses typische Familienmerkmal, das von Generation zu Generation in Form eines Grübchens weitervererbt worden war, bei sich nachzuweisen.

Sandra holte soviel an Informationen aus Ruby heraus wie möglich. Hatte ihre Mutter genauso dünne Beine wie sie? Wie groß war sie? War sie attraktiv? Welche Farbe hatten ihre Augen? Hatte sie wieder geweint? Jede Träne war für Sandra eine Kostbarkeit. Ja, sie weinte und weinte und konnte kaum damit aufhören. »Das klingt gut«, sagte Sandra und war froh, daß sie ihrer Mutter nicht gleichgültig war. Ruby beschrieb, wie sie nach dem langen Gespräch fortgegangen waren, um Briefumschläge, Briefpapier und eine Briefmarke zu kaufen, weil Denise gleich an sie schreiben wollte. Denise war innerlich noch nicht so weit, daß sie mit Sandra am Telefon sprechen konnte. Sie zog es vor, erst einmal zu schreiben – aber sie versprach, den Brief noch am gleichen Tag einzustecken, nachdem sie sich beruhigt und über alles nachgedacht hatte.

Ruby war gegangen, nachdem Denise sich zum Schreiben hingesetzt hatte. Jahrelang hatte Sandra den Augenblick, in dem sie ihrer Mutter schreiben würde, herbeigesehnt, und schon zu Beginn ihrer Nachforschungen war sie extra zu Debenham gefahren, um ein ganz besonders schönes Briefpapier zu kaufen. Von Zeit zu Zeit nahm sie es in die Hand und dachte dabei an ihre Mutter. Jetzt brauchte sie nur noch den Brief abzuwarten.

Aber der Brief kam weder am nächsten Tag noch am übernächsten, noch am Tag danach. Zwischen Montag und Freitag wurde Sandra immer verzweifelter. Sie rief dauernd bei Ruby an, aber die konnte ihr auch nur noch einmal sagen, daß Denise gerade schreiben wollte, ein adressierter und frankierter Umschlag lag schon bereit, als sie sie verließ. Was hatte das zu bedeuten? Hatte ihre Mutter Ruby etwas vorgemacht, nur um ihr Gesicht zu wahren? Hatte sie es sich anders überlegt? Fand sie vielleicht, daß das alles letzten Endes doch ihre Kräfte überstieg?

Sandra riß schließlich die Geduld. Sie wollte sich nicht mehr auf Ruby verlassen. Und sowieso, wer war eigentlich diese Ruby? Vielleicht war sie ja eine Verrückte. Vielleicht hatte sie ihre Mutter gar nicht aufgesucht. Oder vielleicht hatte sie nicht den Nerv gehabt, ihr die Wahrheit zu sagen, darum konnte Denise sich auch nicht melden. Sandra wollte es jetzt selbst herausfinden, inzwischen war es ihr egal, ob sie jemandem damit schadete oder jemanden kränkte. Sie wollte sich den Zugang zu ihrer Mutter jetzt erzwingen. Ihre Mutter war ja gewarnt worden.

Aber sie hatte die Adresse ihrer Mutter nicht, sie kannte nur den Namen der Siedlung, in der sie wohnte. Ihr fiel ein, daß jede Wohnsiedlung ein Bürgerzentrum hat. Eine Frau mit zwei Söhnen, die in der Siedlung aufgewachsen waren, mußte irgendwann einmal mit dem Zentrum in Berührung gekommen sein. Sie rief die Telefonauskunft an. Ja, die Holmead Siedlung hatte ein Bürgerzentrum. Sie rief unter der angegebenen Nummer an. Eine Frau meldete sich und sagte, der Name Brockley komme ihr bekannt vor. Jason? Nein, Barry. Ja, Barry! Sie sagte, Barry sei ein netter Junge, früher, als er noch jünger war, sei er oft dort gewesen, inzwischen müsse er etwa neunzehn sein. Aber ja, es sei durchaus möglich, daß seine Adresse noch in der Kartei sei. Und da war sie wirklich. Die Familie Brockley wohnte Nelson Way, Nummer 22, eine Nebenstraße der Columbus Street. Sandra bedankte sich überschwenglich und betonte, wie wichtig diese Auskunft für sie sei und wie dankbar sie sei. »Ich hatte tatsächlich mit einer Frau gesprochen, die nur ein paar Straßen von ihr entfernt war!« sagt Sandra.

Aber was nun? Wenn ihre Mutter nicht gewillt war, Briefe zu schreiben, hatte es auch nicht viel Zweck, ihr zu schreiben. Aber ihre Mutter hatte kein Telefon. »Am liebsten hätte ich mich sofort auf die Bahn gesetzt und wäre zu ihr gefahren. Das wäre am einfachsten gewesen. Aber wenn man ein kleines Kind hat, kein Geld, keine Fahrgelegenheit und meilenweit voneinander entfernt wohnt, was soll man da machen? Ich fühlte mich so hilflos. Da wurde mir zum ersten Mal meine Abhängigkeit bewußt, kein Geld, keine Möglichkeit, wegzufahren und das zu tun, was ich eigentlich wollte. Wenn ich schon am Anfang das Geld gehabt hätte, nach Chatham zu fahren, in einem Hotel zu übernachten und eine Woche lang nach ihr zu suchen, hätte ich sie ganz leicht finden können.«

Dann kam ihr plötzlich die Idee, daß die Nachbarn ihrer Mutter Telefon haben könnten. Sie rief in Chatham an und fragte nach den Wählerlisten. Könnte sie bitte die Namen der Leute bekommen, die Nelson Way Nummer 21 und 23 wohnten? Man nannte ihr die Namen. Dann rief sie wieder die Telefonauskunft an. Ja, Frau Wagner von Nummer 21 hatte ein Telefon. Sie rief Frau Wagner an. »Inzwischen hatte ich gelernt, zuckersüß und devot vor den Leuten am Telefon quasi auf die Knie zu gehen. So höflich, so schüchtern. Würde sie liebenswürdigerweise Frau Brockley von nebenan eine Nachricht überbringen?« Frau Wagner war eine freundliche alte Dame. Sie ging sofort nach nebenan, um nachzusehen, ob ihre Nachbarin zu Hause war. Sandra hörte sie an die Tür klopfen, dann von drinnen das wütende Gebell eines Hundes. »Es tut mir leid, meine Liebe, aber sie ist nicht da. Sie kommt immer gegen vier zurück. Sie kommt um diese Zeit, um ihrem Sohn Barry sein Essen zu machen. Bis dahin ist sie bei der Arbeit, müssen Sie wissen, sie gibt Essen aus in einer Schulkantine.« Frau Wagner versprach, eine Nachricht zu überbringen, darum hinterließ Sandra ihren Namen und sagte, daß sie um sechs noch einmal anrufen würde.

Sie mußte sich jetzt bis um sechs Uhr gedulden. Um sechs würde sie dann hoffentlich mit ihrer Mutter sprechen können. »Ich hielt es nicht mehr aus. Ich konnte nicht einfach dasitzen und warten.«

Um nicht untätig sein zu müssen, ging sie noch einen Schritt weiter. In einer Schulkantine? Das gab ihr einen neuen Hinweis. Sie rief das Schulamt an, um sich nach den Schulen im Gebiet der Holmead Siedlung zu erkundigen. Es gab drei. Bei den ersten beiden fragte sie vergeblich nach Frau Brockley. Beim dritten Versuch meldete sich eine zickige Schulsekretärin und fragte: »Warum wollen Sie das wissen? Was wollen Sie von ihr? Wer sind Sie überhaupt? Warum rufen Sie sie hier in der Schule an?« Sie gab zwar zu, daß eine Frau Brockley dort beschäftigt war, aber sie machte keinen Hehl aus ihrer Mißbilligung, daß jemand die Unverschämtheit besaß, ohne zwingenden Grund eine Kantinenhilfe anzurufen. Sandra bekam einen Schrecken und legte schnell den Hörer auf. Aber sie wußte, ihre Mutter würde jetzt erfahren, daß jemand nach ihr gefragt hatte, und vielleicht konnte sie sich denken, wer das war. Inzwischen müßte sie sich von allen Seiten eingekreist fühlen. Wohin sich Denise auch wandte, ob zu Hause, bei der Arbeit, bei alten Freunden oder Nachbarn, Sandra war allgegenwärtig. Sie konnte ihr nicht mehr aus dem Wege gehen. Es gab kein Entrinnen. So sah es Sandra jedenfalls, mit einiger Schadenfreude. Manchmal war sie so außer sich, weil der versprochene Brief nicht eingetroffen war, daß es ihr vollkommen egal war, welche Auswirkungen ihre Handlungen auf ihre Mutter und deren Leben haben könnten. Sandra hatte seit einiger Zeit jedes vernünftige Maß verloren. »Warten, warten, und kein Scheißbrief! Ich mußte die ganze Zeit heulen!«

Es wurde sechs Uhr. Sie wählte Frau Wagners Nummer, aber es meldete sich eine andere Stimme. Eine jüngere, nicht die brüchige Stimme der gebrechlichen alten Dame. Diese Frau klang, als sei sie erkältet, ihre Stimme war zittrig und unsicher. »Hier ist Sandra. Könnte ich bitte Frau Brockley sprechen?«

»Ja, mein Liebes, ich bin Frau Brockley«, sagte die Stimme. »Ich bin deine Mum.« Sandra war darauf nicht gefaßt. »Bist du es, bist du es wirklich?« war alles, was ihr einfiel. »Ja ja, ich bin es, ich bin es«, sagte ihre

Mutter. Und Sandra sagte sofort vorwurfsvoll: »Aber ich habe deinen Brief nicht bekommen! Ich habe gewartet und gewartet, bis ich es nicht mehr aushielt, darum mußte ich dich einfach anrufen!« Ihre Mutter wandte ein, daß sie den Brief abgeschickt habe, gleich an dem Tag, an dem Ruby sie aufgesucht hatte. »Wo ist er dann geblieben?« fragte Sandra entnervt. Dann verglichen sie erst einmal die Adressen. Es stellte sich heraus, daß Ruby Denise eine falsche Adresse gegeben hatte. Es war nicht Brampton Road 8, sondern Broughton Road 8. Kein Wunder, daß er nicht angekommen war. Sandra sagte mehrmals: »Oh, du kannst dir gar nicht vorstellen, wie sehr ich darauf gewartet habe!« Und ihre Mutter sagte besänftigend: »Ich weiß, ich weiß, mein Liebes.«

Sandra schüttelt verwundert den Kopf, wenn sie sich an dieses Gespräch erinnert. »Sie war genau wie eine Mutter, die sanft und tröstend zu ihrem Baby spricht. Es war so herrlich, so schön!« Sie sagt, nach all den Jahren, in denen sie sich nach einer richtigen Mutter gesehnt hatte, waren diese ersten Worte wie Balsam auf ihre Wunden. Sandra war fest entschlossen, diese Gefühle zu haben, all die entbehrte Mutterliebe nachträglich einzufordern. An diesem ersten Tag hätte sie das praktisch in alles, was ihre Mutter von sich gab, hineininterpretiert. Aber konnten eine Mutter und ihr Kind nach achtundzwanzig Jahren wirklich in Sekundenschnelle und über das Telefon eine derart innige Verbindung herstellen, so wie das angeblich unmittelbar nach der Geburt der Fall ist? Sandra behauptet das jedenfalls – der Verschmelzungsprozeß setzte sofort ein, noch ehe Mutter und Kind sich überhaupt zu Gesicht bekommen hatten.

»Hast du lange nach mir suchen müssen?« Diese Frage ihrer Mutter war bei Sandra besonders haftengeblieben. So wie sie das darstellt, klingt es wie die Worte eines Erzengels, der einen Neuankömmling an den Pforten zum Himmel willkommen heißt. Es bekommt einen mystischen Klang. »Aber das Telefon kann ja so ernüchternd sein. So hatte ich mir diesen Augenblick nicht vorgestellt. Ganz und gar nicht. Ich wollte in dem Moment eigentlich gar nicht mit ihr sprechen, nicht auf diese Art und Weise. Ich wollte bei ihr sein, ihr in die Augen schauen.«

Ihre Mutter beschrieb in diesem ersten Gespräch, wie sie und Sandras Vater versucht hatten, sie zurückzuholen. Sie gingen noch einmal zu der Adoptionsvermittlungsstelle, aber es war zu spät, viel zu spät. Die Papiere waren schon seit langem unterschrieben, und das Kind war für immer verschwunden. »Aber seit der Änderung des Gesetzes im Jahre 1975 habe ich wieder Hoffnung geschöpft und immer auf das Klopfen an der Tür gewartet«, sagte ihre Mutter. Und daß sie gleich nach Rubys Besuch ihren beiden Söhnen von Sandra erzählt habe. Sie seien begeistert gewesen. Sie hatten sich immer eine Schwester gewünscht, und sie möchten sie möglichst bald in der Familie willkommen heißen. Sandra erwiderte, sie wolle noch am gleichen Wochenende zu ihnen fahren, gleich morgen. Aber ihre Mutter meinte, sie brauche noch ein wenig Zeit, um sich darauf einzustellen. Vielleicht lieber die Woche darauf. Sie könnten sich ja schreiben, und in der Zwischenzeit würde sie ihr die Telefonnummer einer guten Freundin geben, dort könne Sandra jederzeit anrufen. »Ich habe dich einmal zurückgewiesen, und ich will dich nie wieder zurückweisen«, sagte ihre Mutter und begann zu weinen. »Ich schäme mich nicht. Ich werde mit dir die Straße hinuntergehen und vor aller Welt bekennen, daß du meine Tochter bist und daß ich stolz auf dich bin!« Sie versprachen, einander zu schreiben und Fotos zu schicken.

Sandra legte den Hörer auf. Sie hatte niemandem von diesem Telefonanruf erzählt. Sie glaubte, Mike würde ärgerlich werden. Er würde bestimmt sagen, daß sie kein Recht habe, sich in das Leben ihrer Mutter zu drängen und es vielleicht sogar zu ruinieren. Aber Sandra wußte ganz genau, daß Eifersucht dahintersteckte. Als er dann von der Arbeit nach Hause kam, war sie noch immer ganz benommen. Sie log und behauptete, ihre Mutter habe sie angerufen, und dann brach sie in Tränen aus. »Er konnte nicht verstehen, daß ich so durcheinander war, wo ich doch hätte glücklich sein sollen. Er hält nicht viel von dem, was er rührseliges Getue nennt. Er meint, meine leibliche Mutter habe mich fortgegeben, und ich solle sie in Ruhe lassen. Meine Mum und mein Dad seien die Leute, die mich großgezogen haben. Ich weiß, mein Herz beherrscht meinen Verstand, aber er hat eben kein Herz. Er ist seitdem immer so gereizt und schlecht gelaunt. Er beschuldigt mich, ihn nicht genug zu beachten – besonders im Augenblick nicht mit ihm schlafen zu wollen. Ich kann ihm das nicht klarmachen. Ich weiß genau, er ist eifersüchtig, aber lieber würde er sterben, als das zuzugeben.«

Sandra und ihre Mutter begannen sofort einen Briefwechsel. Außerdem rief Sandra ihre Mutter fast täglich an, immer wenn Mike nicht zu Hause war. »Sie wissen sicher, wie das ist, wenn man so verliebt ist, daß man den anderen nicht einen Augenblick missen möchte? Ich mußte sie einfach dauernd anrufen, um festzustellen, ob sie noch da ist. Ich sagte immer zu ihr, ich möchte bei dir sein, ich möchte dich bald sehen.«

Der erste Brief ihrer Mutter kam prompt, zusammen mit einigen Fotos.

Liebe Sandra,
ich habe Deinen Brief und die Fotos heute morgen bekommen. Ich mußte weinen, aber jetzt, da ich mich ausgeweint habe, fühle ich mich viel besser. Aus Dir ist eine sehr hübsche junge Dame geworden. Ich glaube, Du siehst Deinem Vater ähnlich, obwohl ich in Dir auch Jason und Barry sehe, aber auch mich, als ich noch jünger war.

Hast Du meinen anderen Brief inzwischen erhalten? Hier schicke ich Dir ein etwas neueres Foto von Jason, seiner Frau Diane und ihrem Baby. Barry bezeichnet Dich schon als seine Schwester. Es ist komisch, aber als er noch zur Schule ging, erzählte er seinen Freunden immer, daß er eine Schwester habe, er nannte sie Victoria. Ich hoffe so sehr, daß Du mir verzeihen kannst, daß ich Dich habe adoptieren lassen. Es war das Schlimmste, was ich in meinem Leben je tun mußte. Es liegt mir fern, nach Ausreden zu suchen, aber es geschah damals wirklich mehr in Deinem Interesse als in meinem. Ich kann nur hoffen, daß Du bei Deinen Eltern glücklich warst! Darren ist ein entzückender kleiner Junge.
Wirklich, ich finde, Du solltest lieber schreiben, die langen Telefongespräche sind viel zu teuer. Ich lege ein Foto Deines Vaters bei, es wurde bei Jasons Taufe aufgenommen. Schau bitte nicht so genau auf mich, immer wenn ich versuche zu lächeln, sieht es so aus, als habe ich einen unangenehmen Geruch in der Nase.
Nun, Sandra, ich muß Schluß machen, ich will diesen Brief noch schnell zum Briefkasten bringen, damit Du ihn bald bekommst.
All meine Liebe, seit achtundzwanzig Jahren, Mum

P.S. Ich trage eine Brille. Ich freue mich sehr auf Deinen Besuch. Hoffentlich wirst Du nicht enttäuscht sein! Tschüs!«

Sandra fand den Brief »herrlich« und »wundervoll« und »perfekt«. Die Erwähnung einer Schwiegertochter paßte ihr allerdings überhaupt nicht, besonders nicht, als ihre Mutter schrieb: »Ich behandele sie wie meine eigene Tochter. Sie hat in gewisser Weise Deinen Platz eingenommen.« Das machte Sandra richtig ärgerlich.

Sandra schaute sich das Foto ihres Vaters genau an und entschied, falls sie das nicht schon vorher entschieden hatte, daß sie diesen Mann nicht besonders mochte. »Sieht er nicht arrogant aus? Er sieht aus wie ein Tyrann. Er war eifersüchtig und herrschsüchtig und grauenvoll. Und, was noch viel schlimmer ist, als er hörte, daß meine Mum schwanger ist, wollte er mich abtreiben lassen. Mich abtreiben lassen! Dann ließ er meine Mutter im Stich, darum mußte sie mich adoptieren lassen. Sie hätte ihn niemals heiraten sollen.«

Sie wollte ihre Mutter über Dinge ausfragen, die für sie wichtig waren. Sie wollte herausfinden, ob ihre Mutter in einer hübschen, sauberen Wohnung wohnte oder ob sie sich gehenließ. Ruby hatte sie nicht danach gefragt, wer weiß, welche Maßstäbe Ruby hatte. Sandra hatte in bezug auf Sauberkeit und Ordnung sehr hohe Maßstäbe. Ihre Wohnung ist makellos, und wenn sie es sich nicht leisten kann, genau das zu kaufen, was zu ihrer Einrichtung paßt, verzichtet sie lieber darauf. Sie hat ihre Mutter ohne Umschweife am Telefon gefragt: »Magst du Saubermachen und

Hausarbeit?« Denise antwortete; »O ja, ich bin ein richtiger Putzteufel, genau wie du, wir haben es gerne hübsch sauber, stimmt's?«

Und dann gab es da den Satz in dem Brief, in dem sie vorschlägt, nicht so viel zu telefonieren. Handelte es sich da wirklich nur um die Telefonkosten – oder fühlte ihre Mutter sich bedrängt? Ihr ganzes Leben lang hatte Sandra sich anderen an den Hals geworfen und Liebe aus ihnen herausgepreßt. Menschen fühlen sich nicht gerne bedrängt, und vielleicht erschrak ihre Mutter auch über die Heftigkeit von Sandras Bedürfnissen und Forderungen, die über die Telefonleitung von Epping nach Chatham auf sie niederprasselten.

Drei Tage vor der ›Wiedervereinigung‹ mit ihrer Mutter saß ich Sandra gegenüber und unterhielt mich mit ihr. Sie malte sich diese Begegnung aus, probte sie im Geiste immer wieder. Aber was wird passieren, wenn ihre Mutter nicht das sagt, was sie von ihr erwartet? Sie ist schon jetzt allzu empfindlich, leicht beleidigt und gekränkt. »Sie hat veranlaßt, daß auch Jason und seine Frau und Barry dabei sind. Aber bei der ersten Begegnung möchte ich sie ganz für mich alleine haben. Natürlich möchte ich die anderen auch gerne kennenlernen, aber ich wünschte, sie hätte nur mich sehen wollen. Wovor hat sie eigentlich Angst? Es kommt mir so vor, als brauche sie sie zu ihrem Schutz.«

Sandra beschrieb mir in allen Einzelheiten, wie sich das ihrer Meinung nach abspielen sollte. »Zwischen 12 und 12 Uhr 30 setzt Mike mich am Ende der Straße ab und fährt dann mit Darren eine Weile weg. Ich will ganz alleine zu ihrem Haus gehen, zu Fuß. Ich sehe ganz genau, wie ich darauf zugehe. Barry, der noch zu Hause wohnt, geht jeden Sonntag bis 2 Uhr ins Pub. Bis dahin bin ich jedenfalls mit ihr alleine. Dann um 2 kommen Barry, Jason und Diane. – Meine Mum wird hinter der Gardine am Fenster stehen und mich beobachten, wie ich die Straße herunterkomme. Sie hat mein Foto. Sie weiß, wie ich aussehe. Auch die Nachbarn werden mich alle neugierig beobachten. Sie wissen, wer ich bin, es hat sich schon herumgesprochen. Dann wird sie die Tür öffnen, noch ehe ich Gelegenheit habe, anzuklopfen. Sie hat einen großen Hund, das weiß ich. Ich hörte ihn bei meinem ersten Telefonanruf bellen, als Frau Wagner nach nebenan an die Tür ging. Hoffentlich springt der Hund mich nicht an. Ich habe Blumen bei mir, die werde ich ihr überreichen. Dann weiß ich wenigstens, was ich mit meinen Händen tun soll. Ich werde sie nicht zuerst umarmen, aber wenn sie mich nicht umarmt, werde ich sehr enttäuscht, sehr bestürzt sein. Ich möchte sofort Körperkontakt. Ich werde ihr sagen, daß ich mich nicht zwischen sie und ihre Familie drängen möchte. Ich will herausfinden, ob sie mich liebt. Ich werde sagen: ›Ich habe dich achtundzwanzig Jahre lang vermißt, und diese Jahre möchte ich jetzt nachholen.‹«

Wird das alles nicht vielleicht mehr sein, als eine einzelne Frau bewältigen kann? Kann man überhaupt spontane, uneingeschränkte Liebe verspüren, angesichts all der schmerzlichen Erinnerungen und der Schuldgefühle? Vielleicht war sie gar nicht stark genug, um mit dieser erwachsenen Frau, selbst Mutter, mit solch hohen emotionalen Ansprüchen, fertig zu werden. Ich fragte Sandra, ob sie es für denkbar halte, daß es ihrer Mutter Schwierigkeiten machen würde, gleich bei der ersten Begegnung so viel zu geben? »Oh, ich will auf keinen Fall, daß sie mich als ein Problem betrachtet, das in ihr Leben eindringt«, sagte sie. »Ich suche nur nach der innigen Beziehung, die ich leider zu ihr nicht gehabt habe. Ich glaube wirklich an diese tiefe Beziehung zwischen einer Mutter und ihrem Kind. Es ist eine Beziehung, die niemals zerbricht, die allen Belastungen standhält. Sie ist ewig, unbegrenzt. Ich werde sie lieben, was auch immer geschehen mag, und ich glaube, daß auch sie mich lieben wird. Ich komme aus ihr, von ihr, aus ihrem eigenen Körper, Blut und Fleisch. Sie ist der einzige Mensch auf der Welt, der die Dinge für mich wieder in Ordnung bringen und mir das geben kann, was ich nie gehabt habe. Sie ist meine allerletzte Hoffnung. Verdammt noch mal! Sie kann mich doch jetzt nicht zurückweisen. Ich brauche sie!« Ich muß zugeben, daß ich mir um Sandra Sorgen mache und um ihre Mutter – kann man solchen Ansprüchen überhaupt gerecht werden – Sandra wollte und erwartete so viel.

Dann kam der Tag der Begegnung. Ich war besorgt, vielleicht mehr als Sandra. Einen Tag später, am Montag, als Sandra wieder zurück war, sprach ich mit ihr – sie schwebte in den Wolken.

»Ich bin gerade aus dem Park zurückgekommen«, sagte sie. »Ich war schon oft dort mit Darren, aber heute war alles ganz anders. Ich wollte für mich sein, und ich saß drei Stunden lang auf einer Bank und dachte nach. Darren spielte, die Sonne schien, und ich mußte über so vieles nachdenken. Ab jetzt beginnt für mich ein neues Leben. Es wird alles anders.« Ich war ungeduldig und wollte gerne etwas über den Besuch hören, aber ich ließ sie gewähren.

»Ich weiß jetzt, daß ich Mike gar nicht heiraten will. Die ganze Zeit hatte ich geglaubt, das sei mein größter Wunsch, und das würde alle meine Probleme lösen. Ich habe gebettelt und gefleht, und er hat mich immer abgewiesen, er sagte ›vielleicht‹ oder ›irgendwann‹. So, und jetzt will ich es nicht mehr. Er hat meine Gefühle überhaupt nicht verstanden, oder er hat es nicht versucht. Wenn er in meiner Lage gewesen wäre, wie wäre ich dann geduldig und verständnisvoll gewesen. Er mag eben keine Emotionen.«

Sie machte eine Pause und überlegte: »Auf mir trampelt keiner mehr herum. Von jetzt ab bin ich ich selbst. Ich werde mich nicht mehr an alle möglichen Leute klammern und mich von ihnen abhängig machen. Mike wird mit dieser Wandlung wahrscheinlich nicht einverstanden sein, da hat er Pech gehabt.«

Wie ist es zu dieser Wandlung gekommen? »Mein ganzes Leben lang bin ich vernachlässigt worden, schon als Baby. Immer auf der Suche nach Liebe, und immer vergebens. Jetzt habe ich sie endlich gefunden, und das ist alles, was ich will und was ich brauche. Dort unten in Chatham habe ich meine Mutter und meine Brüder gefunden – drei Menschen, die bereit sind, mir diese Zuneigung zu geben, und damit ist alles anders geworden, oder?«

Die Begegnung sei, so sagte sie, besser verlaufen, als sie es jemals beschreiben könne. »Ich wartete einen Augenblick, bevor ich an die Tür klopfte. Ich stand eine Weile dort. Hier stand ich nun also und klopfte an die Haustür meiner Mutter. Ich hatte ein Rosenbäumchen für ihren Garten mitgebracht, damit sie beim Anblick der Rosen immer an mich denken würde – es sollte gedeihen wie unsere Beziehung. Schnittblumen verwelken.«

Die Tür öffnete sich, und da stand ihre Mutter, genau wie auf dem Foto. Sie sah jung aus für ihre achtundvierzig Jahre, und sie war gut gekleidet. Sie hatte ein hübsches, ovales Gesicht, gepflegtes Haar mit blonden Strähnen und eine Brille. Am Tag zuvor war sie zum Friseur gegangen, um schön zu sein für ihre Tochter. »Da gab es tatsächlich jemanden, der so aussieht wie ich. Es war beunruhigend. Das bloße Anschauen machte mich verwirrt. Ich konnte nicht weinen, ich konnte mich nicht rühren, ich konnte nicht sprechen. Ich stand nur da und starrte sie an. Dann legte sie ihre Arme um mich und drückte mich ganz fest an sich, so fest, daß das Rosenbäumchen zerdrückt wurde. Sie ging direkt auf mich los, und sie weinte und weinte, die Tränen rannen ihr übers Gesicht, und ich konnte nichts dagegen tun. ›Sieh mal‹, sagte ich, ›du machst die Rosen noch kaputt. Hör doch auf zu weinen, hör bitte auf.‹« Ihre Mutter zog sie ins Haus. »Ich kann nicht sagen, warum ich nicht auch weinen mußte, aber die Tränen kamen nicht, und auf meine Bitten hin hörte sie schließlich auch damit auf.«

Ihre Mutter hatte sich vorher sorgfältig überlegt, wie sie Sandra alles erklären würde. Sie nahmen zusammen auf dem Sofa Platz, Denise beruhigte sich allmählich, und sie begannen zu sprechen. Sie erzählte, warum sie Sandra damals hatte weggeben müssen. Es war in der besten Absicht geschehen. Sie glaubte, mit der damaligen Situation nicht alleine fertig zu werden. Sie hätte Sandra kein gutes Leben bieten können, sie wohnte zur Untermiete und mußte um ihren Lebensunterhalt kämpfen. Sie diskutierten ausführlich über alles, was sich damals zugetragen hatte, und ergänzten das wenige, was Sandra bereits wußte. »Sie war ... sie war ... nun, sie war einfach wunderbar. Mehr kann ich dazu nicht sagen. Sie legte ihren

Arm um mich und drückte mich an sich. Als ob es all die Jahre nie gegeben hätte.«

Denise sagte ausdrücklich, daß sie sich Gedanken über Sandras Adoptiveltern mache. Sie bat Sandra, ihnen unbedingt etwas über diesen Besuch zu sagen. Sie meinte, sie sei ihnen zu großem Dank verpflichtet, daß aus ihrer Tochter ein so nettes Mädchen geworden sei. Sandra war klug und taktvoll genug, Denise nicht über das wahre Verhältnis zu ihren Adoptiveltern aufzuklären. Sie wollte ihre Mutter bei dieser ersten Begegnung nicht mit Geschichten über ihre traurige Kindheit belasten. Vielleicht befürchtete sie auch, daß durch die Bitterkeit, die dann aus ihr hervorbrechen könnte, noch größere Schuldgefühle bei ihrer Mutter entstehen würden. Die Bitterkeit könnte sich dann auch gegen ihre richtige Mutter wenden, die sie einst fremden Leuten überlassen hatte. Eines Tages wird Sandra ihr zweifellos alles erzählen. Sie ist nicht der Typ, der Dinge für sich behalten kann.

Pünktlich um 2 Uhr kamen Jason und Barry mit Diane und dem Baby zum Mittagessen. »Sie freuten sich alle so über mich!« sagte Sandra. »Sie mochten mich wirklich. Am meisten fühlte ich mich zu Jason, dem Ältesten, hingezogen. Er hat die gleiche Augenfarbe wie ich. Er kam zu mir in die Küche, und wir waren beide sehr verlegen, wir wußten nicht, was wir sagen sollten. Ich hätte ihn mir gerne ganz genau angeschaut und er mich auch, aber keiner von uns beiden traute sich, und wir guckten sozusagen aneinander vorbei. Am liebsten wäre ich auf ihn zugegangen und hätte ihn umarmt. Er sieht so gut aus. Ich hätte ihn am liebsten gepiekt, um zu sehen, ob er auch echt ist. Wenn ich ihm in irgendeinem Pub begegnet wäre, hätte ich ihn bestimmt sehr attraktiv gefunden. Er hat etwas sehr Ansprechendes. Und es hätte durchaus passieren können, daß ich mich mit ihm angefreundet hätte, ohne eine Ahnung zu haben, daß er mein Bruder ist. Ich hätte ihn am liebsten in die Arme genommen.«

Aber sie mochte auch Barry und sogar Diane, Jasons Frau, auf die sie am Anfang so eifersüchtig gewesen war. »Ein wirklich nettes Mädchen, so freundlich und entgegenkommend«, sagte sie, und vergaß dabei, daß ihre Mutter gesagt hatte, daß sie Diane als Ersatz für ihre verlorengeglaubte Tochter angesehen hatte. »Wir drei, Barry, Jason und ich, saßen nach dem Essen zusammen auf dem Sofa, und meine Mutter fing wieder an zu weinen. Sie schaute uns an, wie wir so eng beieinander saßen, die Familie, die wir eigentlich hätten sein sollen. All diese vergeudeten Jahre!«

Beim Essen hatte sie Jason etwas nervös gefragt, was er meine, wie sie Denise nennen solle. Sie war sich nicht sicher, ob sie nicht bei ›Denise‹ bleiben sollte. Aber er erwiderte ohne Zögern: »Sie ist deine Mum, und darum nennst du sie auch Mum«, und sie alle stimmten ihm zu. So hat sie jetzt zwei Mums: Die eine nennt sie meine Mum in Chatham und die andere meine Mum in Bristol.

Glücklicherweise mochte Mike sie auch alle, und er sprach stundenlang mit Barry über Fußball. Die beiden Brüder hatten all ihren Freunden von der wiedergefundenen Schwester erzählt. Von jetzt ab sollte es keine Geheimnisse mehr geben. Sie wollten die Lokalzeitung bitten, ein Bild von der ganzen Familie zu bringen. Auf diese Weise wollten sie vor aller Welt, vor Freunden und Verwandten verkünden, daß es jetzt ein neues Familienmitglied gab.

Als es Zeit war, nach Hause zu fahren, ging Sandra nur schweren Herzens. Sie versprach, bald wiederzukommen, und ihre Familie versprach, sie möglichst bald in Epping zu besuchen. Aber Sandra war darüber gar nicht so besonders erfreut. Sie wollte nicht zu ihrem alten Leben zurückkehren, als wäre nichts geschehen. »Ich möchte jetzt immer mit ihnen zusammensein. Hier fühle ich mich nicht mehr wohl. Ich schaue herum und frage mich, warum ich nicht zu Hause in Chatham bin«, das sagte sie am Montagmorgen. Sie hatte schon zwei Briefe geschrieben, einen an ihre Mutter und einen an Jason. »Es bereitet mir körperliche Schmerzen, daß ich nicht bei ihnen sein kann.« Wenn es möglich wäre, würde sie jedes Wochenende hinfahren, aber sie und Mike haben nicht genug Geld, sie selbst verdient überhaupt nichts. »Es ist so frustrierend, daß es nur am Geld scheitert. Wenn ich das Geld hätte, könnte ich jede Woche hin- und zurückfahren.« Sie hatte ausgerechnet, daß sie mit dem Familienzuschuß einmal im Monat fahren könnte. Das ist das einzige Geld, über das sie selbst verfügen kann.

»Ich habe mit meiner Mum über Mike gesprochen, und sie sagte, ich solle um Gottes willen nicht den gleichen Fehler machen wie sie und heiraten, nur um verheiratet zu sein. ›Überlege dir das gut‹, sagte sie zu mir, und das werde ich auch tun.« Sandra kam vom Hundertsten ins Tausendste. »Können Sie sich das vorstellen, sie hat ganz genau die gleiche Schuhgröße wie ich?« Und dann: »Ich glaube, an welchem Ort ich ihr auch begegnet wäre, ich hätte sie immer erkannt. Das fühle ich, in meinem tiefsten Innern.«

Die Begegnung war ganz ohne Zweifel ein großer Erfolg. Sandra war davon überzeugt, daß ihr Leben sich von nun an in vielerlei Hinsicht ändern würde. Aber konnte ein solch emotionaler Höhenflug von Dauer sein? Mußte man nicht befürchten, daß sie plötzlich wieder auf die Erde herabstürzen würde, ernüchtert durch die Erkenntnis, daß es schwerer war, als sie angenommen hatte, eine dauerhafte Beziehung auf der soliden Basis ihres eigenen Charakters und dem ihrer Mutter aufzubauen und nicht auf der Illusion einer naturgegebenen vollkommenen Beziehung zwischen Mutter und Kind? Schließlich gibt es genug Menschen, die, einmal erwachsen, keinerlei enge Beziehungen mehr zu ihren Eltern haben. Aber Sandra will davon nichts wissen. Trotzdem ist es unvermeidlich, daß sie irgendwann an ihrer Mutter auch Eigenschaften entdeckt, die sie vielleicht nicht so liebenswert findet, wie wird sie dann damit fertig werden? Muß ihre Mutter für alle Zeiten vollkommen sein? Und unbewußt nagte an ihr immer noch eine gewisse Bitterkeit, weil ihre Mutter sie als Baby im Stich gelassen hatte. So viele adoptierte Kinder erleben diese ekstatische Phase der ›Wiedervereinigung‹ mit ihrer Mutter, aber danach gerät diese Beziehung oft ins Wanken und wird schwächer.

Kurz darauf fuhr ich nach Chatham, um Denise persönlich zu treffen. Ihr Haus ist hell und freundlich, in einem typischen Pastellton der Südküste, mit einem Garten vor und hinter dem Haus. Die Siedlung liegt weit außerhalb der Stadt und ist im Zuge eines gigantischen Wiederaufbauprogramms in der Nachkriegszeit entstanden. Denise ist äußerst schlank, groß und elegant, sie sieht jung aus für ihr Alter. Sie findet, daß die Knochenstruktur ihres Gesichtes genauso wie die von Sandra ist, obwohl ich das eigentlich nicht feststellen kann. Ich glaube aber, eine gewisse Ähnlichkeit in ihrer Art zu sprechen zu entdecken, aber ganz sicher bin ich mir da auch nicht. Wegen der Sauberkeit hätte Sandra sich keine Gedanken zu machen brauchen – alles ist tadellos sauber, man hat den Eindruck, daß jedes Ding an seinem Platz ist. An der Wand des Wohnzimmers hängen Katzenbilder und ein weinender Clown, der Boden ist mit einem hellen, gemusterten Teppich ausgelegt.

Als Denise mit Sandra schwanger wurde, wohnte sie noch zu Hause bei ihren Eltern. Ihre Affäre mit Brian Brockley hatte schon eine ganze Weile gedauert. Er lebte von seiner Frau und den Kindern getrennt, und selbstverständlich wurde das Verhältnis von ihren Eltern heftig mißbilligt. »In den ersten sechs Monaten sprach ich mit niemandem über meine Schwangerschaft. Meine Mutter mußte es ja bemerkt haben, aber die schwieg. Sie sprach nie über Dinge, die etwas mit Sex zu tun hatten, und sie war diesem Thema auch diesmal ausgewichen. Ich hatte ein sehr gutes Verhältnis zu meiner Oma, und ich dachte, sie würde vielleicht zu mir halten, aber sie hielten sich alle zurück. Mein Vater sagte: ›Das beste ist, du gehst‹, das habe ich dann auch getan. Ich tat so, als bliebe ich ganz cool, und sagte nur, ich würde mir eine Wohnung suchen. Meine Mutter hatte nur eine Sorge, was würden die Nachbarn denken. Ich besorgte mir ein möbliertes Zimmer in einem Mietshaus im Stadtzentrum, und ich freundete mich mit einer Frau im Stockwerk darüber an, die war sehr nett zu mir. Sie war eine Prostituierte, aber damals der einzige Mensch, den ich hatte. Brian war zu seiner Frau zurückgekehrt, um es noch einmal mit ihr zu versuchen, und somit war auch er aus meinem Leben verschwunden.«

Denise ging nie zu einem Arzt, zu keiner Vorsorgeuntersuchung, meldete sich in keinem Krankenhaus an. Sie arbeitete einfach weiter, als sei nichts geschehen. »Ich dachte, wenn ich es einfach nicht zur Kenntnis nahm, würde sich das Problem vielleicht von alleine lösen. Ich traf keine Vorkehrungen, ich machte mir keine Gedanken. Ich lebte von einem Tag zum anderen und wagte nicht, an die Zukunft zu denken.« Die Ablehnung durch ihre Eltern hatte sie zutiefst verletzt. Sie befand sich in einem merkwürdigen traumähnlichen Zustand, zum ersten Mal getrennt von ihrer Familie und ihren Freunden, von ihrem Geliebten verlassen.

»Ich wußte nicht, daß es Organisationen gibt, an die man sich wenden kann. Heutzutage weiß bestimmt jeder Bescheid über Sozialdienste und andere Einrichtungen, die einem helfen – aber damals wußte ich davon nichts. Als die Wehen begannen, telefonierte ich nach einem Krankenwagen. Im Krankenhaus war man nicht sehr freundlich zu mir, weil ich nicht vorgemerkt war und keinen Arzt aufgesucht hatte.«

Wie so vielen jungen Müttern in einer solchen Krisensituation war es ihr gelungen, vieles, was mit der Geburt und der Adoption in Zusammenhang stand, zu verdrängen. Sie kann sich nicht mehr erinnern, ob es das Krankenhaus war, das jemanden von einer katholischen Adoptionsvermittlung hatte kommen lassen, oder ob das ihre eigene Idee gewesen war. Sie erinnert sich nur, daß niemand im Krankenhaus ihr Hilfe oder Rat anbot oder ihr sagte, wo sie hätte Hilfe bekommen können. »Ich muß ihnen doch etwas gesagt haben, meinen Sie nicht auch? Aber vielleicht auch nicht.«

Sie wurde aus dem Krankenhaus entlassen, zurück in ihr kaltes, trostloses möbliertes Zimmer. »Da saß ich nun und schaute auf dieses arme kleine Würmchen und dachte: ›Ich kann dir nichts bieten, überhaupt nichts. Ich habe keine Arbeit, niemanden, der auf dich aufpaßt, wenn ich arbeiten gehen möchte, kein Geld, keine Freunde und keine Familie.‹«

Das nächste, an das sie sich erinnern kann, ist eine Frau, die in einem Auto zu ihr kam. »Ich ging mit dem Baby auf dem Arm mit ihr die Treppe hinunter. Ich stieg mit ihr ins Auto. Sie nahm mir das Baby ab und legte es in eine Tragetasche, und ich stieg wieder aus. Dann fuhr das Auto davon – und ich habe Sandra nie mehr gesehen oder erfahren, was aus ihr geworden war oder in was für eine Familie sie gekommen war.« Sie seufzte, und ihre Augen wurden feucht. »Ich danke Gott, daß ich noch eine Chance bekommen habe und daß sie zu mir zurückgekommen ist.«

Sie erinnert sich, einige Zeit später die Adoptionspapiere unterschrieben zu haben. »Das war fast so schlimm wie der erste Teil dieser Angelegenheit.« Denise bekam Arbeit in einer Wäscherei. Aber ihre Familie ließ immer noch nichts von sich hören, obwohl sie wußte, wo sie war.

Aber sie taten nichts, um herauszufinden, was aus ihr und dem Kind geworden war.

Neun Monate, nachdem das Baby in dem Auto der Adoptionsvermittlung davongefahren worden war, kehrte Brian zu ihr zurück. Mit seiner Frau hatte es nicht geklappt, und er wollte wieder mit Denise zusammenleben. »Er bestand darauf, sofort zur Vermittlungsstelle zu gehen und zu versuchen, das Baby zurückzubekommen, aber es war natürlich zu spät. Das hatte ich mir schon gedacht. Ich versuchte ihm klarzumachen, daß ich die Papiere unterzeichnet hatte, aber er konnte scheinbar nicht begreifen, daß das etwas Unwiderrufliches, Endgültiges war. Natürlich lehnte die Vermittlungsstelle ab, das sei ganz unmöglich.«

Brian und Denise bezogen eine gemeinsame Wohnung. Das war vier Jahre vor ihrer Heirat, so lange dauerte es, bis er seine Scheidung durchsetzen konnte. Nach ein paar Jahren kamen ihr Vater und ihre Mutter sie besuchen, und sie schloß eine Art Frieden mit ihnen. »Meine jüngere Schwester, die von dem Baby keine Ahnung gehabt hatte, war sehr erstaunt, als Sandra plötzlich auftauchte und ich ihr dann die ganze Geschichte erzählte. Sie sagte: ›Wie konntest du unseren Eltern jemals verzeihen, daß sie dir das angetan haben? Es war ihre Schuld, daß du dein Baby fortgeben mußtest.‹ Aber ich glaube, ich habe ihnen verziehen, auch meiner Oma, die ich besonders geliebt habe. Meine Mutter habe ich in ihren letzten beiden Lebensjahren sogar hier gehabt und sie gepflegt, als sie an Krebs starb. Weder sie noch ich haben das Kind jemals erwähnt. Aber es ist mir unverständlich, daß sie so etwas tun konnte – ihr eigenes Enkelkind. Es war grausam.«

Erst sechs Jahre später bekam Denise wieder ein Kind. »Ich dachte, ich würde nie wieder eines haben können, und das sei die Strafe dafür, daß ich mein erstes weggegeben hatte. Aber dann bekam ich Jason. Als der Unfall geschah, war er zwei Jahre alt, und ich erwartete gerade Barry. Brian ist mit seinem Lastwagen gegen einen Baum gerast. Er war sofort tot. Jason hatte bei ihm in der Fahrerkabine gesessen, er brach sich das Bein, aber sonst war ihm nichts passiert. Fünf Tage darauf kam Barry zur Welt. Das war eine schlimme Zeit für mich. Um ehrlich zu sein, ich war überhaupt nicht religiös – obwohl ich katholisch erzogen worden war –, aber damals dachte ich, daß ich jetzt bestraft würde und daß ich es auch verdient hätte, weil ich mein Kind weggegeben hatte. Nun, Gott scheint mir inzwischen verziehen zu haben, denn er hat sie mir zurückgegeben.«

Denise hatte immer nur sich selbst Vorwürfe gemacht, dennoch fand sie, mit ein klein wenig Hilfe von außen, zur rechten Zeit, hätte alles anders sein können. Zunächst war sie von ihrem Geliebten, ihrem späteren Mann, verlassen worden. Dann ließen ihre Eltern sie im Stich. Dann versäumten die betreffenden Behörden es, ihr Hilfe anzubieten. Und schließlich das vollkommene Versagen der Vermittlungsstelle, die sie weder beriet noch ihr Wege aufzeigte, die es ihr ermöglicht hätten, sich und auch das Baby durchzubringen. »Die Vermittlungsstelle wußte nichts über mich, und es interessierte sie auch nicht. Sie machten sich gar nicht die Mühe, herauszufinden, ob ich eine gute Mutter sein würde und ob ich ein verantwortungsbewußter und vernünftiger Mensch war. Sie sahen nur die Chance, an ein Baby heranzukommen, dem sie ein besseres Zuhause geben wollten bei Leuten, die auf den vielen langen Wartelisten standen und ein Kind adoptieren wollten. Sie waren nicht viel besser als Kidnapper. Sie wollten mein Baby, und danach wollten sie nichts mehr mit mir zu tun haben. Schwangere Mädchen waren für sie nur Gebärmaschinen, die anständige Ehepaare mit Babys versorgten. Ich war meinen beiden Söhnen eine gute Mutter, und wenn man mir nur die geringste Chance gegeben hätte, nur ein klein wenig Hilfe, hätte ich auch für Sandra eine gute Mutter sein können.«

Ich fragte sie nach ihrer ersten Begegnung mit Sandra. »Ich hatte Angst, sie würde kommen, um mir Vorhaltungen zu machen. Dann hatte ich Angst, sie würde nur aus Neugierde kommen, mich anschauen und dann wieder aus unserem Leben verschwinden.« Ihre Darstellung dieser ersten Begegnung glich der von Sandra, auch sie war sehr gerührt und genauso glücklich darüber wie ihre Tochter.

Wie beurteilt sie Sandra jetzt, nachdem sie sie besser kennt? »Man hat den Eindruck, daß sie sich unsicher fühlt. Sie hat nicht die Liebe bekommen, die ein Kind braucht. Das macht mich so traurig. Ich hätte ihr mehr geben können. Ihren Adoptivvater mag sie ja sehr gerne, aber ihre Adoptivmutter scheint abweisend zu sein. Außerdem sind sie beide ziemlich alt. Ich hatte geglaubt, sie würde von einem jungen Ehepaar adoptiert werden.« Wegen Mike, dem Vater von Sandras Kind, hat sie ihre Bedenken. »Ich fürchte, er ist eifersüchtig. Er versteht diese ›Gefühlsduselei‹ nicht. Oder vielleicht versteht er es, aber es paßt ihm nicht. Ich finde, Sandra ist für ihr Alter irgendwie unreif.« Sie machte eine Pause und wählte ihre Worte mit Bedacht. »Sie hat so viel entbehren müssen, und sie weiß das auch. All diese vergeudeten Jahre, in denen sie hätte hier sein können, bei uns! Ich will versuchen, ihr all das zu geben, was in meiner Macht steht, mehr kann ich dazu nicht sagen.«

Sie hielt inne und erwog die Intensität der Bedürfnisse ihrer Tochter. »Sie hat mir schon viele Briefe geschrieben, liebe Briefe. Besonders in dem einen schüttete sie mir in einer Art und Weise ihr Herz aus, die mich betroffen gemacht hat, das muß ich zugeben. Sie schrieb: ›Warum, oh, warum hast du mich weggegeben?‹ und noch mehr in dieser Art. Mein Gott, das frage ich mich selber oft genug! Ich konnte ihr nur antworten, daß sie versuchen solle, sich in die Lage zu versetzen, in der ich mich damals befand. Nicht so, wie das heute erscheint, mit Haus und Familie. Ich schrieb ihr, daß ich sie damals weggab, weil ich sie liebte und es für das beste hielt und glaubte, ihr das nicht geben zu können. Nachträglich gesehen war das vielleicht ein Fehler, aber das war der einzig wahre Grund, und ich kann nur hoffen, daß sie versucht, das zu verstehen. Gott sei Dank glaube ich, daß sie mir verziehen hat, auch wenn sie es niemals ganz verstehen wird.«

Ich fragte sie auch nach der mysteriösen Sache mit dem Namen von Sandras Vater in den Unterlagen der Adoptionsvermittlung, der der gleiche war wie der Name ihres Adoptivvaters. Sie lachte: »Dazu kann ich nur sagen, daß das einer dieser ganz und gar ungewöhnlichen Zufälle war. Ich kann mich gut an den Namen erinnern, Norman Hayes. Ich saß an dem Morgen in dem Auto, in dem Sandra abgeholt wurde, und die Dame von der Adoptionsvermittlung bat mich, zwang mich, den Namen des Vaters zu nennen. Ich mußte mir schnell einen Namen ausdenken. Aus Rücksicht auf Brian hatte ich seinen Namen nicht genannt, er war zu seiner Frau zurückgekehrt, und ich wollte zwischen ihnen keinen Unfrieden stiften. Ich erfand einfach diesen Namen, Norman Hayes, und daß sie dann von einem Mann dieses Namens adoptiert wurde, war ein reiner Zufall!«

Dieser Zufall ist so ungewöhnlich, daß es einem schwerfällt, das zu glauben. Andererseits kann man sich nicht vorstellen, daß Denise eine noch ungewöhnlichere Geschichte verheimlicht, nämlich die Adoption von Sandra durch ihren leiblichen Vater. Welch ein Glück, meint auch sie, daß Sandra nicht gleich nach Hause eilte, um ihre Adoptiveltern mit dieser Nachricht zu konfrontieren. Es hätte dieses ältere Ehepaar schwer treffen können, diese Enthüllung eines Geheimnisses, das es gar nicht gab. Aber andererseits leben adoptierte Kinder in einer Welt, die derart von Geheimnissen umwittert ist, weil das Gesetz absolute Geheimhaltung verlangt, daß sie oft glauben, alles sei denkbar. Jeder, bekannt oder unbekannt, berühmt oder berüchtigt, könnte ein Elternteil sein. Und warum nicht auch ein geliebter Adoptivvater? Gott sei Dank kam es nie heraus. Sandra behielt es für sich und entdeckte rechtzeitig ihre leibliche Mutter, die ihr versicherte, daß das nicht so sei.

Denise schaute hinaus auf ihren Vorgarten. »Da, das ist das Rosenbäumchen, das Sandra mir mitbrachte, als sie das erste Mal die Straße herunterkam und an meine Tür klopfte. Ich habe es sofort eingepflanzt, und jetzt blüht und gedeiht es. Ich hatte einen Teil von mir weggegeben, und ich hatte mich immer unvollkommen gefühlt, bis ich diesen Teil von mir wieder zurückbekam.«

9 Colette

Colette ist Gemeindeschwester, verheiratet und hat einen dreijährigen Sohn. Als ich sie zum erstenmal traf, erwartete sie ihr zweites Kind. Sie ist eine rundliche, fröhliche Person mit roten Backen, strahlenden Augen und kurzen blonden Haaren. Man kann sagen, daß sie außer ihrem Mann und den Kindern niemanden auf der Welt hat. Zu ihrer Adoptivfamilie hat sie keinen Kontakt mehr.

Sie wurde mit vier Jahren adoptiert, bis dahin war sie in einem Waisenhaus untergebracht. Ihre Mutter weigerte sich, die Papiere zu unterzeichnen und sie zur Adoption freizugeben, darum verbrachte sie ihre ersten Jahre auf diesem Abstellgleis. Ihre Mutter kam weder, um sie zu sich zu holen, noch, um sie zu besuchen. Schließlich wurde ihr Fall zweimal vor dem Vormundschaftsgericht verhandelt, aber beide Male war ihre Mutter nicht erschienen. Daraufhin wurde sie gegen den Wunsch und ohne Zustimmung ihrer Mutter zur Adoption freigegeben. Die Papiere sind von ihrer Mutter nie unterzeichnet worden.

Die Familie, die sie adoptierte, war irisch, genau wie sie. »Sogar sehr irisch!« sagt Colette lachend und denkt dabei an ihre Adoptivmutter. Sie beschreibt sie als eine von Natur aus verschlossene Frau mit einem Hang zum Drumherumreden. »Wenn sie sagen wollte, sie fände, daß ich müde aussehe, sagte sie: ›Ich habe heute im Bus eine Frau getroffen, die sagte, sie fände, daß du müde ausgesehen hättest.‹ Ich erwiderte dann: ›Welche Frau? Wo? Wer?‹ Ich wußte genau, daß es diese Frau gar nicht gab.«

Die Hagans, von denen sie adoptiert wurde, hatten schon drei eigene Kinder. Das jüngste, ein Mädchen, war nur achtzehn Monate älter als Colette. »Das war der Anlaß für die meisten Schwierigkeiten«, meint Colette. »Natürlich wurden wir dauernd miteinander verglichen, und sie konnten es nicht ertragen, wenn ich dabei besser abschnitt als ihr eigenes Kind. Ich konnte machen, was ich wollte, Janey, ihr Kind, war immer die Gute, und ich war immer die Schlechte. Ich bin der Meinung, daß man es einer Familie mit eigenen Kindern nicht gestatten sollte, zu adoptieren. Egal wie sehr sie auch davon überzeugt sein mögen, daß sie ein fremdes Kind genauso behandeln können wie ihr eigenes, sie können es nicht, und sie tun es auch nicht. Sie werden immer Vergleiche ziehen und glauben, daß ihr eigener guter Charakter sich bei ihrem Kind durchsetzt, während in dem Kind fremder Leute möglicherweise die schlechte Veranlagung zum Vorschein kommt. Meine Mutter rechnete immer damit, daß ich später einmal aufmüpfig werden würde, so wie sie sich meine leibliche Mutter vorstellte, darum war sie mit mir ganz besonders streng.« Ihren Adoptivvater mochte sie ganz gern, aber wie in den meisten Familien wurde ihr Leben von der Mutter beherrscht.

»Auf keinen Fall durfte ich besser sein als meine ältere Schwester. Ich war es aber trotzdem. Ich wurde Krankenschwester und sie nur Tippse. Inzwischen ist sie verheiratet und nicht mehr berufstätig, ich muß zugeben, daß wir uns überhaupt nicht mehr sehen.« Colette hat eine Teilzeitarbeit als Gemeindeschwester, sie würde es nicht aushalten, den ganzen Tag zu Hause zu sein. Einen Großteil ihrer Identität und Selbstachtung bezieht sie aus dieser Tätigkeit.

Die Tatsache, daß sie adoptiert war, hat ihr als Kind schwer zu schaffen gemacht. Ihre Mutter riet ihr immer, in der Schule nicht darüber zu reden. Es mußte eine beschämende und peinliche Angelegenheit sein. »Oft sprach sie über die Zeit, als die anderen Kinder noch Babys waren, wieviel sie gewogen hatten, wem sie ähnlich sahen und so weiter. Ich sah natürlich ganz anders aus als ihre Kinder. In der Schule bekam ich oft zu hören, daß wir gar keine Ähnlichkeit miteinander hätten. Aber ich sagte nie, warum das so war.«

Ihre Adoptivmutter erzählte ihr, daß ihre leiblichen Eltern tot seien. »Einmal wollte ich wissen, ob meine richtigen Eltern verheiratet waren, aber da war sie sich angeblich ganz sicher, ich war ein eheliches Kind. Sie sagte, mein Vater sei gestorben, als ich ein halbes Jahr alt war, und danach sei meine Mutter nicht mehr alleine zurechtgekommen und sei sechs Monate später an Tuberkulose gestorben. Ich habe das nie geglaubt. Irgendwie klang das nicht überzeugend. Ich wußte, daß sie nicht tot waren.«

Als Colette sich mit achtzehn als Schwesternschülerin bewarb, mußte sie auf einem medizinischen Fragebogen alle möglichen persönlichen Fragen beantworten, aber auf viele konnte sie keine Antwort geben. Da begann sie sich noch mehr mit ihrer leiblichen Mutter zu beschäftigen und wollte wissen, wer sie war. »Ich hörte, wie meine Mum und mein Dad miteinander flüsterten, und dann sagte meine Mum zu mir: ›Hast du angegeben, woran deine Eltern gestorben sind?‹ Sie war ziemlich nervös, denn sie wußte ja, daß es nicht an Tuberkulose gewesen war.«

Nachdem sie von zu Hause weggezogen war und im Schwesternheim wohnte, erwog sie ernsthaft, nach ihrer Mutter zu suchen. Aber sie sprach mit niemandem darüber. »Einmal hatte ich es einer Schulfreundin erzählt, und die drohte mir danach immer, daß sie es weitererzählen würde – das war mir eine Lehre. Meine Mutter hatte recht, es war besser, es geheimzuhalten. Das war natürlich lächerlich, und eigentlich hätte man mir beibringen müssen, offen und ohne Scham damit umzugehen. Aber bei meiner Adoptivmutter war nichts offen und direkt.«

Ihrem jetzigen Ehemann erzählte sie es erst, als sie sich schon achtzehn Monate kannten. »Eines Tages sagte er plötzlich: ›Hast du dir als Kind manchmal eingebildet, daß du adoptiert bist?‹ Da fiel es mir nicht schwer zu sagen: ›Ich bin tatsächlich adoptiert.‹« Nach ihrer Heirat wurde sie von ihrem Mann ermutigt, sich auf die Suche nach ihrer Mutter zu machen. »Er war fast genauso neugierig auf sie wie ich.«

Ihren richtigen Namen kannte sie schon – Colette Hannigan. Mit vierzehn Jahren hatte sie ihre Adoptionspapiere in der Kommode ihres Vaters gefunden. Ihre Mutter sagte, sie habe den Namen Colette nie gemocht, aber da sie schon vier war, als sie adoptiert wurde, hatte man ihn beibehalten. Colette schrieb an das St. Catherine's House in London und forderte ihre Geburtsurkunde an, aber bevor man sie ihr zuschickte, mußte sie sich der vorgeschriebenen Beratung durch einen örtlichen Sozialarbeiter unterziehen.

Er war freundlich und hilfsbereit, aber er verfügte über sehr wenige Informationen. Er konnte ihr jedoch den Namen ihrer Mutter nennen – Bernadette, der Vater war unbekannt. Sie war in Wolverhampton zur Welt gekommen, und eine Adresse ihrer Mutter war auch angegeben. Der Sozialarbeiter warnte sie, wie es üblich war, vor den Risiken, obwohl er nicht ahnen konnte, wie gerechtfertigt diese Warnungen gerade im Falle von Colette waren. »Sind Sie auf alles gefaßt? Haben Sie sich das auch gut überlegt? Sind Sie sich darüber im klaren, daß sie dabei auch auf Unerfreuliches stoßen können?«

Er versprach, alles zu tun, was in seiner Macht stand. Den Namen des Waisenhauses, in dem sie ihre ersten vier Lebensjahre zugebracht hatte, kannte sie schon – das Father-McGregor-Heim in Wolverhampton. Der Sozialarbeiter schrieb in ihrem Namen und bat um alle verfügbaren Informationen über Bernadette Hannigan, die vor fünfundzwanzig Jahren ihre kleine Tochter dort abgegeben hatte. Zwei Wochen darauf bekam sie von dem Sozialarbeiter einen Anruf. Eine ältere Angestellte aus dem Waisenhaus, die sich gut an ihre Mutter erinnern konnte, hatte sich gemeldet. Sie wollte mit Colette reden und ihr etwas über ihre Mutter erzählen, es gab allerdings gewisse Vorbehalte, und sie hoffte, Colette von weiteren Nachforschungen abbringen zu können.

Das Gespräch war kein großer Erfolg. Colette erfuhr von dieser Frau aus dem Father-McGregor-Heim eine ganze Menge, und dennoch hatte sie das Gefühl, daß ihr wichtige Informationen vorenthalten wurden. Sie hätte gerne selbst die Akten eingesehen, aber sie konnte nur einen kurzen Blick darauf werfen. Die Frau aus dem Waisenhaus war offensichtlich bemüht, die Umstände von Colettes Geburt so rosig wie möglich darzustellen.

»Sie berichtete mir alles äußerst behutsam, aber was ich wollte, war schonungslose Offenheit. Sie erzählte mir, daß meine Mutter für mich gesorgt habe, bis ich acht Monate alt war. Als sie mich dann in das Waisenhaus brachte, war ich ordentlich gepflegt und gut genährt. Ich war ein bißchen pummelig und hatte hübsche Kleidung an. Aber es war Winter, und meine Mutter lebte in einem ungeheizten Zimmer und hatte kein Geld. Sie kam in das Waisenhaus, um um Hilfe zu bitten, aber sie wollte mich nicht adoptieren lassen. Sie wollte mich dort nur für eine Weile lassen, in der Hoffnung, daß ihre Verhältnisse sich bessern würden. Einige Sonntage kam sie, um mich zu besuchen, aber so allmählich hörten ihre Besuche ganz auf. Schließlich wurde vom Richter in ihrer Abwesenheit und ohne ihre Zustimmung der Adoptionsbeschluß unterzeichnet.«

Colette fand auch einiges über die Herkunft ihrer Mutter heraus. Sie hatte die Grafschaft Kerry in Irland mit Schimpf und Schande verlassen müssen, weil sie schon ein uneheliches Kind hatte, einen kleinen Jungen mit Namen Michael, sechs Jahre älter als Colette, der in einem Waisenhaus in Kerry untergebracht war. Sie war nach England geeilt, um der Schande zu entgehen. Als Colette zur Welt kam, war sie achtundzwanzig. Das Waisenhaus bedrängte sie und versuchte ihr klarzumachen, daß die Weigerung, die Adoptionspapiere zu unterzeichnen, unverantwortlich sei, dadurch würde sie ihre Tochter um die Chance bringen, in einer guten Familie aufzuwachsen. Colette wurde immer älter und eine Adoption immer aussichtsloser. Aber trotzdem weigerte sich ihre Mutter zu unterschreiben.

Das Waisenhaus hatte nach dem Adoptionsbeschluß nie wieder etwas von ihr gehört, bis 1973, als Colette siebzehn war. In den Akten gab es einen Brief von ihr, in dem sie mitteilte, daß ihr Leben jetzt geordnet sei und daß sie nun in der Lage sei, ihre siebzehnjährige Tochter bei sich aufzunehmen, sie würde sie gerne abholen. Entweder hatte sie es vergessen, oder sie wollte es nicht zur Kenntnis nehmen, daß ihr Kind das Waisenhaus verlassen hatte und einer Familie zur Adoption übergeben worden war. Das Waisenhaus antwortete auf ihren Brief in aller Schärfe. Sie kannten dort schon diese unfähigen Eltern, die ihre Kinder zurückforderten, wenn sie glaubten, sie könnten nützliche Geldverdiener sein. Außerdem waren sie empört darüber, daß diese Frau offenbar annahm, ihre Tochter sei die ganzen Jahre hier verwahrt worden, und daß sie sich nicht einmal nach ihr erkundigt oder sie besucht hatte.

Colette spürte, daß es da noch etwas in den Akten gab, eine ausgesprochene Warnung, aber sie konnte nicht dahinterkommen. »Ich glaube nicht, daß es Ihnen helfen würde, sich auf die Suche zu machen«, sagte die Frau mit Nachdruck und machte noch eine mysteriöse Andeutung. »Sie ist immer eine Frau gewesen, die sich gerne amüsiert hat.« Colette glaubte, damit sei gemeint, daß sie eine Prostituierte sei. »Sie hat Schwierigkeiten mit der Polizei gehabt, und aus diesem Grunde hat sie ihren Nachnamen in O'Brien umgeändert.«

Die Frau wollte Colette keine Anschrift geben. »Ich möchte nicht, daß Sie versuchen, sie aufzuspüren. Es wäre ein schrecklicher Schock, für Sie und für Ihre Mutter.« Mehr war sie nicht bereit preiszugeben. Colette meinte: »Sie wollte in diese Angelegenheit nicht verwickelt werden, darum traute ich mich auch nicht, weiterzufragen.«

Colette ging noch einmal zu dem örtlichen Sozialarbeiter, der bedeutend entgegenkommender war. Er meinte, die Adresse auf der Geburtsurkunde sei ein guter Ausgangspunkt. Colette fuhr zusammen mit ihrem Mann nach Wolverhampton, aber das Haus war schon vor langer Zeit abgerissen worden. Der Sozialarbeiter half ihr wieder weiter. Er schlug vor, die Wählerlisten zu überprüfen, um festzustellen, ob man ihr damals eine andere Wohnung zugewiesen hatte. In der Zwischenzeit fragte er bei der Bewährungsabteilung an. Wenn sie wirklich Schwierigkeiten mit der Polizei gehabt hatte, dann hatte sie vielleicht auch eine Bewährungshelferin gehabt.

Ein paar Tage später rief der Sozialarbeiter sie an und teilte ihr mit, daß ihre Mutter zwei Jahre zuvor in einem sehr schlechten Zustand in ein Krankenhaus in Wolverhampton eingeliefert worden war. Sie war in diesem Bezirk als Alkoholikerin bekannt und war schwerkrank mit einem Oberschenkelbruch aufgenommen worden. Man kannte sie dort gut, weil sie immer wieder in der Notaufnahme eingeliefert wurde. Aber seit zwei Jahren war sie dort nicht mehr aufgetaucht. Diejenigen, die sie damals gesehen hatten, hielten es für unwahrscheinlich, daß sie bei ihrem Gesundheitszustand noch am Leben war. Er fügte hinzu: »Ich glaube, Sie finden sich lieber damit ab, daß sie tot ist. Vielleicht kann ich Ihnen helfen, festzustellen, wo sie begraben ist.« Colette brach in Tränen aus. Sie fragte sich, ob sie ihrer Mutter nicht vielleicht hätte helfen können, wenn sie früher nach ihr gesucht hätte, vielleicht hätte sie sie sogar vor dem schrecklichen Alkoholtod bewahren können.

Aber dann, nur einige Tage später, fand sie den Namen ihrer Mutter doch noch auf der Wählerliste, mitsamt ihrer Adresse – sogar einer Adresse, die Colette gut kannte. Als Schwesternschülerin war sie tagtäglich an dieser Tür vorbeigegangen und war ihrer Mutter möglicherweise unzählige Male begegnet. Der Sozialarbeiter fand eine Bewährungshelferin, die ihre Mutter gut kannte und genau wußte, daß sie noch am Leben war, da sie sie regelmäßig sah. Colette beeilte sich, schnell dorthin zu kommen.

Die Bewährungshelferin erzählte ihr, daß sie Bernadette O'Brien fast jeden Donnerstag traf. »Ich kann ihr leider nicht helfen, aber sie kommt gerne hierher, um ein wenig zu plaudern. Sie ist ein liebenswerter

Mensch, irgendwie harmlos – trotzdem kommt sie immer wieder mit dem Gesetz in Konflikt, meist Ladendiebstahl.« Sie erzählte auch, daß Bernadette unheilbar alkoholkrank sei. Es hatte ihr Gehirn angegriffen, sie war nicht mehr ganz normal und vielleicht auch senil. Sie glaubte, daß sie im ganzen etwa fünf Kinder habe. Nachdem sie ihr erstes Kind in Irland bekommen hatte, ging es mit ihr bergab. Als sie es in ein Waisenhaus bringen mußte, drehte sie vorübergehend durch. Das Leben war sehr schwer gewesen, und sie griff zur Flasche. Immer wieder mußte sie ins Gefängnis, und nur in dieser Zeit war sie nüchtern. Sie war äußerst verletzlich und einfältig und voller Gewissensbisse wegen all ihrer Kinder, über die sie dauernd sprach, obwohl sie keines von ihnen großgezogen hatte. »Wenn sie Ihnen auf der Straße begegnen würde, würden Sie wahrscheinlich schnell weggucken, so wie man eben bei dem Anblick von Verrückten wegschaut«, warnte die Bewährungshelferin sie. »Wahrscheinlich ist sie am Leben geblieben, weil sie sich die harten Sachen nicht leisten konnte und sich deshalb an Apfelwein halten mußte. Sie lebt zusammen mit einem alten Trunkenbold namens Reg. Er hatte die Nase voll von ihr und wollte sie rausschmeißen, aber dann brachte er es einfach nicht übers Herz.«

Colette sagt: »Die Bewährungshelferin wollte auf gar keinen Fall, daß ich sie aufsuche, in ihrem und in meinem Interesse. Sie sagte, wenn ich sie anschauen wolle, solle ich am Donnerstag in ihrem Büro erscheinen, dann könne ich sie hereinkommen sehen. Ich würde dann zumindest wissen, wie meine Mutter aussieht. Aber diese Idee gefiel mir überhaupt nicht. Alle Anwesenden in dem Büro würden wissen, um was es ging, und auf mich schauen, während ich auf meine Mutter schaute. Das wäre mir peinlich, auf diese Art und Weise wollte ich meine Mutter jedenfalls nicht treffen.«

Warum war die Bewährungshelferin so entschieden gegen eine direkte Begegnung gewesen? »Sie hatte, glaube ich, ihre guten Gründe«, sagt Colette nachdenklich. »Wenn ich meiner Mutter sagen würde, wer ich bin, würde sie mich wahrscheinlich als ihre verlorengeglaubte Tochter stürmisch umarmen. Aber sie ist kein vernünftiger, rational handelnder Mensch. Sie würde Tag und Nacht bei mir aufkreuzen, vollkommen betrunken, vielleicht sogar laut grölend oder dergleichen. Ich würde sie nie wieder loswerden, und wenn ich es versuchte, würde ich sie zutiefst kränken, wo sie doch so glücklich war, eines ihrer Kinder wiedergefunden zu haben. Nein, die Bewährungshelferin war fest davon überzeugt, daß ich besser dran bin, wenn ich sie nicht kennenlerne.«

Am nächsten Samstag fuhr Colettes Mann sie zu der Adresse ihrer Mutter, einem verwahrlosten Haus in einer schäbigen Straße. Er selbst blieb taktvollerweise ein paar Häuser weiter im Auto sitzen, um dort auf

Colette zu warten. Er wußte, wie wichtig dieser Besuch für sie war, und schließlich hatte er sie selber ermuntert, nach ihrer Mutter zu suchen.

Es war Mittagszeit, und die Vorhänge vor den Fenstern waren zugezogen. Colette hatte vorher über diese Begegnung lange und intensiv nachgedacht, und sie hatte sich einen klugen Plan ausgedacht. Sie trug ihre Gemeindeschwesterntracht, das würde ihr Kommen erklären und ihr Zugang verschaffen. Sie klopfte an die Tür, aber niemand öffnete. Eine Inderin kam aus dem Nebenhaus und schaute sie interessiert an. »Suchen Sie die von nebenan? Das ist vielleicht eine arme Irre, das kann ich Ihnen sagen! Sie wacht nachts auf und fängt an zu schreien. Spät abends kommt sie torkelnd und grölend nach Hause. Aber sie ist bestimmt da. Klopfen Sie mal etwas lauter. In dem Haus schlafen sie den ganzen Tag.« Colette dankte und klopfte dann noch einmal.

Hinter der Tür ertönte die Stimme eines Mannes. »Wer ist da?« Colette erklärte durch den Briefkastenschlitz, daß sie gekommen sei, um nach Frau Bernadette O'Brien zu sehen. Die Tür wurde geöffnet, und Reg, ein alter Mann mit zerzausten Haaren und in einem schmutzigen Unterhemd, starrte erst auf sie und dann auf die Schwesterntracht. »Ich wollte nachschauen, wie es ihr geht«, sagte Colette. Er murmelte etwas vor sich hin und ging zurück in sein Zimmer, die Tür stand offen, und sie konnte ein zerwühltes Bett und ein hoffnungsloses Durcheinander von Kleidungsstücken und Zeitungen sehen. Er rief nach oben. Und eine alte Frau mit dichtem, verfilztem Haar kam herunter, sie trug ein verblichenes, kurzes, halb durchsichtiges Nylonnachthemd. Sie hatte ein blaues Auge, und die eine Hälfte ihres Gesichtes war angeschwollen. »Ich konnte nicht glauben, daß das meine Mutter sein sollte. Das mußte jemand anders sein!« sagt Colette. »Obwohl man mich gewarnt hatte, aus irgendeinem Grunde konnte ich es einfach nicht glauben.« Colette stand da und starrte sie fassungslos an, diese arme verschrumpelte, geschundene Kreatur, die tatsächlich ihre Mutter war. »Sind Sie Bernadette?« fragte sie, obwohl sie es schon ahnte. Sie schaute auf ihr Gesicht und versuchte, eine Ähnlichkeit zu entdecken, irgend etwas von sich selbst in diesem menschlichen Wrack. Ja, sie glaubte eine gewisse Ähnlichkeit festzustellen, die Backenknochen vielleicht oder die Form des Kinns. Das war schließlich ihre Mutter, und sie mußte sie unbedingt erkennen.

Bernadette war begeistert, daß eine Krankenschwester sie besuchen kam. Sie brauchte jemanden, mit dem sie sprechen konnte, jemanden, der ihr zuhörte. Sie führte Colette in ein Zimmer, in dem noch ein ungemachtes Bett war, Kleidungsstücke, benutzte Teller und Abfälle herumlagen, und auch hier waren die Vorhänge zugezogen.

»Ich sagte kein Wort zu ihr, nicht ein einziges Wort. Ich starrte sie bloß an. Aber sie wollte reden. Sie begann sofort, mir ihre ganze Lebensgeschichte zu erzählen, von Anfang an. Wahrscheinlich machte sie das mit jedem so, der bereit war, ihr zuzuhören. An diesem Tag war ich der gute Zuhörer für sie. Sie hatte die fixe Idee, daß man hinter ihr her sei. ›Alle sind sie hinter mir her, die ganze Zeit, alle wollen sie mit mir schlafen‹, sagte sie.«

Dann ließ sie ihre Lebensgeschichte vom Stapel. Colette fragte sich, ob das nicht doch Telepathie war, als ihre Mutter nach ganz kurzer Zeit begann, über ein Mädchen zu sprechen, das sie früher einmal weggegeben hatte und das Colette hieß. »Sie war ein so süßes Baby, süßes Kind. Sie fehlt mir so, selbst in diesem Augenblick fehlt sie mir.« Sie erwähnte all ihre Kinder, alle fünf, aber besonders auf Colette kam sie immer wieder zu sprechen. Sie hatte acht Monate lang für sie gesorgt. Vielleicht waren die anderen ja gleich nach der Geburt adoptiert worden. Sie fuhr fort und sagte, wie sehr sie sich wünschte, sie wiederzufinden, aber das Waisenhaus hatte sich geweigert, ihr die Adresse zu geben. Sie konnte sich noch an den Namen Father McGregor erinnern. Und sie erinnerte sich noch an Colettes Geburtstag. Ein wenig sprach sie auch über ein Mädchen mit Namen Irene, das jünger war als Colette, aber ihre drei Söhne erwähnte sie kaum.

Colette saß da und hörte ihr zu, etwas in ihr sehnte sich danach, sich vorzubeugen und zu sagen: »Hier bin ich. Ich bin Colette, deine verlorengegangene Tochter.« Sie konnte sich vorstellen, welche Freude sie ihrer Mutter damit bereiten würde. Aber eine innere Stimme warnte sie, daß jetzt nicht der richtige Zeitpunkt war. Vielleicht würde es den richtigen Zeitpunkt niemals geben, aber jetzt ganz bestimmt nicht.

Sie stellte ihrer Mutter einige Fragen, war aber vorsichtig, um nicht durch übertriebene Neugier Verdacht zu erregen. Ihre Mutter war begeistert, eine so interessierte und mitfühlende Zuhörerin zu haben. »Wer war eigentlich Colettes Vater?« fragte Colette. Bernadette war ganz glücklich, daß sie auch darüber reden konnte. Eines Tages hatte sie ihn in einem irischen Club, der The Shamrock hieß, kennengelernt. Er war einfach wundervoll, sagte sie. Sie kannte ihn seit drei Wochen, als er ein Wochenende in einem Hotel vorschlug. Sie sagte, sie hätte eine Schwäche für ihn gehabt. Normalerweise wäre sie nicht mit Männern gegangen, jedenfalls zu der Zeit nicht, aber er war etwas Besonderes, und sie hatte sich in ihn verliebt. Sie hatte gehofft, er würde bei ihr bleiben. Sie dachte, es würde weitergehen, aber nach diesem Wochenende verschwand er und verlor das Interesse an ihr. So war Colette empfangen worden. Nachdem sie Colette weggegeben hatte, veränderte sich ihr Leben. Danach, so sagte sie, war es jeder beliebige Mann, und es war ihr ganz egal, wer es war – aber Colettes Vater, nun ja, der war etwas Besonderes gewesen. Das sagte sie immer wieder. Sie meinte, das sei vielleicht auch der Grund, daß sie Colette von all ihren Kindern am meisten liebte und daß sie so oft an sie dachte.

Nachdem sie ihre Geschichte erzählt hatte – hin und wieder war sie mit konfusen und bizarren Zwischenbemerkungen vom Thema abgewichen –, wandte sie sich plötzlich Colette zu und begann Fragen zu stellen. War sie verheiratet? Hatte sie Kinder?

»Mein Gott, wenn sie wüßte!« dachte Colette und war manchmal drauf und dran, ihr alles zu erzählen. Es kam ihr grausam vor, es nicht zu tun, aber sie beherrschte sich. Ihr Mann wartete draußen auf sie. Sie wäre gerne noch geblieben, aber sie hatte versprochen, daß dieser erste Besuch nicht lange dauern würde. Sie versprach ihrer Mutter, in zwei Wochen wiederzukommen. Bernadette lächelte und sagte, daß sie sie sehr möge und daß sie sich auf den nächsten Besuch freute. Am liebsten hätte Colette ihr einen Kuß gegeben, aber sie hätte das vielleicht merkwürdig gefunden.

Als sie das Haus verließ, dachte sie über sie nach. »Ich mochte sie sofort. Sie war so rührend, so bemitleidenswert. Sie hatte ein so starkes Bedürfnis, sich mit jemandem zu unterhalten. Als Krankenschwester habe ich viele Menschen wie sie kennengelernt, und ich habe sie immer gemocht. Es ist bedauerlich, daß es Leute gibt, die Angst vor diesen Menschen haben, die ein bißchen verrückt sind, so wie sie. Aber ich habe vor ihnen nie Angst gehabt, ich finde ihre Naivität rührend. Sogar ihre Unvernunft. Sie sind wie Kinder. Ich weiß natürlich nicht, ob alles, was sie sagte, auch stimmte. Aber ich war froh, daß sie mich nach so langer Zeit immer noch für so wichtig hielt. Sie kam immer wieder auf mich zu sprechen, ihre Colette. Natürlich, seitdem ich sie besser kenne, weiß ich, es ist nicht immer leicht mit ihr. Manchmal greift sie wildfremde Leute an und mußte schon wegen Körperverletzung ins Gefängnis. Auf der Straße geht sie auf Leute zu und sagt: »›Warum glotzt du mich so an?‹ und schlägt auf sie ein. Trotzdem bin ich froh, daß ich sie gefunden habe und daß ich ihr von Nutzen sein kann. Sie freut sich über meine Besuche, und ich kann ihr ein wenig helfen.«

Zwei Wochen darauf brachte sie ihrer Mutter ein paar Kleidungsstücke mit. Sie wurde in die Küche geführt und setzte sich dort vorsichtig auf einen wackeligen Stuhl, der nur drei Beine hatte. Als sie sich umschaute, bemerkte sie überall Schmutz und Abfälle, und sie begann ein wenig aufzuräumen. Ihre Mutter war jenseits von jedem Stolz, wenn es darum ging, Hilfe anzunehmen, und sie freute sich über die Kleidung, die sie offensichtlich dringend benötigte. Colette saß da und hörte sich die Lebensgeschichte ihrer Mutter und die Klagen über den Verlust ihrer Kinder noch einmal an. Allein aus diesem Grunde wäre Colette bereit gewesen, ihrer Mutter alles zu verzeihen und all ihre Fehler zu entschuldigen.

Reg, dem das Haus gehörte, war sauer und weniger erfreut über Colettes Besuche. Er meckerte, daß sie ihm nicht vorher Bescheid gab, damit er saubermachen konnte. Er schämte sich vor ihr. Obwohl Colette bezweifelte, daß er tatsächlich saubermachen würde, wenn sie ihren Besuch rechtzeitig ankündigte. Sie versuchte, ihm zu verstehen zu geben, daß es nicht ihre Absicht sei, an der Art, in der er und ihre Mutter lebten, Kritik zu üben. Manchmal machte sie ein wenig sauber und räumte auf, aber sie hoffte, daß er das nicht als Vorwurf oder als Ausdruck der Mißbilligung auffaßte.

Als sie das nächste Mal kam, war ihre Mutter wieder einmal wegen eines Ladendiebstahls im Gefängnis. Diesmal schien Reg sich zu freuen, sie zu sehen. Er sagte, er habe schlimme Rückenschmerzen, darum kümmerte sie sich um ihn und ließ sein Jammern über sich ergehen. Sie fragte ihn ein wenig nach ihrer Mutter, aber einmal meinte sie bemerkt zu haben, daß er sie mißtrauisch ansah. Für einen Moment befürchtete sie, daß er sie erkannt habe und ihr gleich auf den Kopf zu sagen würde, wer sie wirklich war – das Kind von Bernadette. Wie so viele adoptierte Kinder war sie fest davon überzeugt, große Ähnlichkeit mit ihrer Mutter zu haben und jeder würde das sofort sehen. Aber er hatte es nicht gesehen. Er erzählte, wie Bernadette ihm früher im Haushalt half, im Anfang, nachdem er sie bei sich aufgenommen hatte, sie machte die Wäsche und die Einkäufe und war zunächst eine große Hilfe gewesen. Aber es wurde immer unerträglicher mit ihr. Jetzt würde er sie gerne loswerden, aber er wußte nicht wie.

Das letzte Mal, als Colette kam, öffnete Reg ihr die Tür und begann sofort laut zu schimpfen: »Dieses verdammte Miststück! Dieses Ferkel! Sie hat sich wieder mal eingesaut! Ich habe die Nase voll, voll von ihr und ihrem verdammten Dreck!« Aber er war erleichtert, daß Colette gekommen war. Sie ging ins Haus und fand ihre Mutter in ihrem eigenen Dreck, betrunken, ekelerregend, aggressiv. Es war ein Glück, daß Colette eine Krankenschwester war, die derartige Anblicke gewohnt war. Wie sonst hätte sie mit dieser Situation fertig werden können? Wenn adoptierte Kinder sich auf die Suche nach ihrer Mutter machen, sind sie auf solch einen Anblick bestimmt nicht gefaßt. Nur wenige wären so gut damit fertig geworden, mit soviel Liebe und Verständnis.

Colette säuberte sie mit professionellem Geschick, fand einigermaßen saubere Kleidungsstücke für sie und räumte dann das Zimmer auf. Ihre Mutter hatte Verbrennungen an den Beinen erlitten, weil sie zu nahe am Kaminfeuer gesessen hatte, und die Stellen mußten von Colette behandelt werden. Ihre Mutter begann wieder drauflos zuquasseln, vor allem über Sex. Sie sagte, all die Inder am Ende der Straße seien hinter ihr her, sexbesessen, könnten nicht genug von ihr bekommen und so weiter. Reg sagte, sie habe nun in allen Kneipen am Ort Lokalverbot, und auch die Läden hatten ihr den Zutritt untersagt. Niemand wolle mehr etwas mit ihr zu tun haben. Er war wütend und sagte, jetzt reiche es ihm. Er würde am liebsten das Haus verkaufen, um ihr zu entkommen. »Kennen Sie kein Heim, in das man sie stecken könnte?« fragte er sie dauernd. Colette bekam Angst, daß er sich an die Behörden wenden könnte, dann würde sich herausstellen, daß ihre Besuche gar nicht offiziell waren. Sie würde dann große Schwierigkeiten bekommen. Oder noch schlimmer, man würde dahinterkommen, warum sie Bernadette aufgesucht hatte und wer sie in Wirklichkeit war. Wenn Reg das erfuhr, würde er ihr Bernadette aufhalsen, ohne auch nur einen Augenblick zu zögern. Dann würde es heißen: »Sie sind die Tochter, und Sie sind auch für sie verantwortlich. Sie müssen sie bei sich aufnehmen. Sie haben ein schönes Haus, das ist einfach ihre Pflicht«, und das wäre dann wirklich zu viel für sie.

»Ich würde schon mit ihr zurechtkommen, wenn ich alleine wäre«, sagt sie anständigerweise, und das glaube ich ihr auch. »Aber ich muß Rücksicht auf meinen Mann und mein Kind nehmen, denen könnte ich das nicht zumuten. Ich könnte meine Mutter nicht bei uns aufnehmen, ohne ein Chaos zu verursachen, und das wäre nicht fair. Sonst hätte ich ihr bestimmt gesagt, wer ich bin, und hätte mich um sie gekümmert.«

Bis jetzt ist alles noch beim alten. Reg ist immer noch da, und er hat Bernadette auch noch nicht hinausgeworfen. Aber Colette meint, so könne es auf keinen Fall weitergehen, und Bernadette müsse in einem Heim untergebracht werden. »Wenn ich wüßte, daß sie gut versorgt in einem Heim wäre, von wo aus sie mich nicht zu Hause aufsuchen kann, dann würde ich ihr die Wahrheit sagen. Aber ich habe die feste Absicht, es ihr zu sagen, bevor sie stirbt, weil ich weiß, das wird sie glücklich machen. Sie wird sich vielleicht wundern, daß ich es ihr nicht gleich gesagt habe, aber sie hat mich inzwischen liebgewonnen, und ich glaube, sie wird begeistert sein, wenn sie hört, daß ich ihre Tochter bin. Ich weiß, daß sie immer an mich denkt, genau wie an Irene, ihre andere Tochter. Ich möchte, daß sie erfährt, daß ich im Leben erfolgreich war, daß ich glücklich bin, daß ich verheiratet bin und daß sie ein Enkelkind hat. Ich möchte, daß sie erfährt, daß sie richtig gehandelt hat, als sie mich adoptieren ließ. Auch wenn es ihr großen Schmerz zugefügt hat, für mich war es besser so, vielleicht beruhigt sie das ein wenig. Ich werde ihr aber nicht sagen, daß ich bei meinen Adoptiveltern nicht sehr glücklich war und daß ich kein sehr enges Verhältnis zu ihnen hatte. Es ist nicht nötig, ihr das zu sagen. Denn es ist mir bei ihnen zweifellos besser ergangen, als das bei ihr der Fall gewesen wäre, bei dem Leben, das sie geführt hat.«

Sie dachte einen Augenblick nach. »Ich weiß, was ich vorfand, kann man nicht gerade als die ideale Mutter bezeichnen.« Sie mußte über ihre eigene Untertreibung lachen. »Es war schon eher ein Alptraum, vor dem alle Adoptierten Angst haben, die sich auf die Suche nach ihrer Mutter machen. Und dennoch, ich bereue es nicht, nicht im geringsten. Ich bin so froh, daß ich sie gefunden habe. Ich habe ihr gegenüber jetzt ein besseres Gefühl als vorher, obwohl das, was ich entdeckt habe, alles andere als angenehm war. Aber noch schlimmer ist das Gefühl, irgendwo da draußen gibt es eine Mutter, aber du weißt nicht, wer oder was oder wo. Du weißt nicht, woher du kommst oder wer du bist oder was deine Mutter bewogen hat, dich wegzugeben. Es sollte bei der Adoption mehr Ehrlichkeit geben, keine Geheimnisse, nichts Mysteriöses. Ich will lieber das allerschlimmste erfahren als gar nichts.«

Es ist ein Glück, daß Colette eine so starke und unabhängige Persönlichkeit ist. Vielleicht hätten andere Adoptierte, die weniger stabil und ausgeglichen sind, den Schock der Entdeckung dieser heruntergekommenen Mutter nicht so ohne weiteres verkraftet. Vielleicht hätte diese Identitätssuche bei manchen Kindern eher Schaden angerichtet. Aber ich bin bisher noch keinem einzigen Kind begegnet, das seine Mutter gefunden und es bereut hat, auch nicht einen Augenblick lang, egal wie problematisch und schmerzlich diese Entdeckung auch gewesen sein mochte.

Nachwort

Unzählige Male haben diese Adoptierten immer wieder das gleiche gesagt. Ganz verschiedene Charaktere, aufgewachsen in unterschiedlichen Familien, unter verschiedenen Bedingungen, aber in einem Punkt waren sie sich fast alle einig – Blutsbande sind wichtig. Familienangehörige und Verwandte, Sippe und Ahnen sind von Bedeutung. Da jede menschliche Zivilisation Familien- und Blutsbande in hohen Ehren hält, kann es uns kaum verwundern, daß adoptierte Kinder oft das Gefühl haben, daß ihnen ein Teil ihres natürlichen Geburtsrechtes vorenthalten wird.

In früheren Zeiten war es nicht üblich, adoptierte Kinder über ihre wahre Herkunft aufzuklären, so wie das heute seit mindestens einer Generation gang und gäbe ist. Allerdings, wenn adoptierte Kinder niemals erführen, daß das Ehepaar, das sie großgezogen hat, nicht ihre leiblichen Eltern sind, käme dieses Problem wahrscheinlich gar nicht erst auf. Ich bezweifle, daß es viele Menschen gäbe, die diese besondere mystische Beziehung zwischen einer Mutter und ihrem Kind wahrnähmen, wenn beide von dieser Beziehung nichts wüßten. Es gibt keine Kontrollgruppe von Kindern, die von ihrer Adoption nichts wissen, aber wenn es die gäbe, stellte man wahrscheinlich fest, daß sie genauso wie der Rest der Bevölkerung mit ihren Eltern auskommen, manche besser, manche schlechter. Es gäbe für sie dann nicht dieses spezielle Ziel, auf das sie die Angriffe gegen ihre Eltern lenken könnten. Sie würden dann die Unterschiede, die sie glauben bemerkt zu haben, nicht derart überbewerten. Ich bezweifle, daß es diesen Urinstinkt gibt, der einem Kind sagt, daß es sich nicht um seine richtigen Eltern handelt. Die Einbildung, die Befürchtung, manchmal auch den Wunsch, daß es sich gar nicht um die richtigen Eltern handelt, hat fast jedes Kind irgendwann einmal während seiner Kindheit.

Aber adoptierte Kinder müssen wohl oder übel über ihre Herkunft aufgeklärt werden. Adoptionsvermittlungen bestehen darauf, daß die Adoptiveltern es dem Kind möglichst früh sagen, noch ehe es das ganz begreifen kann. Der Grund ist, daß man aus Erfahrung weiß, daß Kinder irgendwann fast immer von selbst dahinterkommen. Die Umstände dieser Entdeckung sind dann oft brutal und schockierend, und die Kinder könnten das Gefühl bekommen, die ganze Welt habe sich gegen sie verschworen, um sie zu hintergehen. Jeder in ihrer Umgebung war in dieses Geheimnis eingeweiht, all ihre ›Verwandten‹, ihre Freunde und die Freunde ihrer Eltern. Es gehört nicht viel Phantasie dazu, sich vorzustellen, was für ein Schock die Entdeckung sein muß, daß der Fels, auf den man sein Selbstverständnis und sein Weltbild aufgebaut hat, nichts anderes als Treibsand war. Da es so viele Mitwisser gibt, ist es unvermeidlich, daß das Kind eines Tages von seiner Adoption erfährt, im allgemeinen durch ein anderes Kind, das zufällig den Klatsch von Erwachsenen mitangehört hat.

All den Adoptierten, die ich angetroffen habe, hatte man im frühen Kindesalter von der Adoption erzählt – aber diese Tatsache war damals für die meisten verwirrend und unverständlich. Es war ein Wort, das ein kleines Kind zwar im Gedächtnis behält, aber es kann elf oder zwölf Jahre dauern, bis ihm die volle Bedeutung dieses Wortes bewußt wird, besonders in solchen Familien, in denen nur ungern darüber gesprochen wird. Eltern sagen gewisse Dinge, die beruhigen sollen: »Wir haben unter all den kleinen Babys auf der Welt dich ausgewählt! Andere müssen nehmen, was kommt.« Äußerungen über die leibliche Mutter des Kindes sind eher selten: »Sie hat dich bestimmt geliebt, aber sie konnte nicht für dich sorgen, darum mußte sie dich weggeben.« Aber was bedeuten solche Aussagen für ein Kind? Wie kann eine Mutter dich lieben und dich gleichzeitig weggeben? Bedeutet das, daß diese neue Mutter dich auch weggeben kann, wenn sie einmal böse auf dich ist oder erschöpft oder das Leben zu schwierig für sie wird? Und wie ist das eigentlich mit diesem großen Sammelbecken voller Babys, die alle darauf warten ›ausgewählt‹ zu werden? Können sie auch ›unausgewählt‹ bleiben? Vielleicht sogar zurückgegeben werden, wenn sie nicht gut genug sind? Oder können sie später ausgetauscht werden gegen ein anderes, besseres?

Die meisten Adoptierten, mit denen ich gesprochen habe, wuchsen in Familien auf, in denen sie den Eindruck gewannen, es sei unerwünscht, über ihre Adoption zu sprechen. Es war ein Tabuthema, das über allgemeine, einstudierte Phrasen nicht hinausging. Äußerungen, die beschwichtigen und beruhigen sollten, aber statt dessen oft das Gegenteil bewirkten. Wenn die Kinder wirklich einmal mehr wissen wollten, bekamen sie in den meisten Fällen keine Antwort. Manchmal wußten die Adoptiveltern tatsächlich nichts über die leibliche Mutter, aber noch häufiger wollten sie über das wenige, das sie wußten, nicht reden. Oft wurde die Geschichte bis zur Unkenntlichkeit beschönigt oder verändert. Entweder hatten sie die wahren Tatsachen verdrängt, oder sie fanden sie so unerträglich, daß sie sie vor dem Kind nicht erwähnen wollten. Es gab kaum jemanden, der sich auf die Suche nach seinen Wurzeln machte und dabei von etwas ausgehen konnte, das auch nur annähernd der Wahrheit entsprach.

Aber auch die Adoptierten selbst waren keine zuverlässigen Zeugen, wenn es um die Erzählungen ihrer Eltern ging. Sie klammerten sich an ein paar zufällige Bemerkungen, manches davon hatten sie aufgeschnappt, als sie noch sehr jung waren, vielleicht hatten sie es auch mißverstanden. Ohne Zweifel neigten auch sie dazu, die Erzählungen auszuschmücken und zu verändern. Die meisten Adoptiveltern hatten etwas Beschwichtigendes und verhältnismäßig Freundliches über die leibliche Mutter gesagt, aber andere hatten sie in den düstersten Farben dargestellt: »Sie war keine gute Frau« oder »Sie mochte keine Kinder«, damit wollten sie sich wohl selbst herausstellen. Aber abgesehen von diesen spärlichen Andeutungen scheinen die meisten Eltern weiteren Fragen oder einem gemeinsamen Gespräch ausgewichen zu sein. »Über meine Mutter konnte man mit ihnen noch weniger reden als über Sex«, sagte ein adoptiertes Kind. Natürlich, für manche Adoptiveltern ist es das gleiche Thema – in beiden Fällen muß man sagen, woher die Babys kommen, und damit oft seine eigene Unfruchtbarkeit eingestehen.

So wurde dann das Kind im ungewissen gelassen und schuf sich seine eigene Wunschmutter, oft suchte es auf den Straßen nach irgendwelchen Anzeichen von Zugehörigkeit in den Gesichtern fremder Menschen. Die meisten Adoptierten scheinen während ihrer Kindheit nicht einmal mit den besten Freunden über ihre unbekannte Mutter gesprochen zu haben. Alleingelassen knüpften sie sich ein Netz aus Geheimnisvollem und Wunschdenken, umgaben ihre Mutter mit einem Glorienschein aus Glamour oder herzzerreißender Armut, aber erstaunlicherweise war dieses Bild immer positiv und liebevoll.

Nach Inkrafttreten des Gesetzes von 1975 befürchtete man anfangs, daß jetzt eine Horde rachedurstiger Kinder auf die Menschheit losgelassen würde. Ausgerüstet mit ihrer Geburtsurkunde, würden sie aufbrechen zu einem Rachefeldzug gegen die grausame Mutter, die sie fremden Menschen überlassen hatte. Tatsächlich scheinen solche Fälle aber äußerst selten zu sein, obwohl einige leibliche Mütter Angst davor hatten.

Ich bin nur auf einen einzigen zornigen Adoptierten gestoßen, einen traurigen und verbitterten Mann, aktiv tätig in der politischen Linken, der durch einen unglücklichen Zufall einer der wenigen war, der eine Mutter fand, deren Lebensstandard wesentlich höher war als der eigene. Diese Mutter und ihr Ehemann waren reiche, konservative Industrielle. Der Sohn unternahm einen wütenden, wenn auch rührend untauglichen Versuch, seine Mutter zu erpressen, weil er glaubte, sie habe ihn nur weggegeben, weil sie ihn für ein gesellschaftliches Mißgeschick gehalten habe. Selbst zwischen diesen beiden gab es jedoch schließlich eine Versöhnung.

Aber er war eine große Ausnahme. All die anderen adoptierten Kinder waren voller Zuneigung, Verständnis und Vergebung ihrer Mutter gegenüber, sie vermuteten zu Recht, daß sie genauso gelitten hatte wie sie selbst, vielleicht sogar noch mehr. Selbst diejenigen, die glaubten, eine unglückliche Kindheit gehabt zu haben, hatten eine liebevolle und positive Einstellung zu ihr. Das Bild, das sie sich von ihrer Mutter machten, war bei den einen realistischer als bei den anderen, aber alle glaubten, daß sie sie im Falle einer Begegnung gern haben würden. Oft war es mir ein wenig unheimlich zumute, immer wieder mitanhören zu müssen, wie sie von ihrer Sehnsucht nach der Mutter sprachen. Sie verfielen dann leicht in eine kindliche Mentalität und träumten davon, wie ihre Mutter sie lieben und trösten, alles wieder in Ordnung bringen, den jahrelangen Schmerz lindern und heilen würde. Dieses infantile Verhalten konnte ich bei vielen, mit denen ich sprach, beobachten. Obwohl die meisten von ihnen sonst ganz vernünftige und realistisch denkende Erwachsene zu sein schienen, wurden sie plötzlich wieder zu Vierjährigen, wenn sie ihre Sehnsucht nach der imaginären Mutter beschrieben.

Angesichts dessen, was diese Menschen über ihre Erfahrungen mit der Adoption berichteten, glaube ich, daß es an der Zeit ist, Theorie und Praxis und den Sinn der Adoption neu zu überdenken. Im ersten Kapitel habe ich bereits beschrieben, wie die gegenwärtigen Adoptionspraktiken ursprünglich entstanden sind, nämlich in der Absicht, das Kind ein Leben lang vor der Entdeckung seiner unehelichen Geburt zu schützen. Aber das ist heutzutage gottlob kein Grund mehr, eine Adoption geheimzuhalten.

Heute sagt man, ein Kind soll so dauerhaft und endgültig wie irgend möglich in eine neue Familie verpflanzt werden, so wie das verwaiste Lamm, eingewickelt in das Fell des toten Lammes, einem Mutterschaf untergeschoben wird, das es dann für das eigene Junge hält. Ohne dieses Täuschungsmanöver würde das Mutterschaf das fremde Lamm niemals annehmen. Aber heutzutage soll es diesen Faktor Täuschung bei der Adoption angeblich nicht mehr geben. Das Kind soll die Wahrheit erfahren, Verwandte, Freunde und Lehrer sollen die Wahrheit erfahren. Und jetzt darf das Kind sogar laut Gesetz seine leibliche Mutter suchen, sobald es achtzehn Jahre alt ist.

Aber wenn es bei der Adoption angeblich so offen zugeht und man sie publik macht, warum muß dann die erste Mutter des Kindes so radikal aus seinem Leben verbannt werden? Warum muß ein Adoptionsbeschluß jeden weiteren Kontakt verhindern – zumindest bis das erwachsene Kind den Wunsch hat, ihn wieder aufzunehmen? Die erste Mutter wird offenbar als eine solche Bedrohung empfunden, daß sie nach dem Unterzeichnen der Adoptionspapiere für immer verschwinden muß und niemals etwas über den Aufenthaltsort oder das Schicksal ihres Babys erfahren darf. Ich habe den Verdacht, der wahre Grund ist, daß die Adoption immer noch als eine Art Täuschungsmanöver angesehen wird. Die Adoptivmütter sind die Mutterschafe, die das Kind ablehnen könnten, wenn man es ihnen nicht erlaubt, sich vorzumachen, daß es sich bei diesem Kind tatsächlich um ihr eigenes handelt.

Ein Kind auf diese Weise von seiner Mutter zu trennen, steht in krassem Widerspruch zu allen modernen Erkenntnissen der Kinderpsychologie. Wenn die Eltern eines Kindes sich scheiden ließen, hielt man bis vor wenigen Jahren eine endgültige Trennung noch für die beste Lösung, ein Elternteil, meist der Vater, verschwand dann für immer, und das Kind sah ihn niemals wieder. Obwohl so etwas immer noch vorkommt, wird inzwischen von allen mit Scheidung befaßten Stellen dringend davon abgeraten. Die Väter werden aufgefordert, ihr Recht, das Kind zu sehen, geltend zu machen, selbst wenn das zu heftigen Auseinandersetzungen und erbitterten Kämpfen mit der Ex-Frau vor Gericht führen sollte. Den Eltern wird nahegelegt, die Interessen ihres Kindes über ihre eigenen Querelen zu stellen – denn darin sind sich alle einig, was das Kind am nötigsten braucht, sind der Vater und die Mutter, damit es sie auch weiterhin lieben und von ihnen geliebt werden kann, auch wenn man nicht mehr zusammenlebt. Ohne Zweifel können solche Begegnungen ein Kind zutiefst beunruhigen, dennoch hält man es heute für besser, ein Kind solche Situationen durchstehen zu lassen, als daß es einen Elternteil ganz verliert. Die Mütter beschweren sich manchmal, daß die Besuche des Vaters das Kind zum Weinen bringen und es verstört und mißmutig machen, trotz allem glauben die meisten Psychologen, daß diese Regelung den geheimen Ängsten, einen Elternteil zu verlieren, vorzuziehen ist.

Auch die Kinder, die in früheren Zeiten ins Krankenhaus mußten, litten unter diesen Ängsten, da die Besuchszeiten damals noch stark eingeschränkt waren. Kleine Kinder wurden oft weit entfernt von ihrem Wohnort zur Rekonvaleszenz in ein Heim geschickt. Gestrenge Oberinnen gaben den Eltern häufig das Gefühl, auf den Stationen unerwünscht zu sein, da sie die tägliche Routine störten und, was noch schlimmer war, die Kinder verstört zurückließen. Die Kinder begannen zu weinen, wenn die Mütter wieder gingen. Die Oberinnen behaupteten, ohne die Besuche der Mütter würden die Kinder viel weniger weinen. Es bedurfte einer langen und massiven Kampagne, um das Krankenhauspersonal umzustimmen, aber schließlich konnte nachgewiesen werden, daß gerade die Kinder, die im Krankenhaus am bravsten waren und niemals nach ihrer Mutter verlangten, oft durch die lange Trennung seelisch gelitten hatten. Tatsächlich war dieses Langzeittrauma oft schwerwiegender als die Krankheit, mit der das Kind ursprünglich in das Krankenhaus eingeliefert worden war. Heutzutage werden die Eltern in den meisten fortschrittlichen Krankenhäusern ermutigt, manchmal sogar bedrängt, einen großen Teil des Tages, und falls möglich auch die Nacht, bei dem Kind zuzubringen, um das Getrenntsein auf ein Minimum zu reduzieren. Wenn die örtlichen Ämter die Pflege eines Kindes übernehmen, sei es, daß die Eltern es freiwillig übergeben, sei es, daß sie dazu gezwungen werden, wenden gute Sozialarbeiter und das Pflegepersonal enorme Zeit und Kraft auf, um die Eltern zu regelmäßigen Besuchen zu bewegen. Es kann für das seelische Überleben eines Kindes von ausschlaggebender Bedeutung sein, daß der Kontakt zu den Eltern nicht abgebrochen wird. Wenn Kinder vorübergehend in Pflege gegeben werden müssen, wird ein guter Sozialarbeiter versuchen, den Pflegeeltern klarzumachen, daß es eine ihrer vorrangigsten Aufgaben ist, die Eltern des Kindes jederzeit freundlich zu empfangen. Kinder brauchen ihre Eltern nötiger als jeden anderen Menschen auf der Welt, und nur in ganz seltenen extremen Fällen darf man sie zu ihrem eigenen Wohle von ihren Eltern trennen. Selbst wenn die Mutter das Kind nur gelegentlich besucht, hält man das für besser als überhaupt keine Besuche. Auch wenn dieser Kontakt das Kind zeitweilig verstören sollte, haben die meisten Sozialarbeiter inzwischen erkannt, daß das ein Zeichen für eine vorhandene Beziehung ist und deshalb einer Trennung von der Mutter unbedingt vorzuziehen ist.

Neulich habe ich ein Kinderheim besucht, in dem Kinder zwischen etwa fünf und fünfzehn Jahren, die den größten Teil ihres Lebens in Heimen verbracht hatten, auf eine Adoption vorbereitet wurden. Es handelte sich um schwer verhaltensgestörte Kinder, viele davon hatten irgendwann in ihrem Leben schreckliche Erfahrungen gemacht. Aber die Sozialarbeiter dort meinten, was die Kinder am meisten vermißten, sei das Fehlen einer Geschichte, einer Familie. Jedes der Kinder wurde mehrmals in der Woche in einem Gespräch Schritt für Schritt durch seine Familiengeschichte geführt. Das Kind versuchte dann, sich an alles zu erinnern, was irgendwann einmal geschehen war, und der Sozialarbeiter nahm sich die Akte vor und versuchte diese Erinnerungen einzuordnen. Zusammen rekonstruierten sie, wo genau das Kind zu welcher Zeit gewesen war. Manchmal konnte es sich an eine Person, einen Ort, ein Ereignis erinnern. Aber wo war das gewesen? In welchem Heim? Bei welchen Pflegeeltern? Oder war das vielleicht bei seinen richtigen Eltern gewesen? Gemeinsam machten sie eine chronologische Aufstellung der verschiedenen Orte, an denen das Kind in Pflege gewesen war, und bildeten aus diesen Erinnerungsfetzen dann eine zusammenhängende Geschichte. Anders als die meisten von uns, die eine Familie haben, hatten diese Kinder niemanden, der sich an ihre Babyzeit oder an ihre frühe Kindheit erinnern konnte.

Bevor diese Kinder zur Adoption freigegeben wurden, brauchten sie alle verfügbaren Informationen über ihre Ursprungsfamilie und ihre Herkunft. Wie waren sie in dieses Heim gekommen? Den meisten hatte man niemals etwas erklärt. Ihr ganzes Leben war ohne Konturen, bedeutungslos, verworren. Sie waren hin- und hergeschickt worden wie kleine Pakete, aufgrund von Anweisungen fremder, unbekannter Leute, ohne genau zu wissen, wer oder wo sie waren. Ihr Selbstverständnis und ihr Identitätsbewußtsein waren nur schwach ausgeprägt. Im Falle einer Adoption in ein neues und endgültiges Zuhause würden sie zumindest all das an Informationen und Erkenntnissen über sich selbst und ihr früheres Leben mitnehmen, was das engagierte Heimpersonal über sie herausgefunden hatte.

Aber Kinder, die gleich nach der Geburt adoptiert werden, sieht man meist mit ganz anderen Augen. Sie werden als eine formbare Masse angesehen. Da sie sich an ihre erste Mutter nicht erinnern können, sollen ihre Familiengeschichte und ihre Vorfahren ihnen angeblich weniger bedeuten. Als die Hensons Wayne in ihr Haus brachten und seinen Namen in Michael umänderten, waren sie fest entschlossen, nur diesen Zeitpunkt als den Beginn seines Lebens anzuerkennen. Wayne hatte aufgehört zu existieren, und sie hoffen inständig, daß Michael nur mit einer Identität aufwächst – nämlich ihrer eigenen. Michael hat zwar ein Baby-Buch, so wie das von der Vermittlungsstelle verlangt wurde, aber das einzige Foto von seiner Mutter wird mit den Jahren verblassen. Aufgrund der jetzigen Einstellung der Hensons, obwohl so kurz nach der gründlichen Beratung durch die Vermittlungsstelle, ist es mir ziemlich klar, daß sie ein Nachforschen Michaels nach seinen Wurzeln nicht begrüßen können. Sie hoffen, er wird nie nach seiner Mutter suchen, und deshalb erscheint es mir unwahrscheinlich, daß er in einer Atmosphäre aufwächst, in der eine offene Diskussion über seine Adoption und seine Herkunft jemals stattfinden wird. Egal, wie sehr die Adoptionsvermittler sich auch bemühen mögen, den Adoptiveltern klarzumachen, wie wichtig es ist, mit dem Kind über seine erste Mutter zu sprechen, wenn ein Kind erst einmal übergeben worden ist, haben sie darauf keinen Einfluß mehr. Sobald die Adoptiveltern das Kind zu sich nach Hause geholt haben, werden sie durch die gegenwärtigen Adoptionspraktiken eher ermutigt, die Türen zu der Vergangenheit des Kindes endgültig hinter sich zuzuschlagen. Dann beginnen sie, sich so gut es geht einzureden, daß es sich hier um ihr eigenes, leibliches Kind handelt.

Adoptiveltern bekommen heutzutage zwei ganz widersprüchliche Botschaften mit auf den Weg. Einerseits sagen die Adoptionsvermittler, sie sollen das Kind wie ein eigenes aufziehen. Frau Henson wurde zum Beispiel aufgefordert, sich während der Zeit, in der eine Entscheidung über ihre Eignung als Adoptiveltern fallen sollte, als ›schwanger‹ zu betrachten. Man sagte ihr sogar, falls sie abgelehnt würden, solle sie das als eine

›Fehlgeburt‹ betrachten. Und wenn durch etwaige unglückliche Umstände das Kind von der Mutter zurückgefordert würde, nachdem sie es bereits bei sich aufgenommen hatten, müsse das wie ›ein Tod‹ betrachtet werden, ein plötzlicher Krippentod, und sie sollten um das Kind trauern, als sei es gestorben. Aber andererseits gab man ihnen den dringenden Rat, ehrlich mit dem Kind über seine wahre Herkunft zu sprechen. Es hatte ein Baby-Buch, das Bild seiner Mutter und ein Foto, das zeigt, wie es selbst zum erstenmal ins Haus getragen wird. Das Kind, so sagte man ihnen, solle ermutigt werden, über seine Mutter zu sprechen und sich Gedanken über sie zu machen – aber, auch das sagte man, das Kind solle genauso behandelt werden, als sei es ihr eigenes. Wie sollen die Adoptiveltern sich nun eigentlich verhalten? Die meisten von ihnen entscheiden sich entweder für den einen oder den anderen Weg, und die Mehrheit, angetrieben durch eigene Bedürfnisse, tut so, als handele es sich um ihr leibliches Kind und habe keine eigene Geschichte.

Nachdem ich mir die verschiedenen Ansichten adoptierter Kinder über ihre Adoption angehört hatte, ist bei mir der Eindruck entstanden, daß die Adoption in den meisten Fällen nur unzureichend funktioniert. Die unbekannte, nie gesehene Mutter wird von dem Kind mit einem Glorienschein aus Geheimnisvollem, Mystischem und Romantischem umgeben. Bei dem Kind entsteht oft das Gefühl, es habe keine Verwurzelung, keinen einzigen Blutsverwandten auf der ganzen Welt. Ist es wirklich im Interesse des Kindes, die leibliche Mutter völlig auszuschalten? Ich fände es für das Wohl des adoptierten Kindes weitaus besser, es ähnlich wie ein Kind aus einer geschiedenen Ehe großzuziehen. Unglückliche Umstände haben ihm ein kompliziertes Familienleben auferlegt – aber es wird keineswegs einfacher, wenn ein Teil dieser Komplexität unnatürlicherweise beseitigt wird. Genau wie bei einer Scheidung nützt es einem Kind gar nichts, wenn es seinen nicht sorgepflichtigen Elternteil verliert, wie problematisch und schmerzlich die Besuche auch sein mögen. Darum bezweifle ich, daß das Leben eines adoptierten Kindes angenehmer oder leichter wird, wenn man versucht, seine leiblichen Eltern und seine Herkunft aus seiner Erinnerung zu tilgen. Wo immer das möglich ist, sollte das adoptierte Kind den Kontakt zu seiner leiblichen Mutter aufrechterhalten. Es sollte genau wissen, wer sie ist, damit es genau weiß, wer es selbst ist.

Ein Adoptionsbeschluß sollte den Adoptiveltern, so wie bisher, das Sorgerecht für das Kind endgültig und unwiderruflich garantieren. Die Adoptiveltern und das Kind brauchen diese Sicherheit und dürfen nicht in der Angst leben, daß die leibliche Mutter das Kind zurückfordern könnte. Aber nachdem dieses felsenfeste Fundament für die Beziehung zwischen Adoptiveltern und Kind geschaffen worden ist, sollte das Kind einen gewissen Kontakt zu seiner leiblichen Mutter aufrechterhalten. Zur Zeit der Adoption, und jederzeit danach, sollte es der leiblichen Mutter gestattet sein, ja, sie sollte sogar ausdrücklich aufgefordert werden, ihr Kind zu besuchen. Bei auftauchenden Meinungsverschiedenheiten oder sonstigen Problemen könnten diese Besuche in Übereinstimmung mit den Wünschen und Erfordernissen der betroffenen Parteien durch das Vormundschaftsgericht geregelt werden. Es wäre natürlich wünschenswert, die Gerichte so weit wie möglich herauszuhalten, statt dessen könnten die bewährten Dienste der ursprünglichen Adoptionsvermittlungsstelle für ein Zustandekommen von befriedigenden Besuchsregelungen in Anspruch genommen werden. Diese Regelungen könnten natürlich von Fall zu Fall ganz unterschiedlich ausfallen. In manchen Fällen würde das Kind die Mutter nur selten, in anderen, unproblematischeren, häufiger zu sehen bekommen. Selbst wenn die Besuche nur ein- oder zweimal im Jahr stattfinden sollten, würde das Kind zumindest nicht darüber im Zweifel gelassen, wer es ist, woher es kommt und warum es adoptiert wurde.

Natürlich würde das den Adoptiveltern viel abverlangen. Aber ich glaube, das ist eine Herausforderung, die die meisten zukünftigen Adoptiveltern bereit und fähig wären anzunehmen. Wenn das dem offiziellen Verfahren entspräche und eine unabdingbare Voraussetzung für die Beantragung einer Adoption wäre, bezweifle ich, daß viele Interessierte vor dieser Aufgabe zurückschrecken würden. Letzten Endes besteht ein akuter Mangel an Neugeborenen, und die Adoptiveltern, die ausgewählt werden, um eines davon zu übernehmen, wissen genau, daß sie außerordentliches Glück hatten. Für jedes untergebrachte Baby gibt es mindestens neun enttäuschte Paare, die leer ausgehen. Vielleicht sollte man sogar alle an Adoption interessierten Paare, die den Gedanken an ein gelegentliches Zusammentreffen von Mutter und Kind unerträglich finden, hinsichtlich ihrer Motive und ihrer etwaigen Haltung dem Kind gegenüber, das sie übernehmen möchten, mit ganz besonderer Sorgfalt überprüfen. Wenn die leibliche Mutter eine derart bedrohliche Erscheinung für sie ist, könnten sie später ähnliche und undefinierbare Ängste wegen der fremden Erbanlagen, die in dem Kind zum Vorschein kommen könnten, entwickeln.

Manche Leute sind der Ansicht, der Kontakt zu der leiblichen Mutter könne das Kind verwirren. Wie sollte es diese andere Person, diese andere Mutter, in seinem Leben unterbringen? Aber diese Mutter ist wohl oder übel bereits in seinem Leben vorhanden, allgegenwärtig in seinen geheimen Gedanken und Träumen, vielleicht sogar in seinen Gesprächen. Diejenigen, die meinen, es sei leichter für das Kind, sich nur an ein Elternpaar zu halten, kommen mir so vor wie die gestrengen Oberinnen in Krankenhäusern, die die Eltern und störende Emotionen aus dem reibungslosen Ablauf ihres Stationsbetriebes heraushalten möchten.

Selbstverständlich glaubt niemand, Kontakte zur leiblichen Mutter seien die perfekte Lösung, und niemand will das Leben eines Kindes unnötig kompliziert machen. Aber genauso wie bei Kindern aus geschiedenen Ehen, Halbwaisen oder den Opfern anderer unglücklicher Umstände gibt es für diese Kinder keine ideale Lösung. Sie haben nun einmal zwei Identitäten, und es ist ihnen gewiß nicht damit geholfen, das Problem totzuschweigen. Genauso wie das Kind aus einer geschiedenen Ehe in seiner Loyalität zwischen Vater und Mutter hin- und hergerissen wird, weiß das adoptierte Kind, daß es zwei Familien angehört, selbst wenn die eine Familie unsichtbar bleibt. Es ist durchaus möglich, daß ein adoptiertes Kind die Begegnungen mit der eigenen Mutter nur schwer verkraftet, schwer in ein ansonsten geordnetes Leben einbeziehen kann. Vielleicht mag es diese Besuche nicht, vielleicht bringen sie das Kind nur durcheinander. Trotz allem ist es höchstwahrscheinlich besser für das Kind, der Wahrheit ins Auge zu sehen, als ein Phantasiebild zu erfinden, das es sein ganzes Leben lang nicht mehr losläßt.

Wenn ich mir erwachsene Menschen in den Dreißigern anhörte, die sich immer noch nach der Wunschmutter verzehrten, die sie nirgendwo finden konnten, dachte ich bei mir, wir müssen unbedingt verhindern, daß so etwas mit Kindern passiert. Die leibliche Mutter des Kindes mag vielleicht nicht ideal sein, und wenn das Kind herausfindet, daß die eigene Mutter eine Enttäuschung ist, wird es vielleicht die Adoptivfamilie doppelt so hoch schätzen. Andererseits, wenn es seine Mutter mag und akzeptiert, könnte diese zusätzliche Dimension eine willkommene Bereicherung für sein Leben sein. Bei Kindern aus geschiedenen Ehen hat es sich gezeigt, daß sie unter günstigen Voraussetzungen eine erstaunliche Anzahl von Verwandten und verwandtschaftlichen Beziehungen, wie Stiefeltern, Stiefgeschwister, Stiefgroßeltern usw. in ihr Leben integrieren können.

Heutzutage gibt es viele Kinder mit komplizierten Familienverhältnissen, und angesichts der gegenwärtigen Scheidungsrate ist es unwahrscheinlich, daß wir jemals wieder zu den Zeiten zurückkehren werden, in denen alle Kinder eine normale Vater-Mutter-Familie hatten. Tatsächlich waren Vater und Mutter als Kern der Familie nur für eine relativ kurze Zeit nach der Jahrhundertwende die Norm. Davor gingen mehr Familien durch Tod in die Brüche als heute durch Ehescheidungen. Zu allen Zeiten hatten Kinder Halbgeschwister, Verwandte eines verstorbenen Elternteils, Stiefgeschwister und deren Familien, mit denen sie sich auseinandersetzen mußten. Loyalitätskonflikte, Probleme mit den verschiedenen Parteien rivalisierender Verwandter waren zu allen Zeiten ein Bestandteil des Familienlebens. Es ist nichts Ungewöhnliches oder Neues an der Vorstellung, daß es eine zweite Familie im Leben eines Kindes gibt und daß das Kind schlimmstenfalls mit einem gewissen Maß an Spannungen zwischen den beiden Familien fertig werden muß.

Bedauerlicherweise ist es nicht immer möglich, die leibliche Mutter in das Leben des Kindes mit einzubeziehen. Manche Mütter sind gestorben, andere tauchen unter und wollen nichts mehr von ihrem Kind wissen. Einige wenige betrachten die Adoption als einen Schlußstrich unter einer verheerenden, unglücklichen Episode in ihrem Leben. Viele kommen zum Beispiel aus dem Ausland nach England, um das Kind heimlich zur Welt zu bringen, kehren danach schnell wieder zurück und verlieren jeden Kontakt zu der Vermittlungsstelle. Einige betrachten das Kind als Zeichen ihrer Sünde und möchten es für alle Zeiten vergessen. Niemand ist an einem Verfahren interessiert, das die Mutter zur Aufrechterhaltung eines Kontaktes zu ihrem Kind zwingt. Obwohl ich mich manchmal frage, wie viele von denen, die zunächst so kühn behaupten, sie wollten nichts, als das Ganze schnell hinter sich zu bringen, in späteren Jahren gerne zurückkämen und sich nach ihrem Kind erkundigten, wenn man es ihnen erlaubte.

Bei meinen Recherchen für dieses Buch habe ich festgestellt, daß, mit Ausnahme von zwei Müttern, alle über das Wiedersehen mit ihrem verlorengeglaubten Kind überglücklich waren. Sie hatten unter der Trennung sehr gelitten und hatten Reue und Scham empfunden, daß sie ihr geliebtes Baby unter dem Druck der Verhältnisse im Stich gelassen hatten. Die meisten von ihnen hatten später geheiratet, einige innerhalb von zwei Jahren. Sie bekamen noch mehr Kinder und empfanden immer Trauer beim Anblick des leeren Platzes am Tisch, an dem das Älteste eigentlich hätte sitzen sollen. Nachdem sie sich ein eigenes, gesichertes Heim geschaffen hatten, erschienen ihnen nachträglich die Gründe für die Freigabe des Kindes zur Adoption nicht mehr verständlich. In dieser neuen Situation voller Zufriedenheit und Geborgenheit fiel es ihnen schwer, nachzuvollziehen, warum es ihnen vorher so vollkommen unmöglich erschienen war, das Kind zu behalten. Aber viele von ihnen wurden damals von ihrer Familie unter Druck gesetzt oder in jungen Jahren allein gelassen, waren einsam und verängstigt. Viele sagen, sie seien sehr deprimiert gewesen, dabei könnte auch eine postnatale Depression eine Rolle gespielt haben, oder es war der Schock, von allen im Stich gelassen worden zu sein.

Nachdem sie sich einmal entschlossen hatten, das Kind wegzugeben, haben nur ganz wenige während der dreimonatigen Frist bis zum Adoptionsbeschluß eine Zurücknahme des Babys in Erwägung gezogen. Die erste Trennung ist fast immer endgültig. Nachdem die Mutter die tagtägliche Pflege des Kindes anderen überlassen hat, scheint sie erst einmal in einen Zustand der Verzweiflung zu verfallen. Sie betrachtet sich als ein

Opfer, das selbst in dem Geschehen keine aktive Rolle gespielt hat. Trotzdem leidet sie oft unter tiefer, langanhaltender Reue.

Wenn die Mütter diesen Abschnitt ihres Lebens beschreiben, ergeben sich ziemlich übereinstimmende Verhaltensmuster. In den ersten zwei bis drei Jahren litten sie unter dem Schock, ein Kind geboren und verloren zu haben. Sie konnten sich nur schwer damit abfinden, daß sie in gewisser Hinsicht immer noch eine Mutter waren, aber eine schlechte, die ihr Kind fremden Menschen überlassen hatte. Sie beschrieben ihren Zustand als eine Art von Apathie, eine Art von Trauer. Später, als sie sich dann wieder gefangen hatten, ließ der Schock allmählich nach, aber sie litten immer noch unter dem Verlust. Sie alle sagten spontan, wenn das damals möglich gewesen wäre, hätten sie die Verbindung zu ihrem Kind aufrechterhalten. Natürlich ist es schwierig, sich in die Lage von vor zwanzig oder mehr Jahren zurückzuversetzen, und vielleicht war ihr Erinnerungsvermögen auch durch die kürzliche erste Begegnung mit ihrem verlorengeglaubten Kind ein wenig getrübt. Aber alle waren sich darin einig, daß der Gedanke an ihr Kind ihr ganzes Leben überschattet hatte – der Gedanke an ein Kind irgendwo da draußen, das ähnlich wie ein verstorbenes zu ihnen gehörte, aber das sie noch viel mehr verfolgte. Immer wenn sie Kinder etwa im gleichen Alter auf der Straße sahen, fragten sie sich, ob das vielleicht ihr eigenes sein könnte. Besonders am Geburtstag und an Weihnachten erinnerten sie sich seiner und hätten gerne gewußt, wo es lebte, ob es überhaupt noch am Leben war und zu was für einer Familie es jetzt gehörte. Sie hatten seinerzeit die Bedingungen des Adoptionsbeschlusses ohne Widerspruch oder Aufbegehren hingenommen. Sie hatten die Papiere unterschrieben und wußten genau, daß ihnen damit ihr Baby für immer weggenommen wurde. Aber im Laufe der Jahre konnten sie sich mit der Endgültigkeit dieser Entscheidung immer weniger abfinden. Die meisten sagten, bei Inkrafttreten des Gesetzes von 1975 hätten sie zu beten begonnen, daß ihr Kind nach ihnen suchen würde. Manche hatten sich sofort an die Adoptionsvermittlungsstelle gewandt und gebeten, einen Brief mit ihrer Anschrift und der Nachricht für das Kind, daß sie eine Begegnung begrüßen würden, in den Akten zu hinterlegen, für den Fall, daß das Kind sich meldete.

Adoptionsvermittler sagen, die Verhältnisse hätten sich seit der Zeit, als die Mütter, mit denen ich gesprochen habe, ihre Kinder zur Adoption freigaben, grundlegend geändert. Ganz ohne Zweifel stimmt das. Viele Mütter hatten damals das Gefühl, von der Vermittlungsstelle ausgebeutet zu werden, die Mitarbeiter seien nur daran interessiert gewesen, für eines ihrer wartenden Ehepaare ein Baby zu ergattern. Es gab praktisch keine Beratung, die bloße Tatsache der Unehelichkeit sei für die meisten Vermittlungsstellen ein ausreichender Grund gewesen, eine Mutter zur Herausgabe ihres Babys zu überreden. Sie wurde, falls sie ihr Baby behalten wollte, nicht über vorhandene Hilfsangebote aufgeklärt. Die Mütter bekamen das Gefühl, man habe sich gegen sie verschworen, um eine Herausgabe ihres Babys zu erzwingen. Man könnte einwenden, das sei paranoid oder ein Versuch, die vermeintliche Schuld auf die Vermittlungsstelle abzuwälzen. Aber die meisten dieser Geschichten klingen so überzeugend, daß man tatsächlich den Eindruck bekommt, einige Vermittlungsstellen hätten sich früher vor allem als Agenturen zur Beschaffung von Kindern verstanden, die dann einem unfruchtbaren, angesehenen Ehepaar übergeben werden konnten. Vielleicht sahen sie sich auch als Retter des Babys vor Unehelichkeit, verantwortungslosen Müttern und eventueller Armut, um ihm einen Platz in einer gehobenen Gesellschaftsschicht, einem angenehmen, geborgenen, möglichst gottesfürchtigen Mittelklasse-Heim zu geben.

Aber seit dieser Zeit haben die Einstellungen sich grundlegend geändert. Die Adoptionsvermittler sind sich ihrer Sache nicht mehr ganz so sicher. Ich glaube nicht, daß Klassendünkel noch eine Rolle spielt. Es gibt nicht mehr die alten unumstrittenen Wertvorstellungen, nach denen früher das bestmögliche Zuhause für ein Adoptivkind ausgesucht wurde. Aber wer kann schon genau wissen, welches das beste Zuhause ist? Die angebotene Beratung soll die leibliche Mutter in die Lage versetzen, alle vorhandenen Möglichkeiten sorgfältig zu überprüfen. Falls sie das Baby behalten möchte, wird sie auf alle verfügbaren Hilfsangebote hingewiesen, aber man macht ihr auch klar, wie schwer es für eine unverheiratete Mutter ist, alleine durchzukommen. Zwar gibt es heute kaum noch gesellschaftliche Vorurteile gegen eine ledige Mutter, aber die materiellen Probleme des täglichen Überlebenskampfes sind nach wie vor beträchtlich.

Man kann den Erfolg dieser Beratungen daran messen, daß wesentlich mehr Frauen als früher sich entschließen, ihr Kind zu behalten. Die Hälfte der Mütter, die zunächst sagen, daß sie ihr Kind weggeben wollen, ändern ihre Meinung nach der Geburt. Die Anzahl der Kinder, die zur Adoption freigegeben werden, wird immer geringer. Aber weil man jetzt davon überzeugt ist, die Mütter vor ihrer Entscheidung gründlich beraten zu haben, sind viele nicht bereit zu glauben, daß diese Mütter ihre Entscheidung im späteren Leben dennoch zutiefst bereuen könnten. »Wir besprechen das mit der Mutter so gründlich, daß wir ganz sicher sein können, daß sie das auch wirklich tun will«, sagte eine Beraterin. »Es ist besser für sie, eine Zeit der Trauer durchzumachen und das Kind dann zu vergessen, so als sei es tot. Das ist der Rat, den wir ihnen geben.« Ich bin sicher, daß die Adoptionsvermittler das glauben müssen. Sie müssen glauben, daß weder die Mütter noch die Kinder leiden. Es würde ihre ganze Arbeit in Frage stellen, wenn alles, was sie erreichen, eine kummervolle

Mutter und ein unglückliches, entwurzeltes Kind wären. Die meisten der Adoptionsvermittler, mit denen ich sprach, blieben bei ihrer Überzeugung, daß ein ›glatter Bruch‹ und eine endgültige Trennung für Mutter und Kind das beste seien.

Wenn es heutzutage auch bedeutend weniger Mütter gibt, die ihre Kinder weggeben, so habe ich doch meine Zweifel, ob sie sich von den Müttern der vorherigen Generation wesentlich unterscheiden. Sie mögen vielleicht einem größeren Druck ausgesetzt sein oder gewichtigere Motive haben, und möglicherweise ist ihre Entscheidung in ihrem Fall sogar richtig. Aber ich vermute, daß sie – abgesehen vielleicht von geistig Gestörten oder Zurückgebliebenen – diese gleiche innere Leere empfinden, die die Frauen der älteren Generation mir beschrieben haben.

Es gibt eine neue Form der Adoption, die man ›Offene Adoption‹ nennt und die bisher nur in seltenen Fällen von den Vormundschaftsgerichten angewandt wird. Hierbei bleibt das Kind auch nach dem Adoptionsbeschluß mit einem Elternteil oder einem Angehörigen in Verbindung. Ein weiteres neues Konzept, das kürzlich eingeführt worden ist, ist die sogenannte ›Custodianship‹, die einem ›Custodian‹* gewisse elterliche Rechte einräumt. Es ist nicht so unwiderruflich wie eine Adoption, aber beständiger als eine Pflegefamilie. Allerdings wird dieses Verfahren bisher nur für ältere Kinder empfohlen, die in der Lage sind, ihre eigenen Wünsche zu artikulieren. Soweit mir bekannt ist, hat bislang noch niemand eine ›offene Adoption‹ oder ›Custodianship‹ für Neugeborene in Erwägung gezogen. Davon sind wir noch weit entfernt. Aber ich finde, es ist an der Zeit, nach Wegen zu suchen, um die Offene Adoption für alle Kinder einzuführen. ›Custodianship‹ wäre für Neugeborene wahrscheinlich ungeeignet, weil die notwendige Sicherheit einer permanenten und unwiderruflichen Plazierung nicht garantiert werden kann.

Ich weiß schon im voraus, welche heftigen Proteste die Einführung der Offenen Adoption für Neugeborene auslösen würde. Nach einer Fernsehsendung, die ich über dieses Thema gemacht habe, wurde ich von allen Seiten mit Briefen bombardiert. Die wütendsten kamen von Adoptiveltern, die ihre eigene äußerst glückliche Familie herausstellten. Sie behaupteten, daß ihre adoptierten Kinder sich niemals derart nach ihrer verlorenen Mutter gesehnt hätten. Sie hielten es für eine böswillige Einmischung, so viele vollkommen glückliche Adoptivfamilien aus übertriebener Sorge um ein paar neurotische Adoptivkinder derart zu verunsichern. Je heftiger sie behaupteten, genau zu wissen, was ihre Adoptivkinder fühlten oder auch nicht fühlten, desto weniger war ich davon überzeugt, daß sie sich ihrer Sache sicher waren. Welche Eltern wissen

* eine Art Vormund, meist ein Angehöriger

solche Dinge schon genau? Alles, was ich ihnen erwidern kann, ist, ich bin fest davon überzeugt, daß die meisten adoptierten Kinder notgedrungen mit einem gewissen Identitätsverlust aufwachsen und sehr viele mit lebhaften heimlichen Phantasievorstellungen über ihre leibliche Mutter.

Eine andere Flut empörter Briefe kam von adoptierten Kindern, die mir mitteilten, daß ihre eigene Adoption vollkommen glücklich verlaufen sei, und weder hätten sie jemals den Wunsch verspürt, nach ihrer leiblichen Mutter zu suchen, noch seien sie jemals besonders neugierig auf sie gewesen. Sie hielten ihre Adoptivfamilie für genauso gut wie jede richtige Familie, vielleicht sogar für besser. Nachdem ich, wie bereits im ersten Kapitel erwähnt, mit verschiedenen Psychologen gesprochen hatte, konnte ich einfach nicht glauben, daß ihre leibliche Mutter ihnen überhaupt nichts bedeutet. Das Symbol der Mutterschaft spielt in allen Mythen, Religionen und Kulturen solch eine mächtige Rolle, daß ich einfach nicht glauben kann, diese Menschen seien dagegen vollkommen immun. Es ist ein Thema, das einen großen Teil der Weltliteratur beherrscht: die Suche der Eltern nach dem Kind und des Kindes nach seinen Eltern, der Wechselbalg, das verstoßene Kind, das Findelkind. Kann man wirklich an seinen wahren Ursprungen so desinteressiert sein? Oder beweist vielleicht gerade das laute Geschrei ihres Protestes, daß sie um jeden Preis ein Gefühl verleugnen wollen, das sie schon seit langem als zu komplex oder zu beunruhigend verdrängt haben?

Aber die meisten Briefe bekam ich von Adoptierten, die mir schrieben, sie hätten tatsächlich diese Lücke in ihrem Leben immer empfunden. Sie sagten, ihnen hätten Blutsverwandte gefehlt, und sie hätten die Mutter vermißt, an die sie so oft hätten denken müssen. Viele baten mich um Rat, wie man sich auf die Suche machen könne und wie groß die Erfolgschancen seien. Ich mußte zugeben, daß die Chance, die Mutter zu finden, nur sehr gering ist. Es ist vor allem eine Frage des Zufalls und der Ausdauer, da Frauen bei der Eheschließung ihren Namen ändern und den Ort, der auf der Geburtsurkunde angegeben ist, oft verlassen haben. NORCAP (The National Organization for the Counselling of Adoptees and their Parents) ist die größte Selbsthilfeorganisation für suchende Kinder und Eltern. Es könnte nützlich sein, sich dort registrieren zu lassen, aber bedauerlicherweise kann NORCAP eine Mutter und ihr Kind nur in den seltensten Fällen zusammenführen. Man ist dort aber sehr hilfsbereit und erteilt Ratschläge, wie man sich auf die Suche nach einem vermißten Angehörigen machen kann.

Auch von leiblichen Müttern, die auf der Suche nach ihrem Kind waren, bekam ich viele Briefe. Ich konnte ihnen leider nur sehr wenig Hoffnung machen, obwohl einige ihrer Geschichten wirklich tragisch waren.

Es waren sehr alte Frauen darunter, die nur den einen Wunsch hatten, ihr Kind vor ihrem Tod noch einmal zu sehen. Aber das Gesetz besagt ganz eindeutig, nachdem der Adoptionsbeschluß einmal ausgesprochen worden ist, hat eine Mutter keinerlei Anspruch auf den Zugang zu irgendwelchen Informationen mehr. Die Chancen einer Mutter, ihr Kind wiederzufinden, wenn sie nicht schon etwas über die Adoptivfamilie weiß, sind äußerst gering. Viel hängt allerdings von der Haltung der Vermittlungsstelle ab, an die sie sich wendet. Im Falle von Dorothy war die Vermittlungsstelle sofort bereit, ihr bei der Suche nach ihrem Kind behilflich zu sein, obwohl sie behauptet hatte, nur an der Anschrift interessiert zu sein, um ihrer Tochter etwas in ihrem Testament hinterlassen zu können. Und Judys Mutter fand ihre Tochter nach Jahren vergeblicher Suche durch die Hilfsbereitschaft von John Stroud von den Hertfordshire-Sozialdiensten. Er hat schon vielen Müttern geholfen, auch solchen, die außerhalb von Hertfordshire leben und für die er eigentlich gar nicht zuständig ist.

Als ich mich für die Offene Adoption einsetzte, protestierten viele Leute und sagten, aber was ist, wenn die leibliche Mutter nun unmöglich oder unberechenbar ist? Was ist, wenn sie die Familie dauernd verfolgt? Diese Probleme könnten durchaus in manchen Fällen entstehen. Aber sie wären sicher nicht schwieriger zu bewältigen als die erbitterten Auseinandersetzungen zwischen einem Ex-Ehemann und seiner Frau über die Kontakte zu den Kindern. Es müßte sogar noch leichter sein, da die leibliche Mutter und die Adoptivfamilie keine durch Feindseligkeiten belastete gemeinsame Vergangenheit haben. Falls erforderlich, könnte das Gericht der Mutter Auflagen machen, und sie müßte sich dann genauso an diese Vereinbarungen halten wie jeder andere nicht sorgeberechtigte Elternteil. Es wäre allerdings besser, die Gerichte aus diesen Fällen herauszuhalten und bei eventuellen Problemen die Schlichtungsstelle der betreffenden Adoptionsvermittlung einzuschalten.

So wie die Adoption augenblicklich gesehen wird, könnte man an einen starken Interessenkonflikt zwischen Adoptiveltern und leiblichen Eltern glauben. Da die Adoptiveltern das Kind als ihr eigenes betrachten möchten, empfinden sie die leiblichen Eltern als Eindringlinge. Aber wir sollten unseren Blick nicht zu sehr auf die Rechte dieser beiden Parteien lenken. Priorität muß stets das Wohl des Kindes haben. Soll es für immer von seinen leiblichen Eltern getrennt werden? Oder soll es unter Einbeziehung seiner Mutter und mit etwas mehr Verständnis für seine Herkunft großgezogen werden? Natürlich sind die Interessen des Kindes eng verknüpft mit der Zufriedenheit derjenigen, die es großziehen. Wenn man sich Gedanken über das Bestmögliche für das Kind macht, müssen auch die Gefühle der Adoptiveltern berücksichtigt werden. Aber wenn ich eine Familie überprüfen müßte, die ein Kind adoptieren will, hätte ich

Zweifel an ihrer Eignung, wenn sie sagen würden, daß ein Kontakt zu der Mutter des Kindes für sie niemals in Frage käme. Wenn der bloße Gedanke an die leibliche Mutter des Kindes so beunruhigend und so unerträglich ist, könnten sie dieses Gefühl auch auf das Kind übertragen. Wenn sie so eifrig darauf bedacht sind, ihm ihren eigenen Stempel aufzudrücken, könnten sie eines Tages enttäuscht sein, wenn es – so wie viele Kinder, ob leiblich oder adoptiert – nicht ihren Erwartungen entspricht. Ich würde einem Ehepaar den Vorzug geben, das von Anfang an begreift, daß dieses Baby schon eine eigene Geschichte hat.

Die Einführung der Offenen Adoption könnte dazu beitragen, das Klima, in dem heute Entscheidungen über das Schicksal von Pflegekindern und älteren Adoptivkindern getroffen werden, maßgeblich zu verändern. Die meisten Adoptionen betreffen heutzutage ältere Kinder. Im Jahre 1982 wurden in Großbritannien 2000 Babys unter einem Jahr adoptiert, wohingegen 7000 Kinder zwischen einem Jahr und siebzehn Jahren waren * (die stärkste Gruppe waren die Kinder zwischen fünf und neun).

Es gibt eine Vielzahl von Möglichkeiten, um Kinder in Pflege zu geben. Es geschieht leider viel zu oft, daß Eltern jedes Recht auf ihr Kind verlieren, sogar nachdem sie es freiwillig vorübergehend in Pflege gegeben haben. Verzögerungen bei den Gerichtsverfahren können zur Folge haben – wenn erst einmal eine falsche Entscheidung getroffen worden ist, vielleicht auf Anraten eines Sozialarbeiters, der die Familie nicht lange genug gekannt hat –, daß viele Monate vergehen, ehe eine Mutter vor Gericht angehört wird. Bis dahin ist das Gericht vielleicht der Ansicht, daß das Kind sich in seiner Pflegefamilie eingewöhnt hat, es sich dort wohl fühlt und deshalb dort bleiben sollte. Häufig hatte man der Mutter den Zugang zu ihrem Kind verweigert oder ihr sonst die Besuche unmöglich gemacht. In dieser Situation wird dann der Adoptionsbeschluß allzuoft für die beste Lösung gehalten, um das Kind nicht wieder aus seiner vertrauten Umgebung herauszureißen, die Mutter wird dann für immer aus seinem Leben verbannt.

Aber wenn man in Zukunft alle Adoptionen wie eine ›Custodianship‹ betrachtet oder wie das Sorgerecht bei Scheidungen, wo man von der nicht sorgeberechtigten Mutter auch erwartet, einen gewissen, wenn auch begrenzten Kontakt zu ihrem Kind aufrechtzuerhalten, dann könnte sich vielleicht auch der Umgang mit gerichtlich angeordneten Pflegerbestellungen ändern. Die Mutter hätte dann weiterhin Kontakt zu ihrem Kind, und nur unter ganz außergewöhnlichen Umständen käme es zu einer endgültigen Trennung. Der Unterschied zwischen einem Pflege- und einem

* In der Bundesrepublik Deutschland lauteten diese Zahlen 1982: 1228 und 7917, 1986: 955 und 6920 (nach: »Jugendhilfestatistik« des Statist. Bundesamtes Wiesbaden)

Adoptivkind wäre weniger gravierend, und das Kind bekäme die Chance, wenigstens teilweise an seiner Herkunft festzuhalten.

Aber im Augenblick kann das Urteil eines Sozialarbeiters unwiderrufliche Folgen haben, obwohl kein Außenstehender, wie gut er auch ausgebildet sein mag, mit letzter Sicherheit sagen kann, wieviel ein Kind von seiner Mutter bekommt. Die Erfahrungen der Menschen in diesem Buch lassen vermuten, daß selbst eine ›schlechte‹ Mutter einem Kind noch sehr viel zu geben vermag, nur weil es die Mutter ist. Allzuoft hält man in diesen verworrenen, bedauerlichen Fällen, in denen die Eltern sicherlich unzulänglich sind, eine Adoption, einen ›glatten Bruch‹ für einen Ausweg. Das Kind wird in einer gesicherten, wohlhabenden Familie untergebracht, wird umsorgt und geliebt. Das mag uns vielleicht als die beste Lösung erscheinen, besonders wenn durch frühere Gerichtsbeschlüsse das Durchtrennen des Bandes zwischen Mutter und Kind schon Auswirkungen zeigt, aber der ›glatte Bruch‹ kann auch lebenswichtige, unsichtbare Bande durchtrennen, falls man dem Kind nicht erlaubt, mit seiner Mutter in Verbindung zu bleiben.

Bevor ich für dieses Buch zu recherchieren begann, habe ich mir über die Bedeutung genetischer Ursachen nie allzugroße Gedanken gemacht. Wir alle halten emotionale und soziale Hintergründe für ausschlaggebend für die Persönlichkeitsentwicklung. Aber wir wissen nicht, wie viele genetische Faktoren uns beeinflussen oder wie die Balance zwischen ›nature and nurture‹ (Natur und Erziehung) aussieht. Jetzt bin ich davon überzeugt, daß die ›Idee‹ der Blutsbande und Gene für die meisten Menschen wichtig ist, und sie fühlen sich entwurzelt, wenn man sie ohne Kenntnis ihrer wahren Herkunft großzieht.

Möglicherweise hätten die Menschen, die in diesem Buch befragt worden sind, gar nichts Besonderes über ihre Erziehung und ihre Empfindungen, über ihre Adoptiveltern zu berichten gehabt, wenn sie nie erfahren hätten, daß sie adoptiert worden sind. Es war dieses Wissen um ihre Wurzellosigkeit, das sie beunruhigte, das Geheimnis, das ihre unbekannte Mutter umgab. Wenn Mutter und Kind sich wiederfanden, glaubten beide an ein inneres Band, das sie miteinander verknüpfte, obwohl sie sich das letzte Mal gesehen hatten, als das Baby ein paar Tage alt war. Aber beide fanden, was sie sich erhofft hatten, und beide glaubten, zu ihrem Trost und ihrer großen Freude, alle möglichen körperlichen und geistig-seelischen Übereinstimmungen zu entdecken.

Bei der gegenwärtigen Debatte über Ersatzmütter, In-vitro-Fertilisation und künstliche Insemination durch Samenspende sollte man nicht das Wohl des Kindes aus den Augen verlieren, das durch diese Methoden gezeugt wird. Was die interviewten Kinder uns über ihren Identitätsverlust berichten, beweist, wie gefährlich es ist, die Ursprünge eines Kindes durcheinanderzubringen. Die Zeugung von später adoptierten Kindern ist zumindest ein Zufall gewesen, und es ist nicht einfach, zu entscheiden, wie man sie am besten großzieht. Es erschiene mir als eine alarmierende Entwicklung, Tausende von Kindern, deren Schicksal der Verlust ihrer genetischen Eltern sein würde, absichtlich in die Welt zu setzen.

Zur Zeit der Entstehung dieses Buches (1985) sah es so aus, als ob eine Kommerzialisierung von Ersatzmüttern verboten würde.* Wie wird es einem Kind zumute sein, wenn es erfährt, daß seine Mutter es verkauft hat. Ersatzmutterschaft hat es, wenn auch selten, zu allen Zeiten gegeben, jedoch meist innerhalb einer Familie, in der eine Frau bereit war, für ihre unfruchtbare Schwester ein Kind auszutragen. Aber in diesem Fall blieb das Kind immerhin in der Familie, der es ohnehin angehörte, und es kannte auch seine leibliche Mutter, falls man ihm die Wahrheit gesagt hatte. Zumindest ist dieses Kind aus Zuneigung und nicht aus Geldgründen empfangen worden. Ich habe einige der Adoptierten gefragt, wie ihnen zumute sein würde, wenn ihre Mutter sie nur empfangen und ausgetragen hätte, um sie später zu verkaufen, und sie waren bei dem Gedanken entsetzt. Es war schon schwer genug für diese Kinder zu verstehen, daß ihre Mutter sich von ihnen trennen mußte, weil sie sich in einer Notlage befunden hatte und arm war. Aber wenn sie von ihrer Mutter verkauft worden wären, hätten sie überhaupt kein Verständnis dafür gehabt.

In-vitro-Fertilisation hat sich in der Vergangenheit als eine wundervolle neue Behandlungsmethode für Hunderte von kinderlosen Ehepaaren erwiesen. Der ›Warnock Report‹ empfiehlt allerdings, weitere Experimente auf diesem Gebiet wegen der Versuche an Embryonen einzuschränken. Es wäre eine Tragödie, wenn diese Forschungen wegen der Proteste von LIFE-Gruppen** eingestellt würden.

Die eigentlich ethische Frage erhebt sich meiner Ansicht nach, wenn Ärzte die Übertragung eines Eies von einer Frau in die Gebärmutter einer anderen unfruchtbaren Frau erwägen. Medizinisch gesehen ist das heute schon möglich. Es würden dann Kinder von Frauen zur Welt gebracht, die nicht die genetischen Mütter sind. Diese Kinder hätten dann zwei Mütter, eine genetische Mutter, die Eispenderin, und eine biologische Mutter, die das Kind ausgetragen und geboren hat. Wenn schon die adoptierten Kinder wegen ihrer Abstammung verwirrt sind, wie verwirrt müssen dann erst diese Kinder sein? Die meisten Adoptierten, mit denen ich darüber gesprochen habe, lehnen so etwas ganz entschieden ab.

* Bundesrepublik: Nach einem Gesetzentwurf vom Dezember 1988 mit Freiheitsstrafe bis zu drei Jahren belegt.

** Organisation, deren Mitglieder Katholiken und fundamentalistische Protestanten sind, die Abtreibung und Abtötung von Embryonen für Forschungszwecke ablehnen.

Schon seit langem werden Kinder mittels künstlicher Befruchtung durch eine Samenspende empfangen. Aber diese Kinder haben zumindest eine genetisch-biologische Mutter. Wenn man mit Adoptierten spricht, gewinnt man den Eindruck, daß ihr Interesse an der Mutter weitaus größer ist als an dem Vater. Aber in Amerika gibt es eine Gruppe, die das Recht fordert, Namen und Adresse ihrer AID-Väter (Artificial Insemination by Donor) zu erfahren. Das beweist, daß auch Kinder, die ihren Vater nie gekannt haben, neugierig auf ihn sind und oft den Wunsch haben, ihn ausfindig zu machen.*

Es wird immer bedauernswerte Kinder geben, die ihre Eltern oder einen Elternteil verlieren, und Kinder, die aus anderen Gründen adoptiert werden müssen. Glücklicherweise werden es immer weniger, da unsere Gesellschaft die Mütter jetzt ermutigt, ihre Kinder zu behalten, und auch die eigene Familie ist immer häufiger bereit, das uneheliche Kind bei sich aufzunehmen. Aber jetzt laufen wir Gefahr, ganz bewußt Tausende von Kindern zu ›erzeugen‹, deren Schicksal es sein wird, ohne genetische Eltern aufzuwachsen.

Von Jahr zu Jahr gibt es mehr unfruchtbare Ehepaare, das ist teilweise auf eine größere Promiskuität und die damit verbundene Verbreitung von Geschlechtskrankheiten zurückzuführen, die die Geschlechtsorgane einer Frau schädigen können. Die meisten Menschen wachsen in der Erwartung auf, später einmal Kinder zu haben, und es gibt keine genau definierte Rolle für Kinderlose. Der Wunsch unglücklicher, unfruchtbarer Ehepaare nach Kindern ist stark und zwingend. Einige versuchen Kinder aus Drittweltländern zu kaufen, andere hoffen, eine Leihmutter zu finden, die ein Kind für sie austrägt und zur Welt bringt. Manche glauben auch, die einfachste Lösung sei die Eispende einer anderen Frau zur Übertragung in die eigene Gebärmutter, ein einfacher und schmerzloser Eingriff, der vielen zu einem Kind verhelfen könnte. Aber ich hoffe, daß die Erfahrungen adoptierter Kinder, wie sie in diesem Buch beschrieben worden sind, den Menschen klarmachen, daß das keinesfalls eine ideale Lösung wäre. Möglicherweise hätte ein solches Kind zwar eine engere Bindung an seine künstliche Familie, aber beide, Eltern und Kind, wüßten, daß es sich nicht um eine echte Blutsverwandtschaft handelt. (Ich setze das voraus, weil irgend jemand es dem Kind ganz bestimmt einmal erzählen wird. Solche Dinge können nur selten für immer geheimgehalten werden.) Eltern, die nicht die genetischen Eltern sind, könnten in

* Bundesrepublik: Beim Gynäkologen-Kongreß in München im September 1988 sagte ein Sprecher des Bayerischen Justizministeriums, daß eine heterologe Samenspende (Fremdsamen) in Zukunft nicht mehr erlaubt sein solle, da ein Kind das Recht habe zu erfahren, wer sein Vater ist.

dem Kind nach fremden Charakterzügen suchen, und das Kind könnte sich seinerseits einbilden, nicht genug geliebt zu werden, und versuchen, Gegensätze zu entdecken und auszunutzen. Die Blutsbande an sich mögen bedeutungslos sein, aber nur wenige Eltern und Kinder werden sich des Gefühls erwehren können, daß sie für sie wesentlich sind.

Wir alle wissen, wie unterschiedlich Geschwister sein können, von den gleichen Eltern abstammend, gespeist aus der gleichen Genquelle, gehen sie als ganz verschiedene Individuen daraus hervor und beweisen uns, wie zufällig und unberechenbar Vererbung sein kann. Doch immer wieder bereitet es den Menschen großes Vergnügen, angebliche Ähnlichkeiten, auch bei ihren Vorfahren, zu entdecken – »Sieht er nicht genau aus wie...?« oder »Ist sie nicht... wie aus dem Gesicht geschnitten?« Der kulturelle und traditionelle Glaube an die Gene ist viel mächtiger als die genetische Botschaft, die sie überbringen. Für diese adoptierten Kinder ist es die ›Idee‹ der Blutsverwandtschaft, auf die es ankommt. Ein Kind hat seinen festen Platz in der Welt in dem Augenblick, in dem es in eine Familie hineingeboren wird. Das Kind verleiht dem Leben früherer Generationen seiner Sippe einen Sinn und verdankt ihnen den Sinn seiner eigenen Existenz. Es ist ein neues Kapitel in der Familiensaga. Wenn wir auf die Kinder hören, die das alles entbehren mußten, wird uns bewußt, wie wichtig das ist, und es sollte uns eine Warnung sein, uns nicht unnötigerweise einzumischen.

Die rechtlichen Möglichkeiten von Adoptierten zur Einsichtnahme in ihre Originalgeburtsurkunde im internationalen Vergleich.

Erklärung der VEREINTEN NATIONEN vom Februar 1987 über Jugendwohlfahrt, Pflegekinderwesen und Adoption – Artikel 9. Darin heißt es: Das Bedürfnis eines Pflege- oder Adoptivkindes nach Information über seine Herkunft soll von den für Pflege und Erziehung eines Kindes Verantwortlichen anerkannt werden, es sei denn, dieses steht im Widerspruch zum Wohle des Kindes.

BUNDESREPUBLIK DEUTSCHLAND
Hier haben Adoptierte ab dem 16. Lebensjahr schon seit langem einen Anspruch auf Einsicht in ihre Originalgeburtsurkunde.
Die Akten werden etwa dreißig Jahre lang sorgfältig bei den Adoptionsvermittlungsstellen aufbewahrt.

GROSSBRITANNIEN
Seit dem ›Children's Act‹ von 1975 haben Adoptierte ab dem 18. Lebensjahr das Recht, ihre Originalgeburtsurkunde einzusehen. Allerdings müssen sie sich vorher einer Beratung unterziehen (compulsory counselling). Danach können sie sich an das ›General Register Office‹ in London wenden, dort werden alle Geburten registriert.
Bei den Adoptionsvermittlungsstellen werden die Unterlagen fündundsiebzig Jahre lang aufbewahrt.

FRANKREICH
Hier wurde erst 1966 die Volladoption eingeführt.
Nach erfolgter Adoption wird eine neue Geburtsurkunde ausgefertigt und die alte für nichtig erklärt. Der Adoptierte hat keinen Anspruch auf Einsicht in seine Originalgeburtsurkunde.
Dies steht im Widerspruch zum Datenschutzgesetz von 1987, das ein Recht auf Auskunft über alle personenbezogenen Daten garantiert.

LATEINAMERIKA
Hier ist es in manchen Ländern sogar üblich, bei einer Adoption die Originalgeburtsurkunde zu vernichten, so z. B. in Chile.
Eine 1984 in Bolivien beschlossene interamerikanische Konvention besagt jedoch, daß dem Adoptierten Hintergrundinformationen über die leiblichen Eltern gegeben werden müssen, soweit diese keine Identifikation zulassen.

USA

In einigen Bundesstaaten der USA ist es den Behörden und den Adoptionsvermittlungsstellen noch heute untersagt, sogenannte ›identifying information‹ herauszugeben. In den meisten Bundesstaaten ist es nur dann erlaubt, wenn die betreffenden Personen ihr ausdrückliches Einverständnis gegeben haben. Es gibt aber Interessengruppen Adoptierter, die politischen Druck ausüben und auf Reformen drängen.

KANADA UND AUSTRALIEN

Hier ist es ähnlich wie in den USA. Da es in diesen drei Ländern kein behördliches Meldewesen gibt, ist es schwierig, jemanden ausfindig zu machen. Deshalb sind ›Adopted Persons Contact Registers‹ entstanden, über diese Einrichtung können Eltern und Adoptierte Kontakt miteinander aufnehmen.

DRITTE-WELT-LÄNDER

Adoptivkinder aus Ländern der Dritten Welt haben häufig keinerlei Informationen über ihre Herkunft zur Verfügung. Oft handelt es sich um Findelkinder, die ausgesetzt wurden. Manchmal sind es auch Kinder lediger Mütter, in deren Ländern eine uneheliche Geburt noch als Stigma gilt und die deshalb anonym bleiben wollen.

Psychologische Ratgeber

Joan Wilkins Anderson
Bewußter fernsehen
Ein Vier-Wochen-Programm für die Familie. Band 3243

George R. Bach/ Herb Goldberg
Keine Angst vor Aggression
Die Kunst der Selbstbehauptung. Band 3314

Georg R. Bach/ Peter Wyden
Streiten verbindet
Spielregeln für Liebe und Ehe. Band 3321

Monica und Manfred Borchert/ Wilfried Kunstmann/ Karin Derichs
Erziehen ist nicht kinderleicht
Ein Arbeitsbuch für Eltern und Lehrer. Band 1870

Christian Büttner (Hg.)
Spielerfahrungen mit Kindern
Sinnvolles Lernen oder pädagogischer Trick?
Band 3350

Martin Doehlemann
Die Phantasie der Kinder und was Erwachsene daraus lernen können
Band 3362

Dorothee Ebert (Hg.)
Wer behindert wen?
Eltern behinderter Kinder und Fachleute berichten. Band 3349

Ann Faraday
Deine Träume - Schlüssel zur Selbsterkenntnis
Band 3306

Roger L. Gould
Lebensstufen
Ein psychologischer Ratgeber für Erwachsene
Band 3316

Wolfgang Hölzle
Krankheit als Neubeginn
Bewußter leben nach dem Herzinfarkt. Band 3360

Psychologische Ratgeber

Else Müller
Du spürst unter deinen Füßen das Gras
Autogenes Training in Phantasie- und Märchenreisen. Vorlesegeschichten
Band 3325

Auf der Silberlichtstraße des Mondes
Autogenes Training mit Märchen zum Entspannen und Träumen.
Band 3363

Steffen-Luis Neuendorff/ Jürgen Schiel
AL-Anon: Selbsthilfe für Angehörige von Alkoholkranken
Band 3361

Gerd Reiber
Eltern helfen lernen
Band 3319

Karl Robert Rosa
Das ist Autogenes Training
Band 3323

Das ist die Oberstufe des Autogenen Trainings
Band 3324

Klaus Janikulla-Schüttler
Struwwelpeter-ABC für Erwachsene
Band 3396

Reinhart Stalmann
Guten Tag, Traurigkeit
Ein psychologisches Brevier über den Umgang mit sich selber und anderen. Band 3242

Reinhart Stalmann
Psychosomatik
Ein Therapeut erklärt Fälle aus der Praxis. Band 3332

Tine Thevenin
Das Familienbett
Geborgenheit statt Isolation
Band 3337

Sven Wahlroos
Familienglück kann jeder lernen
Band 3302

Christian Rainer Weisbach/ Simone Ehresmann
Reden und Verstandenwerden
Ein Lese- und Übungsbuch. Band 3352

Fischer Taschenbuch Verlag

fi 9/1b

Persönliche Erfahrungen mit Krisen

Ursula Heilborn-Maurer/ Georg Maurer
Nach einem Suizid
Gespräche mit Zurückbleibenden
Band 3250

Ilse van Heyst
Das Schlimmste war die Angst
Geschichte einer Krebserkrankung und ihrer Heilung
Band 3902

Christine Hofmann
Stunden, die zählen
Ein Kind findet ein Zuhause
Band 3296

Hera König
Der tödliche Hunger
Erfahrungen einer Diabetikerin
Band 3286

Christiane Lenker
Krebs kann auch eine Chance sein
Zwischenbilanz oder Antwort an Fritz Zorn
Band 3288

Ruth van Leeuwen
Rückkehr zur Offenheit
Eine Frau lernt ihr Leben wieder lieben
Band 3271

Marlene Lohner
Plötzlich allein
Frauen nach dem Tod des Partners
Band 3290

Hiltrud Minwegen
Mario
Von der Sucht zur Hoffnung
Band 3282

Heide Nullmeyer
Ich heiße Erika und bin Alkoholikerin
Band 3808

Elisabeth Opitz
Horch in das Dunkel
Ein Bericht über eine Depression
Band 5193

Regina Pickel-Bossau/ Walter Bachmann
Ich will – laßt mich
Ein Leben mit Rollstuhl und Krücken
Band 3270

Nina Rempp
Schichtbarrieren
Von den Verständigungsschwierigkeiten in einer Psychoanalyse
Band 3254

Anne Rosenberg
Die Verweigerung
Bericht über ein Adoptivkind
Band 3266

Fischer Taschenbuch Verlag

fi 26/5 b